**교육의 힘으로
세상의 차이를 좁혀 갑니다**
차이가 차별로 이어지지 않는 미래를 위해
EBS가 가장 든든한 친구가 되겠습니다.

모든 교재 정보와 다양한 이벤트가 가득!
EBS 교재사이트 book.ebs.co.kr

본 교재는 EBS 교재사이트에서
eBook으로도 구입하실 수 있습니다.

KB198131

기획 및 개발

허진희 김현영 정자경 신채영(개발총괄위원)

집필 및 검토

박기문(대표집필, 전 둔촌고)
김대성(보성고)
박선하(보성고)
윤진호(동덕여고)
최문영(신목고)
한희정(고척고)

검토

김찬규
민판규
심영숙
오건석
최현규

원어민 검토

Robin Klinkner
Amy Ahn

편집 검토

권경희 김현경 류은정 이윤희 임시나

올림포스

[국어, 영어, 수학의 EBS 대표 교재, 올림포스]

2015 개정 교육과정에 따른 모든 교과서의 기본 개념 정리
내신과 수능을 대비하는 다양한 평가 문항
수행평가 대비 코너 제공

국어, 영어, 수학은 EBS 올림포스로 끝낸다.

[올림포스 16책]

국어 영역 : 국어, 현대문학, 고전문학, 독서, 언어와 매체, 화법과 작문
영어 영역 : 독해의 기본1, 독해의 기본2, 구문 연습 300
수학 영역 : 수학(상), 수학(하), 수학Ⅰ, 수학Ⅱ, 미적분, 확률과 통계, 기하

Reading Power OWER 유형편 기본

PREFACE

절대평가 수능 영어독해의 기본은
EBS Reading Power 유형편 기본과 함께!

01 고교 영어독해 어떻게 공부해야 할까요?
절대평가로 시행되는 수능 영어 준비는 어떻게 출발하면 좋을까요?

쉬운 수능이라고 모두가 만점을 받는 것은 아닙니다. 쉽다는 것은 1등급을 받을 수 있는 학생 수가 늘어난다는 것이지, 공부를 하지 않아도 된다는 뜻은 아니겠지요. 쉬운 만큼 과잉 학습을 할 필요는 없겠지만 기본기가 튼튼해야 영어에서 실수 없이 실력 발휘를 할 수 있습니다.

02 우선은 영어독해 유형에 친숙해지자!

수능 문제의 유형은 아래와 같이 다양한 독해 능력을 측정하고 있습니다. 개요를 파악하는 것부터 세부 정보를 파악하는 것까지 다양한 유형에 미리 친숙해지는 것이 중요합니다.

대의 파악	주제 · 제목, 요지 · 주장, 글의 목적, 심경 · 분위기
사실적 이해	지칭 대상 파악, 세부 내용 파악, 실용문 · 도표의 이해
추론적 이해	빈칸 추론, 연결어 찾기
간접 글쓰기	무관한 문장 찾기, 문장 삽입, 글의 순서, 문단 요약
어법 · 어휘	어법, 어휘
통합적 이해	장문 독해

03 유형별 독해 원리와 직독직해로 영어독해의 기본 다지기

먼저 절대평가 수능 대비를 시작하는 학생들을 위한 고1 모의고사 수준의, 쉽지만 유형 소개에 가장 적절한 기출 예제로 유형별 독해 전략을 익힙시다. 그리고 직독직해로 문장의 내용과 흐름을 단숨에 이해할 수 있도록 연습문제로 훈련하세요. Reading Power 유형편 기본과 함께 순조로운 수능 입문 스타트!

직독직해로 막힘없는 영어독해

우리말로 된 글을 읽을 때는 처음 보는 낱말이나 표현을 만나는 경우에도, 앞뒤 흐름이 우리 머릿속에 들어 있으므로 멈추지 않고 계속 읽어 가면서 내용을 바로 이해할 수 있습니다. 영어로 된 글을 읽을 때도 이와 비슷한 단계에 도달할 수 있다면 얼마나 좋을까요? 우리가 함께 공부할 이 책은 여러분이 이런 직독직해의 단계에 도달할 수 있게 이끌어 가고자 합니다. 우리 책을 공부할 때는 다음을 유념하기 바랍니다.

전략	파워 적용
의미를 잘 모르는 단어에서 멈추지 말고 글의 흐름에 따라 뜻을 파악하려고 애써야 합니다.	우리 책에서는 문맥으로 파악하기 어려운 단어의 의미를 지문의 옆에 제시하여 직독직해에 도움이 되게 하였습니다.
문장의 뜻을 우리말의 순서로 파악하려고 애쓰지 말고, 영어의 순서로 받아들이는 습관을 길러야 합니다.	일정한 의미를 형성하는 구나 절 단위로 문장을 끊으면서 의미를 파악하여 연결하는 연습을 계속하면, 자신도 모르는 사이에 직독직해의 능력치가 높아집니다. 우리 책의 해설편에는 지문별로 긴 문장을 끊어 읽는 요령을 제시하고 있으므로 복습할 때 좋은 자료가 됩니다.
지문의 내용을 완벽하게 파악하지 않아도 해결할 수 있는 경우가 있으나, 그런 다음에는 지문을 몇 번 더 정독하여 의미를 정확하게 파악하는 마무리 과정이 반드시 필요합니다.	절대평가 수능 영어는 꾸준히 독해 지문을 읽기만 해도 등급을 높일 수 있습니다. 요령보다는 꾸준한 정독이 필요합니다.

* 단, 직독직해는 끊어읽기를 위한 의미 단위의 해석이므로 전체 해석과는 맥락에 따라 조금씩 다를 수 있습니다.

동영상 강의 · 독해 지문 음성 MP3 파일 제공

1. 본 교재의 모든 지문과 문항은 동영상 해설 강의와 독해 지문 음성 MP3 파일이 제공됩니다.
2. 아래와 같이 교재 안에 안내된 강의 코드와 MP3 코드를 EBSi 검색창에 입력하시면 해설 강의 영상 또는 독해 지문 음원을 바로 학습할 수 있습니다.

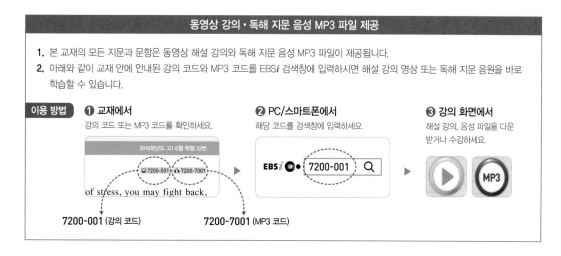

이용 방법

❶ **교재에서**
강의 코드 또는 MP3 코드를 확인하세요.

2016학년도 고1 6월 학평 22번

🖥 7200-001 🎧 7200-7001

of stress, you may fight back,

7200-001 (강의 코드)　　7200-7001 (MP3 코드)

❷ **PC/스마트폰에서**
해당 코드를 검색창에 입력하세요.

EBS*i* 📺● 7200-001 🔍

❸ **강의 화면에서**
해설 강의, 음성 파일을 다운받거나 수강하세요.

▶　MP3

CONTENTS

EBS Reading Power **유형편 기본**

READING POWER

CHAPTER

01

대의 파악

지문에는 없으니
논리적으로 추론하라!

UNIT 01 주제·제목

1 핵심 소재나 핵심 어구를 파악한다.
- 주제와 제목 문항은 글의 핵심 내용을 묻는 문항이므로 핵심 소재나 핵심 어구를 찾는다.
- 대개 글의 초반부에 글의 핵심 소재나 핵심 어구가 있으므로 앞부분을 세심하게 읽는다.

2 글의 핵심 소재에 대한 필자의 생각을 나타내는 부분들을 찾는다.
- 핵심 소재에 대해 필자가 가지고 있는 견해, 그리고 그 견해를 뒷받침하고 있는 내용을 찾는다.
- 너무 지엽적이거나 지나치게 포괄적인 선택지를 배제하고 글의 핵심 내용에 맞는 선택지를 정답으로 고른다.

EXAMPLE

2016학년도 고1 6월 학평 22번

■ 다음 글의 주제로 가장 적절한 것은?

🖥 7200-001 🎧 7200-7001

❶When you face a severe source of stress, you may fight back, reacting immediately. While this served your ancestors well when they were attacked by a wild animal, it is less helpful today unless you are attacked physically. Technology makes it much easier to
5 worsen a situation with a quick response. I know I have been guilty of responding too quickly to people, on email in particular, in a harsh tone that only made things worse. ❷The more something causes your heart to race, the more important it is to step back before speaking or typing a single word. This will give you time to think things through
10 and find a way to deal with the other person in a healthier manner.

③
① origins of violent human behaviors
② benefits of social media technology
③ importance of taking time in responding
④ relationship between health and heartbeat
⑤ difficulties in controlling emotional reactions

KEY CLUE

❶ 핵심 소재 파악
스트레스 요인에 직면할 때 즉각적으로 반응할지도 모른다는 첫 문장에서 핵심 소재를 알 수 있다.
➡ 핵심 소재: 스트레스 요인에 대한 반응 속도

❷ 필자의 견해 파악
스트레스 요인에 너무 빨리 반응하면 상황은 더 악화되기 때문에, 말을 하거나 타자를 칠 때 한 걸음 물러나는 것이 중요하다는 필자의 견해가 제시된다.
➡ 핵심 내용: 스트레스 요인에 시간을 가지고 반응하는 것이 좋다.

❸ 정답 고르기
스트레스 요인에 어떻게 반응해야 하는지에 대한 필자의 견해를 바탕으로 글의 주제를 적절하게 표현한 선택지를 정답으로 고른다.

오답주의
심장박동(heartbeat)에 관한 내용이 본문에 언급되어 있지만, 그것이 건강과 어떤 관계에 있는지는 설명되지 않았다. 본문에 언급된 어구를 가지고 본문에서 언급되지 않은 내용을 말하는 선택지를 정답으로 고르지 않도록 주의한다.

EXAMPLE ANALYSIS

 1 반복적으로 나타나는 어구를 통해 핵심 소재를 파악한다.

> • When you face a severe source of stress, you may fight back, reacting immediately.
> → 스트레스 요인에 대해 즉각적으로 반응할지도 모른다
> • ~ worsen a situation with a quick response.
> → 빠른 반응으로 상황을 악화시킨다
> • ~ I have been guilty of responding too quickly to people ~.
> → 사람들에게 너무 성급하게 반응한 것에 대해 죄책감을 느껴 왔다

⋯→ **핵심 소재**: 스트레스 요인에 대한 반응 속도

2 핵심 소재에 대한 필자의 견해와 그 견해를 뒷받침하는 내용을 찾는다.

> • ~ the more important it is to step back before speaking or typing a single word.
> → 말을 한마디 하거나 타자로 치기 전에 한 걸음 물러나는 것이 더욱더 중요하다
> • This will give you time to think things through and find a way to deal with the other person in a healthier manner.
> → 상황을 충분히 생각하고 상대방을 더 건전한 방식으로 대하는 방법을 찾을 시간을 준다

⋯→ **필자의 견해**: 스트레스 요인에 즉각적으로 반응하지 말고, 시간을 가지고 천천히 반응하는 것이 더 건전한 대응 방식이다.

정답확인 스트레스 요인이 있을 때 즉각적으로 반응하면 상황이 더 악화되므로 한 걸음 물러서서 충분히 생각할 시간을 갖는 것이 도움이 된다는 내용의 글이므로, 글의 주제로는 ③ '시간을 가지고 반응하는 것의 중요성'이 가장 적절하다.
① 폭력적인 인간 행동의 기원　　　　　② 소셜 미디어 기술의 혜택
④ 건강과 심장박동의 관계　　　　　　⑤ 감정적인 반응을 조절하는 것의 어려움

Words & Phrases

□ severe 극심한　　　　　□ fight back 반격하다　　　　　□ react 반응하다
□ immediately 즉각적으로　□ serve 도움이 되다　　　　　□ ancestor 조상
□ attack 공격하다　　　　　□ physically 신체적으로　　　　□ worsen 악화시키다
□ response 반응　　　　　□ guilty 죄책감을 느끼는　　　　□ respond to ~에 반응하다
□ in particular 특히　　　　□ harsh 거친　　　　　　　　□ deal with ~을 대하다, ~을 처리하다
□ manner 방식

PRACTICE

01

🖥 7200-002 🎧 7200-7002

다음 글의 주제로 가장 적절한 것은?

A reporter's job is to present a balanced story. As you read, listen to and watch the news, you may notice stories that you think are biased. One of the forms in which bias occurs is leaving one side out of an article, or a series of articles over a period of time; ignoring facts that tend to disprove liberal or conservative claims, or that support liberal or conservative beliefs. Bias by omission can occur either within a story, or over the long term as a particular news outlet reports one set of events, but not another. To find instances of bias by omission, be aware of the conservative and liberal perspectives on current issues. See if both the conservative and liberal perspectives are included in stories on a particular event or policy.

① responsibilities of a newspaper reporter
② ways to avoid bias when writing an article
③ the impact of news bias on readers' beliefs
④ how bias by omission is created in the news
⑤ conservative and liberal views on journalism

▶ article

1. (신문 · 잡지의) 글, 기사
   contribute an article to a journal
   (잡지에 기고하다)

2. (법률) (합의서 · 계약서의) 조항
   Chapter I, Article I of the Constitution
   (헌법 제1장 제1조)

3. (특히 세트로 된 물건의 개별)
   물품(물건)
   an article of food(clothing)
   (식료품(의류) 한 품목)
   toilet articles such as soap and shampoo
   (비누와 샴푸 같은 화장실 용품들)

4. (문법) 관사
   the definite(indefinite) article
   (정(부정)관사)

Words & Phrases

- present 제공하다
- notice 알아채다, 인지하다
- ignore 무시하다
- conservative 보수적인
- news outlet 뉴스 매체
- perspective 견해, 관점

- balanced 균형 잡힌
- biased 편향된
- disprove 논박하다
- claim 주장; 주장하다
- instance 사례, 예증
- current 현재의

- story (보도) 기사
- article 기사
- liberal 진보적인
- omission 생략
- be aware of ~을 알다, 알아차리다, 깨닫다

02

🖥 7200-003 🎧 7200-7003

다음 글의 제목으로 가장 적절한 것은?

　Perhaps the hardest thing for students to realize about the college application essay is that it is not their life story in five hundred words or less. In my experience, students try to give a complete picture of who they are, where they've come from, and what they want to do—

5　all in a few hundred words! While any admissions committee would like to have the flexibility and time to read complete histories of each and every student, the simple truth is, there is not enough time. Students must understand that the college essay is the best way for an admissions committee to know something about them, but it cannot be the vehicle to

10　know everything about them.

① How to Get the Reader Interested in What You Say
② Don't Pick a Poor or Overused Topic When Writing
③ A Rule of College Admissions: Obey the Word Limit
④ Why Students Should Spend So Much Time on the Essay
⑤ Show a Slice of Life, Not the Whole Story in Your Essay

▶ 대조의 접속사 while
~이긴 하지만, ~이긴 하나
While she wanted to marry him, her parents were against it.
(그녀는 그와 결혼하고 싶었지만 그녀의 부모님이 그것에 반대했다.)

Words & Phrases

☐ realize 알아차리다, 깨닫다
☐ complete 완벽한
☐ flexibility 융통성, 유연성
☐ application 지원, 응모
☐ admissions committee 입학 심사 위원회
☐ vehicle 수단, 매개물

03

🖥 7200-004 🎧 7200-7004

다음 글의 주제로 가장 적절한 것은?

A series of studies conducted at the University of Rochester focused on people high in mindfulness—that is, those who are prone to be mindfully attentive to the here and now and keenly aware of their surroundings. It turns out that such individuals are models of flourishing and positive mental health. Relative to the average person, they are more likely to be happy, optimistic, self-confident, and satisfied with their lives and less likely to be depressed, angry, anxious, hostile, self-conscious, impulsive, or neurotic. Furthermore, people who are habitually mindful of their current experiences are more likely to experience frequent and intense positive emotions, to feel self-sufficient and competent, and to have positive social relationships, while those who are *not* usually mindful report more illness and physical symptoms.

① educational benefits of mindfulness
② necessity of reflecting on past experiences
③ positive effects of mindfulness on well-being
④ correlation between mental health and physical health
⑤ psychological risks of feeling several emotions at once

▶ **be prone to *do***
~하는 경향이 있다, ~하기 쉽다
Jack <u>is prone to jump</u> to hasty conclusions.
(Jack은 성급하게 결론을 내리는 경향이 있다.)

▶ **It turns out that**
~임이 드러나다
<u>It turned out that</u> the woman was Mr. Miller's wife.
(그 여자가 Miller 씨의 아내인 것으로 드러났다.)

Words & **P**hrases

□ **conduct** (특정 활동을) 하다
□ **keenly** 아주 강하게, 예리하게
□ **model** 본보기
□ **optimistic** 낙관적인
□ **neurotic** 신경과민의
□ **frequent** 빈번한, 잦은
□ **competent** 유능한

□ **mindfulness** 마음 챙김, 유념함
□ **be aware of** ~을 인식하다
□ **flourishing** 원기 왕성한
□ **hostile** 적대적인
□ **habitually** 습관적으로
□ **intense** 강렬한
□ **physical** 신체적인

□ **attentive to** ~에 주의를 기울이는
□ **surroundings** 환경
□ **relative to** ~와 비교하여
□ **impulsive** 충동적인
□ **current** 현재의, 통용되는
□ **self-sufficient** 자족적인
□ **symptom** 증상

04

7200-005   7200-7005

다음 글의 제목으로 가장 적절한 것은?

Inspired after competing alongside the world's best swimmers as a fifteen-year-old in the Sydney Olympics, American Michael Phelps set out in earnest to be the best all-around swimmer four years later in Athens. To get there, he didn't stay in the pool two and a half hours
5 every day—and double that on Mondays, Wednesdays, and Fridays— just to become good. He didn't do it because it was great exercise. He did it because he had a specific goal to become the best in the world. And the eight medals they hung around his neck in Athens, six of them gold, reflect that commitment. "I think that everything is possible as long as
10 you put your mind to it and you put the work and time into it," Phelps said.

① Respect the Process Rather than the Results
② Committing to a Specific Goal Leads You Somewhere
③ Fierce Competition Results Solely in Immediate Profits
④ Everything Is Possible with the Help of Those Around You
⑤ Let Go of Past Achievements to Make Room for Future Goals

▶ **set out**
착수하다(나서다)
I set out to make a film about dreams.
(나는 꿈에 관한 영화를 만드는 일에 착수했다.)

▶ **as long as**
~하기만 하면, ~하는 한
We'll go on a picnic as long as the weather is good.
(날씨가 좋기만 하면 우리는 소풍을 갈 것이다.)

◤ **Words & Phrases**

□ **inspire** 고무하다
□ **all-around** 다재다능한
□ **reflect** 반영하다
□ **compete** 경쟁하다
□ **specific** 구체적인
□ **commitment** 헌신, 전념, 약속
□ **in earnest** 본격적으로, 진지하게
□ **goal** 목표

1 반복되는 어구나 하나의 의미 범주로 분류되는 어구를 통해 핵심 소재와 필자의 견해를 파악한다.

- 글 전체에 반복되거나 하나의 의미 범주로 분류되는 어구를 찾아 핵심 소재를 파악한다.
- 핵심 소재에 대한 필자의 견해가 드러난 부분을 찾는다.

2 필자의 견해를 뒷받침하는 내용을 찾는다.

- 필자의 견해를 뒷받침하는 글의 전개 방식(원인-결과, 주장-근거(예시), 통념-반박 등)을 파악한다.
- 필자의 견해를 담고 있는 선택지를 정답으로 고른다.

EXAMPLE

2016학년도 고1 3월 학평 21번

■ 다음 글의 요지로 가장 적절한 것은?

🖥 7200-006　🎧 7200-7006

❶It is important to recognize your pet's particular needs and respect them. If your pet is an athletic, high-energy dog, for example, he or she is going to be much more manageable indoors if you take him or her outside to chase a ball for an hour every day. If your cat is shy
5 and timid, he or she won't want to be dressed up and displayed in cat shows. Similarly, you cannot expect macaws to be quiet and still all the time—they are, by nature, loud and emotional creatures, and it is not their fault that your apartment doesn't absorb sound as well as a rain forest.

* macaw 마코 앵무새

① 애완동물에게는 적절한 운동이 필요하다.
② 애완동물도 다양한 감정을 느낄 수 있다.
③ 애완동물의 개별적 특성을 존중해야 한다.
④ 자신의 상황에 맞는 애완동물을 선택해야 한다.
⑤ 훈련을 통해 애완동물의 행동을 교정할 수 있다.

KEY CLUE

❶ 핵심 소재와 필자의 견해 파악
애완동물의 특별한 욕구를 인식하고 그 욕구를 존중하는 것이 중요하다는 첫 문장에서 핵심 소재와 필자의 견해를 알 수 있다.
➡ 핵심 소재: 애완동물

❷ 글의 전개 방식
필자의 견해: 애완동물의 특별한 욕구를 인식하고 그 욕구를 존중하는 것이 중요하다.
근거(예시): 개(dog), 고양이(cat), 마코 앵무새(macaw)

❸ 정답 고르기
첫 문장에 제시된 필자의 견해와 그 견해를 뒷받침하는 세 가지 예를 통해, 글의 요지를 가장 잘 나타내는 선택지를 정답으로 고른다.

오답주의
애완동물을 밖으로 데리고 나가서 운동을 시키는 것은 글의 주제를 뒷받침하기 위해 제시된 예시에 관련된 내용이므로, ①은 지엽적인 내용을 담고 있다.

EXAMPLE ANALYSIS

1 하나의 의미 범주로 분류될 수 있는 일련의 어구를 통해 핵심 소재를 파악하고 이에 대한 필자의 견해가 드러난 부분을 찾는다.

> • 일련의 의미 범주로 분류될 수 있는 표현: your pet, an athletic, high-energy dog, your cat, macaws

↳ **핵심 소재**: 애완동물

> • It is important to recognize your pet's particular needs and respect them.

↳ **필자의 견해**: 애완동물의 특별한 욕구를 인식하고 그 욕구를 존중하는 것이 중요하다.

2 글의 전개 방식을 찾아 필자의 견해가 어떻게 뒷받침되는지를 확인한다.

> • **글의 전개 방식**: 필자의 생각(주장)—근거(예시)
> • **필자의 견해**: 애완동물의 특별한 욕구를 인식하고 그 욕구를 존중하는 것이 중요하다.

⬆

> 〈예시 1〉 an athletic, high-energy dog → take him or her outside to chase a ball for an hour every day
> ➡ 운동을 좋아하고 에너지가 넘치는 개: 밖으로 데리고 나가서 한 시간 동안 공을 쫓아다니게 하라.
>
> 〈예시 2〉 a shy and timid cat → he or she won't want to be dressed up and displayed in cat shows
> ➡ 수줍음 타고 겁 많은 고양이: 의상을 차려입고 고양이 품평회 쇼에 나가서 자신의 모습을 보여 주는 것을 원치 않을 것이다.
>
> 〈예시 3〉 macaws → you cannot expect them to be quiet and still all the time
> ➡ 마코 앵무새: 항상 조용하고 가만히 있기를 기대할 수 없다.

정답확인 필자는 애완동물들이 각각 가지고 있는 특별한 욕구를 알고 그 욕구를 존중해야 한다는 견해를 제시하고 그에 대한 세 가지 예를 제시하고 있으므로, 글의 요지로는 ③이 가장 적절하다.

Words & Phrases

- recognize 인식하다
- manageable 다루기 쉬운
- dress up (의상을) 차려입다
- still 가만히 있는, 움직이지 않는
- creature 동물, 생물

- athletic 운동을 좋아하는
- indoors 실내에서
- display 보여 주다
- by nature 천성적으로
- absorb 흡수하다

- high-energy 에너지가 넘치는
- chase 쫓아다니다
- cat show 고양이 품평회 쇼
- emotional 감정에 사로잡히기 쉬운
- rain forest 열대우림

01

🖥 7200-007 🎧 7200-7007

다음 글의 요지로 가장 적절한 것은?

Beliefs are powerful. They directly affect our feelings and behaviors, and so, the course of our lives. Most of the choices we make every day are the result of our beliefs, whether we're conscious of it or not. When you choose a bagel over a donut, it might stem from the belief that a
5 bagel is better for you, or the belief that you'll like the taste better. This choice could affect your health and happiness for the rest of the morning. If you choose to take earth science instead of oceanography, it might stem from the belief that you'll enjoy the ▶subject more, or maybe from the belief that it will be easier. This choice could affect your ability to stay
10 awake in class, your grade point average, or even your choice of college.

*oceanography 해양학

① 인생은 다양한 선택의 순간들로 이루어져 있다.
② 선택 후에는 반드시 그에 대한 책임이 수반된다.
③ 선택은 개인적인 경험의 범위를 벗어나기 어렵다.
④ 선택하기 전에 자신의 능력을 점검해 보아야 한다.
⑤ 신념에 의한 선택은 이후의 삶에 영향을 미칠 수 있다.

▶ **subject**
1. 주제, 대상
   They brought up an unpleasant subject.
   (그들은 불쾌한 주제를 꺼냈다.)
2. 과목
   What is your favorite subject?
   (당신이 가장 좋아하는 과목은 무엇입니까?)
3. 실험(연구) 대상자
   We need five subjects under the age of 18 for the experiment.
   (그 실험에 18세 미만의 실험 대상자 5명이 필요하다.)

Words & Phrases

□ **directly** 직접
□ **conscious** 의식하는
□ **stay awake** 깨어 있다
□ **affect** 영향을 미치다
□ **stem from** ~에서 기인하다
□ **course** 과정, 과목
□ **subject** 과목

02

🖥 7200-008 🎧 7200-7008

다음 글에서 필자가 주장하는 바로 가장 적절한 것은?

▶ Let's face it: for most people, giving a presentation is going to be a stressful experience. Giving a presentation is a performance. A show. An act. A drama. The presenter is on display to the whole world as he or she bares all to reveal himself or herself to the audience. The last thing you,
5 as the presenter, need at this difficult time is anything that is going to get in the way of you giving your best performance. You don't really want any distractions right now. You want to remove from your environment any obstacles or dangers that are not strictly needed. ▶With this in mind, this is a list of things which you can safely leave behind on your desk
10 or in your bag when you are called to the podium: your mobile phone, watch, pens, keys, and coins.

① 발표 능력 향상을 위해 연기 연습을 병행하라.
② 발표 스트레스를 극복하려면 끊임없이 연습하라.
③ 발표에 방해가 될 수 있는 물건은 다른 곳에 두라.
④ 발표에 필요한 물건의 목록을 발표 직전에 점검하라.
⑤ 성공적인 발표를 위해서 조용한 분위기를 조성하라.

▶ let's face it
사실을 직시하자, 터놓고 보자
I know it's not pleasant, but let's face it.
(그것이 유쾌하지 않다는 것은 알지만, 현실을 받아들이자.)

▶ with ~ in mind
~을 마음(염두)에 두고
These special programs were created with you in mind.
(이 특별 프로그램은 여러분을 염두에 두고 마련되었습니다.)

Words & Phrases

□ **bare** 드러내다, 폭로하다
□ **remove** 제거하다
□ **leave ~ behind** ~을 두고 가다
□ **get in the way of** ~을 방해하다
□ **obstacle** 장애물
□ **podium** 강단
□ **distraction** 주의를 산만하게 하는 것
□ **strictly** 전혀, 완전히

PRACTICE

03

🖥 7200-009 🎧 7200-7009

다음 글의 요지로 가장 적절한 것은?

It would be far easier to feed nine billion people by 2050 if more of the crops we grew ended up in human stomachs. Today, only 55 percent of the world's crop calories feed people directly; the rest are fed to livestock (about 36 percent) or turned into biofuels and industrial products (roughly 9 percent). Though many of us consume meat, dairy, and eggs from animals raised on feedlots, only a fraction of the calories in feed given to livestock make their way into the meat and milk that we consume. For every 100 calories of grain we feed animals, we get only about 40 new calories of milk, 22 calories of eggs, 12 of chicken, 10 of pork, or 3 of beef. Shifting to less meat-intensive diets could free up substantial amounts of food across the world.

* feedlot 가축 사육장

▶ **make one's way into**
~ 안으로 들어가다(나아가다)
The workers <u>made their way into</u> the stadium and began to tear down the building.
(인부들이 경기장 안으로 들어가서 건물을 철거하기 시작했다.)

① 가까운 미래에는 식량 공급이 수요를 능가할 것이다.
② 곡물에 대한 과도한 의존이 식량 문제를 악화시키고 있다.
③ 친환경적이고 비용이 적게 드는 가축 사육장을 많이 만들어야 한다.
④ 바이오 연료와 공산품 제조에 사용되는 곡물의 양을 제한해야 한다.
⑤ 육류 소비량을 줄이는 것이 세계 식량 확보에 도움이 될 수 있다.

Words & Phrases

□ **feed** 먹여 살리다, 공급하다; 사료
□ **stomach** 위(장)
□ **consume** 먹다
□ **shift** 바꾸다

□ **billion** 10억
□ **livestock** 가축
□ **fraction** 일부, 작은 부분
□ **free up** ~을 이용할 수 있게 하다

□ **crop** (농)작물
□ **roughly** 대략
□ **grain** 곡물
□ **substantial** 상당한

04

다음 글에서 필자가 주장하는 바로 가장 적절한 것은?

　　When completing math problems, it is important to avoid "answer-only" completions for several reasons. First, simply writing the answer to a problem without the procedure that precedes it negatively encourages students to produce careless errors. In other words, the written-out
5　procedure supports the answer; if the procedure is not shown, it is much easier to make a computation error. Second, lack of a written-out procedure does not allow students to identify the origin of an answer or how an answer to a problem is derived. Third, lack of procedure
▶contributes to poor study habits in note-taking and sloppiness, which may
10　have negative consequences when taking tests. In short, homework and in-class math assignments should always include both procedures and answers when answering questions.

* sloppiness 부주의함, 엉성함

① 수학 문제를 풀 때는 답과 과정을 다 쓰도록 하라.
② 수학을 잘하려면 실수에 대한 두려움을 가지지 말라.
③ 수학 점수를 잘 받으려면 계산의 실수가 없도록 하라.
④ 수학 문제를 틀렸을 때는 틀린 부분을 반드시 확인하라.
⑤ 수학 공식을 암기하기보다는 기본 원리의 학습에 중점을 두라.

▶ **contribute to**
~의 원인이 되다, ~에 기여하다
Her carelessness contributed to the accident.
(그녀의 부주의가 사고의 원인이 되었다.)

Words & Phrases

□ **completion** (빈칸을) 채워 쓰기, 완성
□ **negatively** 부정적으로
□ **identify** 확인하다, 식별하다
□ **assignment** 과제, 숙제

□ **procedure** 절차
□ **support** 뒷받침하다
□ **derive** 도출하다, 이끌어 내다

□ **precede** 앞서다, 선행하다
□ **computation** 계산
□ **consequence** 결과

1 누가 누구에게 쓴 글인지 파악한다.
- 첫머리에서 누구에게 쓴 글인지, 마지막에서 누가 쓴 글인지 관계를 확인한다.

2 글에서 언급된 상황이나 글을 쓴 이유를 파악한다.
- 글을 쓰게 된 상황이나 이유가 무엇인지 글의 전반부에서 확인한다.

3 필자의 의도가 담긴 문장이 있는지 찾아본다.
- 필자가 원하는 것이 무엇인지 확실하게 명시한 문장이 있는지 확인한다.

EXAMPLE

2016학년도 고1 3월 학평 18번

■ 다음 글의 목적으로 가장 적절한 것은?

🖥 7200-011 🎧 7200-7011

KEY CLUE

❶ 일반 시민들에게 쓴 편지이다.

❷ 중앙아메리카의 허리케인 피해 상황을 언급하고 있다.

❸ 그곳 사람들을 도와주어야 한다면서 기부를 부탁하고 있다.

❹ 기부 물품을 가져올 일시와 장소를 언급하고 있다.

❶Dear citizens,

As you all know from seeing the pictures on television and in the newspaper, Central America has been hit hard by a series of hurricanes. Tens of thousands of people are homeless and without basic necessities like food and clothing. ❸I feel that we need to do something to help. So, we are asking you to donate canned goods, warm clothes, blankets, and money. Please bring all donations to the community center between 10 a.m. and 4 p.m., Saturday, September 10. Thank you for helping your fellow human beings in their time of desperate need.

Sincerely,
George Anderson

① 자연 재해의 위험성을 경고하려고
② 재난 사고 시 대처 요령을 안내하려고
③ 재난 피해자를 위한 기부를 요청하려고
④ 자원봉사 활동의 일정 변경을 공지하려고
⑤ 재난 피해자를 도운 것에 대해 감사하려고

EXAMPLE ANALYSIS

1 누가 누구에게 쓴 글인지 파악한다.

- Dear citizens
  → 글의 첫머리를 보면 시민들에게 쓴 편지임을 알 수 있다.

2 글에서 언급된 상황이나 글을 쓴 이유를 파악한다.

- 글의 초반부에 중앙아메리카의 허리케인 피해에 대해 언급함

- 그곳의 많은 사람들이 집을 잃고 음식과 옷과 같은 생필품이 없이 지내고 있음

- 우리가 그들을 도와줄 필요가 있다고 필자는 생각함

3 필자의 의도가 담긴 문장이 있는지 찾아본다.

So, we are asking you to donate canned goods, warm clothes, blankets, and money.
(그래서 여러분께 통조림 제품, 따뜻한 옷, 담요, 그리고 돈을 기부하도록 부탁드립니다.)

→ 이 문장에서 필자가 요청하는 내용을 명시적으로 제시함

→ 기부 물품을 가져올 일시와 장소를 알려 줌

정답확인 중앙아메리카의 허리케인 피해에 대해 언급하고 그곳 사람들에게 보낼 생필품을 기부해 줄 것을 요청하면서 기부 일시와 장소를 알리고 있으므로, 글의 목적으로는 ③ '재난 피해자를 위한 기부를 요청하려고'가 가장 적절하다.

Words & Phrases

- hurricane 허리케인, 태풍
- homeless 집 없는
- necessity (생활) 필수품
- donate 기부하다
- canned goods 통조림 제품
- donation 기부, 기부 물품
- desperate 절실한

PRACTICE

01

🖥 7200-012 🎧 7200-7012

다음 글의 목적으로 가장 적절한 것은?

Dear General Manager,

My wife and I are residents of the Lakeview Senior Apartment Complex. We have been asked by some of the residents here to see if we can help improve their ability to get around town independently. The closest bus stop is half a mile below the apartment complex, down a steep hill. Very few of the residents here feel comfortable walking all the way to (and especially from) the bus stop. We are asking if the route for Bus 16 could be altered slightly to come up the hill to the complex. I can promise you several very grateful riders each day in each direction. I look forward to hearing from you soon.

Sincerely,
Ron Miller

▶ **look forward to *doing***
~을 고대하다
Jane was <u>looking forward to meeting</u> the movie star in person.
(Jane은 그 영화배우를 직접 만나기를 고대하고 있었다.)

① 버스 노선 변경을 요청하려고
② 친절을 베푼 버스 기사를 칭찬하려고
③ 갑작스러운 버스 노선 폐지에 반대하려고
④ 아파트 주민 자치 위원회 소집을 건의하려고
⑤ 정류소 근처의 잦은 사고에 대한 원인 규명을 촉구하려고

Words & Phrases

□ **general manager** 총무부장, 총지배인
□ **apartment complex** (공공시설을 건물과 부지 안에 갖춘) 아파트 단지
□ **steep** 가파른
□ **slightly** 약간
□ **direction** 방향

□ **resident** 주민
□ **improve** 향상시키다, 개선하다
□ **alter** 변경하다, 바꾸다
□ **grateful** 고마워하는, 감사하는

02

🖥 7200-013 🎧 7200-7013

다음 글의 목적으로 가장 적절한 것은?

My dear Silvia,

  I hope you are fine and doing well in school. Yesterday, I received your letter about wanting to take extra classes at Oxford University for additional credit. I also saw the recommendation letters from
5 your teachers regarding these extra classes. Letting you stay in New York to study is hard ▶ as it is, and now you are saying that you want to go to England for two months. That means you won't be around for Christmas this year, which makes me very sad, but I understand that this is a very good opportunity for your educational career.
10 So, your father and I have decided to give you permission to go to England. We think it'll be a great opportunity for you.

With lots of love,
Mom

① 크리스마스를 가족과 함께 지내도록 권유하려고
② 특별 수업 수강을 위한 추천서 작성을 부탁하려고
③ 잉글랜드로 여행을 떠날 때 조심할 것을 당부하려고
④ 미래 진로 설계에 좋은 대학 교육 과정을 안내하려고
⑤ 딸이 다른 대학의 수업을 들으러 가는 것을 허락하려고

▶ **as it is**
현재 상황에서는
I can't help you. I've got too much to do as it is.
(난 너를 도울 수가 없어. 지금 현재로도 할 일이 너무 많아.)

cf. as it is가 쓰인 표현
· just as it is
있는 그대로, 바로 그대로
Accept it just as it is.
(그냥 그 상태로 좀 받아들여.)

· such as it is(they are)
이런 정도지만, 변변치 않지만
Of course you can stay for supper, such as it is.
(변변치 않지만, 물론 너는 저녁 식사 때까지 있어도 돼.)

Words & Phrases

☐ **additional** 추가의
☐ **regarding** ~에 대한
☐ **permission** 허락

☐ **credit** 학점
☐ **opportunity** 기회

☐ **recommendation** 추천(서)
☐ **career** 진로

03

🖥 7200-014   🎧 7200-7014

다음 글의 목적으로 가장 적절한 것은?

Dear Ms. Duddon,

  Foster WeldRite, Inc. is sorry to hear about the loss of your seven-foot Chinese paper kite. We understand it was destroyed, while hanging in your office, when ceiling fire sprinklers were activated due

5 to an overabundance of welding smoke from our crew's work site. As the Customer Service Department at Foster WeldRite, Inc. is unable to locate a replacement for you, will you please purchase another Chinese paper kite and send us the receipt? We will promptly pay you back. Foster WeldRite, Inc. has improved work-site ventilation

10 to prevent similar unfortunate occurrences. Thank you for your understanding and your continued patronage of Foster WeldRite, Inc.

Sincerely,

Mark Hamilton
Customer Service Department

* weld 용접하다

▶ **seven-foot**
숫자와 단위를 나타내는 2~3개의 단어가 하이픈에 의해 연결되어 형용사 역할을 할 수 있다. 이때 단위를 나타내는 단어는 단수 형태를 유지해야 한다.
He is a seven-year-old boy.
(그는 일곱 살 소년이다.)
We have a twenty-minute break.
(우리에게는 20분 간의 휴식시간이 있다.)

① 고객 불만을 처리하는 부서의 신설을 알리려고
② 작업장의 소방 시설을 점검할 필요성을 지적하려고
③ 공사비를 지불한 후 영수증을 챙길 것을 당부하려고
④ 망가진 연을 수리하는 곳을 알려 줄 것을 요청하려고
⑤ 작업의 여파로 망가진 연에 대한 배상의 뜻을 전하려고

Words & Phrases

- □ Inc. 주식회사(= Incorporated)
- □ hang 걸려 있다
- □ activate 작동시키다, 활성화시키다
- □ replacement 대체물
- □ ventilation 환기
- □ loss 상실
- □ ceiling 천장
- □ overabundance 과잉, 남아돎
- □ receipt 영수증
- □ occurrence 발생, 생긴 일
- □ destroy 부서뜨리다, 파괴하다
- □ fire sprinkler 화재 스프링클러
- □ locate ~의 위치를 찾아내다
- □ promptly 신속히
- □ patronage 후원, 보호

04

🖥 7200-015 🎧 7200-7015

다음 글의 목적으로 가장 적절한 것은?

Evan, Barbara, and Emily,

　I am sending this letter to all three of you. Your mother and I agreed to ▸pay for your cell phones. We are covered by a family plan and share a single pool of minutes. When we gave you the cell phone we
5　agreed to pay for it, but you were to stay within the guidelines of a certain number of minutes each month, no more than 250 minutes per month for each of you. We just received the bill for May, and we find that each of you went significantly over that amount. The added cost to the family was nearly $100. If this happens again we will have to
10　limit your usage or ask that you pay for your own phone. We are not interested in controlling or interfering in your lives, but since we are paying the bills, we get to set the rules.

Love,
Dad

▸ **pay for**

(대금을) 지불하다
Ask him to pay for the extra costs.
(그에게 추가 비용을 지불하라고 하세요.)

① 지급된 휴대전화를 반납할 것을 통보하기 위해
② 가족들 간에 안부 전화를 자주 할 것을 부탁하기 위해
③ 휴대전화 요금을 본인 스스로 지불할 것을 지시하기 위해
④ 새로운 가족 요금 할인제에 가입한 사실을 알려 주기 위해
⑤ 휴대전화 사용량 규칙을 어긴 것에 대해 주의를 주기 위해

Words & Phrases

□ **family plan** 가족 요금 할인　　□ **share** 공유하다　　□ **pool** 공동 계정
□ **guideline** 지침　　　　　　　□ **bill** 청구서　　　□ **significantly** 상당히, 크게
□ **added** 추가된　　　　　　　　□ **nearly** 거의　　　□ **limit** 제한하다
□ **usage** 사용　　　　　　　　　□ **control** 통제하다　□ **interfere in** ~에 간섭하다

1 **등장인물이 처한 상황이나 그에게 일어난 사건을 파악한다.**
- 어려운 어휘에 집착하지 말고 전체적인 내용의 흐름을 이해한다.
- 글에서 묘사하고 있는 상황이나 사건을 머릿속에서 그리면서 글을 읽는다.

2 **묘사된 상황과 심경이 드러난 표현을 종합하여 심경이나 분위기를 추론한다.**
- 등장인물의 심경이나 분위기를 나타내기 위해 반복적으로 사용되는 어구나 표현을 찾아본다.
- 선택지로 자주 이용되는 어휘나 표현 등을 정리하여 익혀 둔다.

EXAMPLE
2016학년도 고1 3월 학평 19번

■ 다음 글에 드러난 'I'의 심경으로 가장 적절한 것은?

🖥 7200-016　🎧 7200-7016

I heard ❶something moving slowly along the walls. I searched for a match ❷in the dark and tried to strike it, but it wouldn't light. This time I was certain: Something was moving ❸in the tunnels, ❹something alive, and it wasn't a rat. A very ❺unpleasant smell came
5 into my nostrils. Finally, I managed to light a match. At first I was blinded by the flame; then I saw ❻something creeping toward me. From all the tunnels. ❼Shapeless figures crawling like spiders. The match fell from ❽my trembling fingers. ❾I wanted to start running, but I couldn't.

① frightened
② delighted
③ depressed
④ jealous
⑤ relieved

KEY CLUE

❷ ❸ 등장인물이 있는 공간적 배경

❶ ❹ ❺ ❻ ❼ 등장인물을 두렵게 하는 대상

❽ ❾ 등장인물의 심경이 드러남

오답주의
② 기뻐하는
③ 우울한
④ 질투하는
⑤ 안도하는

EXAMPLE ANALYSIS

1 등장인물이 처한 상황이나 그에게 일어난 사건을 파악한다.

> 'I'는 어두운 터널 안에서 형체 없는 무언가가 자신을 향해 다가오는 것을 보고 있다.

2 묘사된 상황과 심경이 드러난 표현을 종합하여 심경이나 분위기를 추론한다.

❖ 묘사된 상황

> • I searched for a match in the dark and tried to strike it, but it wouldn't light.
>   → 나는 어둠 속에서 성냥을 찾아서 그것을 켜려고 했으나 불이 붙지 않았다.
> • Something was moving in the tunnels, something alive, and it wasn't a rat.
>   → 뭔가 살아 있는 것이 터널 속에서 움직이고 있었는데, 그것은 쥐가 아니었다.
> • A very unpleasant smell came into my nostrils.
>   → 매우 불쾌한 냄새가 나의 콧구멍으로 들어왔다.
> • I saw something creeping toward me.
>   → 나는 뭔가가 나를 향해 기어 오는 것을 보았다.
> • Shapeless figures crawling like spiders.
>   → 거미처럼 기어 오는 형체가 없는 것들.

❖ 심경이 드러난 상황

> • The match fell from my trembling fingers.
>   → 떨리는 나의 손가락에서 성냥이 떨어졌다.
> • I wanted to start running, but I couldn't.
>   → 나는 달아나고 싶었으나 그럴 수가 없었다.

정답확인 성냥불밖에 없는 어두운 터널에서 무언가 알 수 없는 것이 자신을 향해 다가오는 것을 보고 두려움에 휩싸여 도망
치지도 못하고 있는 등장인물의 상황을 묘사하고 있으므로, 'I'의 심경으로 가장 적절한 것은 ① '겁먹은'이다.

Words & Phrases

□ search for ~을 찾다   □ match 성냥   □ strike (성냥불을) 켜다
□ light 불이 붙다   □ certain 확신하는   □ alive 살아 있는
□ rat 쥐   □ unpleasant 불쾌한   □ manage to do 가까스로 ~하다
□ blind (잠시 눈이) 안 보이게 만들다   □ flame 불꽃, 화염   □ creep 기다
□ shapeless 형체가 없는   □ spider 거미   □ tremble 떨리다

01

🖥 7200-017 🎧 7200-7017

다음 글의 상황에 나타난 분위기로 가장 적절한 것은?

Once they arrived at the lake, Maggie took in a deep breath. She was always amazed at how beautiful the lake was this time of year. The water was a crystal blue, which allowed her to see to the bottom at the edge. She stepped out of the car onto the ground and looked at the spot Jamie
5 chose for their picnic. It was perfect. Jamie strolled to the back of his car and took out a picnic basket and blanket from the trunk of his convertible. He spread the blanket beneath an enormous oak tree that shaded a grassy spot. He invited her to sit down beside him. He opened the basket and let her take a peek at the contents. He surprised her with her favorite fried
10 chicken and potato salad. For dessert, he had bought chocolate-covered strawberries. She was very pleased with his choices and couldn't be more comfortable here.

① noisy and busy
② peaceful and relaxing
③ boring and monotonous
④ hopeless and desperate
⑤ festive and adventurous

▶ **couldn't be+비교급**
더할 나위 없이 ~하다
The city is perfect and the weather couldn't be better.
(그 도시는 완벽하고 날씨는 더할 나위 없이 좋다.)

Words & Phrases

□ be amazed at ~에 깜짝 놀라다
□ stroll 어슬렁거리며 걷다
□ enormous 큰, 거대한
□ take a peek at ~을 살짝 들여다보다

□ bottom 바닥
□ trunk 트렁크(자동차 뒷부분의 짐칸)
□ oak tree 떡갈나무
□ comfortable 편안한

□ spot 장소, 곳; 발견하다
□ convertible 무개차, 덮개가 없는 차
□ shade 그늘을 드리우다

02

🖥 7200-018 🎧 7200-7018

다음 글에 드러난 'I'의 심경 변화로 가장 적절한 것은?

   On the first day of summer vacation, I approached the stone steps of Porter Convalescent Center. The Saturday before, I had attended junior volunteer orientation there. Now I was a completely trained "Cheery Blossom." I straightened my bright pink smock and marched inside. I
5 felt like Florence Nightingale, striding into battle to heal and hearten the troops. The volunteer director assigned me to 3 South. As we rode the shaky elevator, she explained that this was a long-term care unit. Most of its patients would never go home. I felt sick to my stomach as we opened the door to 3 South. The foul odor of urine and Lysol overwhelmed me.
10 The head nurse, Ms. Ticknor, was less than welcoming.

* convalescent 회복기의   ** smock 작업용 덧옷

▶ **4년제 고등학교나 대학교의 학년별 호칭**
1학년: freshman
2학년: sophomore
3학년: junior
4학년: senior

▶ **Florence Nightingale**
영국의 간호사(1820~1910) 어려서부터 가난한 이웃들에게 관심이 많았던 나이팅게일은 부모의 반대를 무릅쓰고 간호학을 공부했으며, 무엇보다도 크림전쟁에서 부상병들을 효율적으로 간호한 것으로 알려져 있다.

① nervous → satisfied
② irritated → apologetic
③ proud → uncomfortable
④ disappointed → sorrowful
⑤ anticipating → indifferent

Words & Phrases

□ approach 다가가다
□ straighten (구겨진 곳을) 펴다
□ heal 치료하다
□ assign 배정하다, 할당하다
□ care unit 치료 병동
□ urine 소변
□ less than 결코 ~하지 않은

□ cheery 활기찬
□ march 씩씩하게 걷다
□ hearten 격려하다, 고무하다
□ shaky 흔들리는
□ foul 나쁜, 불결한
□ Lysol 소독약(상표명)
□ welcoming 따뜻하게 맞이하는

□ blossom 유망한 사람, 꽃
□ stride 성큼성큼 걷다
□ troops 병사들, 군대
□ long-term 장기의
□ odor 악취
□ overwhelm 압도하다

03

🖥 7200-019 🎧 7200-7019

다음 글에 드러난 Brendan의 심경 변화로 가장 적절한 것은?

One block farther on, Brendan saw a small brick building. Like the rest of the buildings they had passed on this street, it looked deserted. He paused in front of it, not sure why this building had caught his attention. The front door was ajar. He took a deep breath to gather his courage, then
5 pulled it open. No one shouted. There was no sound at all from inside. "Wait for me," Brendan whispered, releasing Dai Yue's hand. He slipped through the opening. There was a subtle odor that Brendan recognized but couldn't place for a moment. When he did, he almost smiled. The room smelled like the library at St. Mary's. Was this a bookstore? Brendan
10 took one cautious step, then another, feeling his way. When his fingertips brushed a leather binding, he did smile. Books. No one would be likely to try to steal books tonight. He and Dai Yue would be safe here.

* ajar (문이) 조금 열리어

① tense → relieved
② pleased → uneasy
③ worried → annoyed
④ hopeful → disappointed
⑤ confused → embarrassed

▶ **desert**
1. 몡 사막
   the Sahara Desert
   (사하라 사막)
   Somalia is mostly desert.
   (소말리아는 대부분이 사막이다.)
2. 동 (장소·사람·책무 따위)를 버리다, 포기하다
   The owl seems to have deserted its nest.
   (올빼미가 둥지를 떠난 것 같다.)
3. 동 (허가 없이 제자리)를 뜨다, 탈영(탈주)하다
   Large numbers of soldiers deserted as defeat became inevitable.
   (패배가 불가피해지자 수많은 병사들이 탈주했다.)
4. 동 (자신·신념 따위가) ~에게서 없어지다
   All hope deserted him.
   (그는 모든 희망을 잃었다.)

Words & Phrases

□ gather one's courage 용기를 내다
□ subtle 미묘한
□ place 분간하다, 생각해 내다
□ leather 가죽

□ release (손을) 놓다, 풀어주다
□ odor 냄새
□ cautious 조심스러운
□ binding 제본

04

🖥 7200-020 🎧 7200-7020

다음 글에 드러난 'I'의 심경으로 가장 적절한 것은?

My run slowed to a jog as we approached the gate for our flight to Paris. The plane was still there, but the door to the Jetway was shut. The gate agents were quietly sorting tickets. They had already retracted the hood connecting the Jetway to the airplane door. "Hi, we're on this
5 flight!" I panted. "Sorry," said the agent. "We're done boarding." "But our connecting flight landed just ten minutes ago. They promised us they would call ahead to the gate." "Sorry, we can't board anyone after they've closed the door." My boyfriend and I walked to the window in disbelief. Our long weekend ▸ was about to fall to pieces. The plane waited right
10 before our eyes.

*retract 접다   **pant 숨을 헐떡이다

▸ **be about to** *do*
막 ~하려던 참이다
I <u>was</u> just <u>about to</u> ask
you the question.
(내가 너에게 그 질문을 막 하려던 참이었다.)

① moved
② jealous
③ relieved
④ bored
⑤ frustrated

Words & **P**hrases

□ **run** 달리기
□ **gate agent** 게이트 담당 직원
□ **hood** 덮개
□ **fall to pieces** 산산조각나다

□ **Jetway** 제트웨이(여객기와 공항 건물을 잇는 승강용 통로)
□ **sort** 정리하다
□ **land** 착륙하다

정답과 해설 14쪽

01

□ 7200-021
○ 7200-7021

다음 글의 제목으로 가장 적절한 것은?

Children today are "safe." Their only worries consist of fights with their parents, going to school, and dealing with the list of activities that they're signed up for. But what's going on? If they're "safe" and living "well," why do they experience so many problems? Children have learned to be cautious; a lot of kids have even lost that
5 innate curiosity that no one should ever lose. The big problem is that they are exposed to large flows of information that are hard to process. It's even hard for us. That's why being exposed to so much stimuli causes stress that they're incapable of tolerating. All this causes children to grow up quickly, going through their developmental stages without enjoying them. They don't live their childhood the way they should, which
10 could cause them serious problems that are difficult to solve later on.

① Are Children Safe on the Internet?
② How Does Curiosity Enhance Learning?
③ Too Much Information Leads to the Loss of Childhood
④ Enrich Children's Lives with Information and Experience
⑤ The More Stimuli Children Get, the Smarter They Will Be

02

□ 7200-022
○ 7200-7022

다음 글의 마지막 부분에 드러난 부부의 심경으로 가장 적절한 것은?

A few days before Christmas, a couple held the hands of their young son and walked quickly to their nearby church. But the boy pulled back a bit, slowed, and came to an abrupt halt. "Santa," he whispered. "Santa!" The four-year-old broke free of his parents' grasp and ran toward an elderly gentleman with a long, flowing white
5 beard. Tugging on the stranger's coattail, the youngster begged, "Santa, will you bring me a teddy bear for Christmas?" Embarrassed, the couple started to apologize, but the man merely waved them aside. Instead, he patted their son on the head, nodded once, and without a word went on his way. On Christmas morning, a knock interrupted the family's festivities. In the doorway stood the old man holding out
10 a large bear. "I didn't want the little fellow to be disappointed on his holiday," he explained with a smile and turned to leave. At a loss, the couple could only say, "Uh, th-thanks. And M-merry Christmas to you... Rabbi."

① proud and confident   ② worried and excited
③ astonished and grateful   ④ pleased and enthusiastic
⑤ embarrassed and regretful

03

🖥 7200-023
🎧 7200-7023

다음 글에서 필자가 주장하는 바로 가장 적절한 것은?

  Uncertainty and freedom are intertwined. College students cannot decide whether they appreciate the freedom they have or resent it. You may be free from daily supervision by parents, free to pick classes and a major, and free to set a professional course. But those choices seem so numerous and important that you may be frozen with fear. You might quickly retreat to conventional choices (like medical school) or depend on influential advisors (like your parents) before giving yourself a chance to figure it out. Try not to confuse the joys and privilege of free choice with the fears of uncertainty. It may be scary to look at an open landscape, but it can and should be a thrilling moment of possibility.

*intertwined 밀접하게 관련된

① 자신이 원하는 전공 분야에 소신 있게 지원하라.
② 대학 생활에서 생겨나는 문제를 스스로 해결하라.
③ 성공 여부의 불확실성을 핑계로 도전을 회피하지 말라.
④ 대학생으로서 누릴 수 있는 선택의 자유를 두려워하지 말라.
⑤ 중요한 선택을 할 때 신뢰할 수 있는 사람에게 조언을 구하라.

04

🖥 7200-024
🎧 7200-7024

다음 글의 목적으로 가장 적절한 것은?

Dear Principal Murphy,

  Brian is settling in well as a third-grade student at Fairview Elementary School. I do have a concern, though, about the food offered in the school cafeteria. The choices do not seem to have any relation to recognized medical studies about such things as excessive fat, sugar, and useless junk food. A recent menu included fried fish with fried potato nuggets, a hot dog with potato chips, and fried chicken with French fries. The most healthful piece of food seemed to be a small piece of green pepper floating on a sea of cheese on a pizza. I don't feed my child this sort of junk at home, and I don't think it's appropriate for school. I would very much like to talk to the school dietitian about the offerings at school.

Sincerely,
Karen Diamond

① 학교 급식에 대해 항의하려고   ② 학교 급식 이용 방법을 문의하려고
③ 학교 급식 중단 이유를 비판하려고   ④ 학교 급식에 특이체질 식단 포함을 요청하려고
⑤ 건강한 식단을 제공하는 학교 영양사를 칭찬하려고

READING
POWER

CHAPTER

02

사실적 이해

지문 안에 답이 있다,
지문에 집중하라!

UNIT 05 지칭 대상 파악

1 글에 등장하는 인물들과 그들의 관계를 파악한다.
- 두 명 이상이 나오는 글이므로 등장인물을 우선 파악한다.

2 어떤 사건이나 상황인지 파악한다.
- 인물들이 어떤 사건이나 상황에 처해 있는지 내용을 파악한다.

3 전후 맥락을 고려하면서 밑줄 친 부분이 가리키는 대상을 확인한다.
- 밑줄 친 부분의 전후 맥락을 보고 지칭 대상을 확인한다.

EXAMPLE

2016학년도 고1 3월 학평 30번

■ 밑줄 친 부분이 가리키는 대상이 나머지 넷과 다른 것은?

🖥 7200-025 🎧 7200-7025

❶   Six-month-old Angela is sitting in her high chair during lunch and sees her bottle on the table. ① <u>She</u> is pretty tired—it's been a tough day!—and she wants her bottle. She looks at it as her mother, Sophie,

❷ feeds ② <u>her</u> and gets more and more frustrated. Eventually, she turns 5 away from her mother's spoonfuls, arches her back, turns around in her high chair, and vocalizes as if ③ <u>she</u> is about to cry. Sophie is

❸ clueless about what Angela wants. When Sophie happens to look at the table for another reason, ④ <u>she</u> notices the bottle on it. "That's what you want," she says, and gives Angela ⑤ <u>her</u> bottle. Success at last!

* arch (몸을) 아치 모양으로 구부리다

KEY CLUE

❶ 등장인물은 생후 6개월인 Angela와 그녀의 엄마인 Sophie 이다.

❷ Sophie가 Angela에게 숟가락으로 음식을 먹이려고 하지만 Angela는 젖병을 원하고 있다.

❸ Sophie가 마침내 Angela가 원하는 것이 무엇인지 알고 그것을 준다.

EXAMPLE ANALYSIS

1 ▷ 글에 등장하는 인물들과 그들의 관계를 파악한다.

⤷ 생후 6개월인 Angela와 그녀의 엄마인 Sophie가 등장한다.

2 ▷ 어떤 사건이나 상황인지 파악한다.

⤷ Angela는 젖병을 원하지만 Sophie는 그것을 모르고 Angela에게 숟가락으로 음식을 주지만 Angela는 고개를 돌린다. 마침내 Angela가 무엇을 원하는지 알고 Sophie가 그녀에게 젖병을 준다.

3 ▷ 전후 맥락을 고려하면서 밑줄 친 부분이 가리키는 대상을 확인한다.

> Six-month-old Angela is sitting in her high chair during lunch and sees her bottle on the table. ①She is pretty tired—it's been a tough day!—and she wants her bottle.

→ ①은 앞 문장에 등장한 Angela를 가리키고 그녀는 자신의 젖병을 원한다.

> She looks at it as her mother, Sophie, feeds ②her and gets more and more frustrated.

→ 그녀의 엄마인 Sophie가 그녀에게 음식을 먹이는 것이므로 ②는 Angela를 가리킨다.

> Eventually, she turns away from her mother's spoonfuls, arches her back, turns around in her high chair, and vocalizes as if ③she is about to cry.

→ 엄마가 숟가락으로 주는 음식에서 고개를 돌리고 등을 구부리며 몸을 돌려 울 것처럼 소리를 내고 있는 것은 Angela이므로 ③도 Angela를 가리킨다.

> When Sophie happens to look at the table for another reason, ④she notices the bottle on it.

→ 식탁을 보다가 젖병을 알아챈 것은 Sophie이므로 ④는 Sophie를 가리킨다.

> "That's what you want," she says, and gives Angela ⑤her bottle.

→ Angela에게 그녀의 젖병을 준 것이므로 ⑤는 Angela를 가리킨다.

정답확인 ④는 Sophie를 가리키고 나머지는 Angela를 가리킨다.

Words & Phrases

□ bottle 젖병
□ spoonful 한 숟가락 (가득한 양)
□ happen to *do* 우연히 ~하다
□ tough 힘든
□ vocalize 입으로 소리를 내다
□ frustrated 좌절한
□ clueless 아무것도 모르는, 단서가 없는

01

🖥 7200-026　🎧 7200-7026

밑줄 친 부분이 가리키는 대상이 나머지 넷과 <u>다른</u> 것은?

　Once, Ishwar Chandra Vidyasagar, the well-known social reformer, was walking on the streets of Kolkata when he heard an old man crying. He approached the man and asked what was troubling him. "Everyone wants to know my problems, but no one is ready to help me!" replied the
5　old man. On Vidyasagar's insistence, the old man at last poured ① <u>his</u> anguish out in words. A few years earlier, ② <u>he</u> had borrowed some money from a man, by ▶mortgaging his house. Now his creditor had gone to court and soon his house would be confiscated. He and his family would be homeless. Vidyasagar listened to ③ <u>his</u> story patiently, noting
10　the names and dates and the details. "I shall do my best to help you," ④ <u>he</u> promised. When the old man turned up in court for his hearing the following week, he was surprised to hear that all his debts had been paid up fully. ⑤ <u>His</u> benefactor was none other than Vidyasagar!

*confiscate 몰수하다　**hearing 공판

▶ **mortgage**

1. 몡 (법률) 저당 (잡힘), 저당 융자금
   a double mortgage
   (2중 저당)
   pay off a mortgage
   (융자금을 갚다)
2. 통 ~을 저당 잡히다
   The estate is mortgaged.
   (그 대지는 저당 잡혀 있다.)
3. 통 (보증으로) ~을 바치다, (목숨 따위)를 내걸고 달려들다
   mortgage one's life to an object
   (목숨을 내걸고 목적을 수행하다)

Words & Phrases

□ **well-known** 저명한
□ **pour** 쏟다
□ **go to court** 소송을 제기하다
□ **court** 법정
□ **none other than** 다름 아닌 바로 ~인
□ **reformer** 개혁가
□ **anguish** 고민
□ **patiently** 끈기 있게, 참을성 있게
□ **debt** 빚
□ **insistence** 고집
□ **creditor** 채권자
□ **note** 유의하다
□ **benefactor** 은인

02

🖥 7200-027 🎧 7200-7027

밑줄 친 부분이 가리키는 대상이 나머지 넷과 <u>다른</u> 것은?

In January 2004, George Wilson of Glebe Gardens, Edinburgh, Scotland, walked ① <u>his</u> children to school and saw an old man outside a still-closed shop in St. John's Road. Later, when Mr. Wilson took his children home, ② <u>he</u> saw the old man at the same place. Later, in the
5 evening, ③ <u>he</u> went out for a pint, and he saw the old man again, this time outside another shop. Taking pity on the man, who ④ <u>he</u> knew now was homeless in weather that was forecast to be −1°C, Mr. Wilson gave the old man, who was dressed only in jeans and a sweater, things to keep ⑤ <u>him</u> warm: a fleece and a blanket. The old man ▶appreciated the gifts.

▶ **appreciate**

1. 고맙게 여기다
   I <u>appreciated</u> his help when we moved.
   (나는 우리가 이사할 때 그가 도와준 것을 고맙게 여겼다.)

2. 진가를 알아보다
   I can <u>appreciate</u> fine works of art.
   (나는 훌륭한 예술 작품의 진가를 알아볼 수 있다.)

Words & Phrases

☐ **pint** (맥주) 1파인트   ☐ **take pity on** ~을 불쌍하게 여기다   ☐ **forecast** 예보하다
☐ **fleece** 플리스로 만든 재킷

03

🖥 7200-028 🎧 7200-7028

밑줄 친 부분이 가리키는 대상이 나머지 넷과 <u>다른</u> 것은?

It is not always safe to laugh at one whose abilities seem to be less than our own. This lesson was painfully learned by a young violin professor of Berlin at an evening party, to which ① he had been invited. He played several pieces, not with great applause, however. After ② he finished, another young man was invited to play, but his playing was worse than that of his predecessor; in fact his style and execution were terrible. So our young professor again came forward and showed ③ his superior abilities very boastfully, as if to utterly crush the strange musician. But when it again became the stranger's turn to play, ④ his performance was given with such brilliance of execution as to utterly defeat the young professor, who disappeared and was seen no more that evening. ⑤ He had been contending with Paganini, one of the world's great violinists.

*execution 솜씨, 기법

▶ **laugh at**
~을 비웃다
People <u>laugh at</u> me when I wear my helmet.
(내가 헬멧을 쓴 것을 보고 사람들이 비웃는다.)

▶ **as if**
마치 ~인 것처럼, 마치 ~인 듯이
I ran at a rapid pace, <u>as if</u> to make up for lost time.
(나는 마치 허비한 시간을 만회라도 하려는 듯 빨리 달렸다.)

Words & Phrases

☐ painfully 고통스럽게
☐ predecessor 전임자
☐ crush 압도하다
☐ defeat 이기다

☐ professor 교수
☐ boastfully 자랑하면서
☐ performance 연주
☐ contend 겨루다, 경쟁하다

☐ applause 박수갈채
☐ utterly 완전히
☐ brilliance 탁월, 걸출

04

🖥 7200-029 🎧 7200-7029

밑줄 친 부분이 가리키는 대상이 나머지 넷과 <u>다른</u> 것은?

David Hume was visited by the poet Thomas Blacklock, who complained at great length about his misfortunes: blind and poor, ① <u>he</u> no longer had the means to support his large family and did not know where to turn for help. Although ② <u>he</u> was in financial difficulties himself
5　at that time, Hume managed to secure, through the influence of a friend, a university appointment worth about forty pounds a year. Nevertheless, he was so moved by the poet's tale of sorrow that he offered ③ <u>him</u> the only means of assistance within his power to give. Taking from his desk the grant for the university post, he handed it to ④ <u>his unfortunate friend</u>
10　and promised to have the name changed from Hume to Blacklock. This generous sacrifice almost certainly saved Blacklock and ⑤ <u>his</u> family from extreme poverty.

▶ **at great length**
장황하게, 상세하게
He explained <u>at great length</u> why he was fired.
(그는 자신이 해고된 이유를 장황하게 설명했다.)

▶ **manage to *do***
간신히(가까스로) ~하다
Russia <u>managed to avoid</u> a deep economic crisis.
(러시아는 간신히 심각한 경제 위기를 피했다.)

⏺ **W**ords & **P**hrases

☐ **complain** 불평하다
☐ **support** 부양하다, 지지하다
☐ **influence** 영향(력)
☐ **assistance** 도움, 원조
☐ **sacrifice** 희생

☐ **misfortune** 불행, 불운
☐ **financial** 재정적인
☐ **appointment** 직책, 직위, 약속
☐ **grant** 허가, 인가, 보조금
☐ **extreme** 극심한

☐ **means** (개인이 가진) 돈, 재력, 수단
☐ **secure** 얻다, 확보하다
☐ **sorrow** 슬픔
☐ **generous** 관대한

1 **지시문과 글의 도입부를 통해 소재를 확인한다.**

- 먼저 무엇에 관한 글인지 글의 소재를 파악한다.
- 선택지의 핵심 정보를 파악하고 글의 내용을 추측한다.

2 **글의 내용과 선택지의 일치 여부를 판단한다.**

- 선택지와 지문을 비교하면서 일치하는 선택지를 지워 나간다.
- 상식이나 배경 지식에 기대어 추론하지 말고 주어진 글의 내용에 의거해 판단한다.

EXAMPLE

2016학년도 고1 3월 학평 27번

🖥 7200-030 🎧 7200-7030

■ Kaspar Fürstenau에 관한 다음 글의 내용과 일치하지 <u>않는</u> 것은?

Kaspar Fürstenau was a ❶German flutist and composer. After he was orphaned, ❷Anton Romberg took care of him and taught him to play the bassoon, but Fürstenau was more interested in the flute. At the age of 15, he was already a skilled flutist and ❸played in a
5 military band. In 1793-94, Fürstenau made his first concert tour in Germany. ❹In 1794, he became a member of the "Chamber Orchestra of Oldenburg," where he played until the orchestra was abolished in 1811. Kaspar Fürstenau continued his career as a flutist ❺performing together with his son Anton Fürstenau in the major cities of Europe.

＊abolish (단체 등을) 없애다

① 독일의 플루트 연주자이자 작곡가였다.
② 고아가 된 후 Anton Romberg의 보살핌을 받았다.
③ 15세에 군악대에서 연주했다.
④ 1811년에 'Chamber Orchestra of Oldenburg'의 일원이 되었다.
⑤ 아들과 함께 유럽의 주요 도시에서 공연했다.

KEY CLUE

❶ 국적과 직업

❷ Anton Romberg와의 인연

❸ 15세 때 한 일

❹ 'Chamber Orchestra of Oldenburg' 시절

❺ 아들과 함께 한 공연

EXAMPLE ANALYSIS

1 지시문과 글의 도입부를 통해 소재를 확인한다.

↳ 독일의 음악가인 Kaspar Fürstenau에 관한 글이다.

2 글의 내용과 선택지의 일치 여부를 판단한다.

① ~ a German flutist and composer.
(독일의 플루트 연주자이자 작곡가였다.)
→ 일치

② After he was orphaned, Anton Romberg took care of him ~.
(고아가 된 후 Anton Romberg의 보살핌을 받았다.)
→ 일치

③ At the age of 15, he was already a skilled flutist and played in a military band.
(15세에 군악대에서 연주했다.)
→ 일치

④ In 1794, he became a member of the "Chamber Orchestra of Oldenburg," ~.
(1811년에 'Chamber Orchestra of Oldenburg'의 일원이 되었다.)
→ 불일치

⑤ ~ performing together with his son Anton Fürstenau in the major cities of Europe.
(아들과 함께 유럽의 주요 도시에서 공연했다.)
→ 일치

정답확인 Kaspar Fürstenau는 1794년에 'Chamber Orchestra of Oldenburg'의 일원이 되었고 1811년에 그 오케스트라가 없어질 때까지 거기에서 연주했으므로, 글의 내용과 일치하지 않는 것은 ④이다.

Words & Phrases

- flutist 플루트 연주자
- take care of ~을 돌보다
- military 군대의
- perform 공연하다
- composer 작곡가
- bassoon 바순 (악기 이름)
- tour 순회공연
- major 주요한
- orphan 고아로 만들다; 고아
- skilled 능숙한
- continue 계속하다

정답과 해설 20쪽

01

🖥 7200-031 🎧 7200-7031

다음 글의 내용과 일치하는 것은?

　　Although volunteer positions in Hustai are available year-round, most volunteers choose the spring, summer, and fall months, because winters in the Mongolian steppes are bitterly cold and inhospitable. Perhaps the very best time to visit is July, when herdsmen come from miles
5　around to participate in the three-day Naadam Festival, an ancient and colorful competition of horse racing, archery, and wrestling—once called the "three manly games." The Naadam Festival started as a religious event but has evolved into a celebration of Mongolian statehood. The horse race, with thousands of horses competing, takes place not on a
10　track, but over high-altitude Mongolian grasslands. The race is a long-distance one, kicked off with a special song ("Giin-Goo") that all the horses know. The jockeys are children, ages 7 to 12, who wear colorful costumes. The top five winners are celebrated in poetry and song.

*inhospitable 사람이 지내기[살기] 힘든

▶ steppes
Steppes are large areas of flat grassy land where there are no trees, especially the area that stretches from Eastern Europe across the south of the former Soviet Union to Siberia.
(스텝 지대는 나무가 없는, 평평한, 풀이 많은 넓은 지역으로 특히 동유럽에서 예전 소련의 남부를 지나 시베리아에 이르는 지역이다.)

① Hustai의 자원봉사자들은 대개 겨울에 온다.
② Naadam 축제는 7월에 7일간 개최된다.
③ Naadam 축제는 현재 몽골의 국가적인 행사이다.
④ 경마는 경주로에서 개최된다.
⑤ 경마 입상자는 상위 3명까지 시와 노래로 축하를 받는다.

Words & Phrases

□ volunteer 자원봉사자
□ herdsman 목동
□ colorful 화려한
□ manly 사나이의, 남자다운
□ celebration 기념행사
□ track 경주로
□ kick off (경기를) 시작하다

□ year-round 1년 내내
□ participate in ~에 참가하다
□ horse racing 경마
□ religious 종교적인
□ statehood 국가임, 국가로서의 지위
□ high-altitude 고도가 높은
□ jockey 기수

□ bitterly 몹시
□ ancient 오래된
□ archery 궁술
□ evolve into ~로 발전하다
□ take place 개최되다, 일어나다
□ grassland 초원
□ costume 의상

02

7200-032 🎧 7200-7032

Stone Town에 관한 다음 글의 내용과 일치하지 <u>않는</u> 것은?

Stone Town, a UNESCO World Heritage site, is one of the oldest districts on Zanzibar, an island off the coast of Tanzania. This former Swahili trading town is a labyrinth of tiny streets and alleys, markets, mosques, and other historic buildings—including the Anglican church
5 on the site of the old central slave market, East Africa's largest slave-trading port. Combining Persian, Indian, European, Arab, and African architecture, Stone Town has been occupied by humans for three centuries and is famed for its beautifully carved wooden doors. The House of Wonders, the former palace of Sultan Syyid Barghash, is
10 open to the public. Its other claim to fame is that Freddie Mercury, the lead singer of Queen (a British rock band) was born there.

* labyrinth 미로

▶ **The House of Wonders**
The House of Wonders was built in 1883, and was one of the six palaces that Sultan Barghash made throughout Zanzibar.
(House of Wonders는 1883년에 지어졌고 술탄 Barghash가 Zanzibar 전역에 지은 여섯 개의 궁전 중 하나였다.)

① Zanzibar에서 가장 오래된 지역 중 하나이다.
② 아프리카 동부의 최대 노예 거래 항구였던 곳이 있다.
③ 아름답게 조각된 목조의 문으로 유명하다.
④ 술탄 Syyid Barghash가 살았던 이곳의 궁은 일반인에게 개방되지 않는다.
⑤ Freddie Mercury가 이곳에서 태어났다.

Words & Phrases

□ **World Heritage site** 세계문화유산 보호지역
□ **alley** 골목
□ **Anglican** 영국 성공회의
□ **architecture** 건축
□ **carve** 조각하다
□ **A's claim to fame** A가 유명한 이유

□ **district** 지역
□ **mosque** 이슬람 사원
□ **port** 항구
□ **occupy** 거주하다
□ **palace** 궁전

03

🖥 7200-033 🎧 7200-7033

*Common Sense*에 관한 다음 글의 내용과 일치하는 것은?

   Common Sense, written by Thomas Paine, swept through the American colonies in 1776 during the opening months of the American Revolutionary War. It sold more than 120,000 copies in three months and changed the whole nature of the debate among the colonists. In this book, Thomas Paine declared that only complete independence from Great Britain would bring prosperity to America. Without *Common Sense*, the American Revolution might have been shaken, and the establishment of the new United States would have been postponed indefinitely. At first, *Common Sense* was published anonymously in January 1776. It soon emerged that an English free thinker named Thomas Paine had written it. Within weeks, the short book—barely 20,000 words long—was being reprinted throughout the colonies.

① 독립 전쟁 말미에 미국 식민지들에서 많이 읽혔다.
② 미국의 부분적인 독립을 찬성하는 주장이 실렸다.
③ 새로운 미국의 수립을 지연시키는 데 일조했다.
④ 출판을 할 때 작가의 이름을 밝히지 않았다.
⑤ 분량이 긴 책에 속하며 여러 번 인쇄되었다.

▶ **sweep through**
~을 휩쓸다
The fire <u>swept through</u> the theater, devastating the entire building.
(화재가 그 극장을 휩쓸고 지나가면서 건물 전체를 파괴했다.)

Words & Phrases

□ colony 식민지
□ debate 논쟁
□ independence 독립
□ establishment 수립, 설립
□ anonymously 익명으로

□ the American Revolutionary War 미국 독립 전쟁
□ colonist 식민지 주민
□ prosperity 번영
□ postpone 연기하다
□ emerge 알려지다, 드러나다

□ declare 단언하다, 선언하다
□ shake 흔들리게 하다
□ indefinitely 무기한으로
□ barely 겨우

04

🖥 7200-034 🎧 7200-7034

Gustave Courbet에 관한 다음 글의 내용과 일치하지 <u>않는</u> 것은?

Gustave Courbet was born in 1819 in Ornas, France. His family was very well-off financially, and he received all of the education that lifestyle could offer. He was sent to Paris to study law in 1840. Against his father's wishes, however, Courbet quit studying law and began his pursuit
5 of a career as an artist. Many of his early works were in the Romantic tradition, but by the age of 23, Courbet had settled into his niche of painting Realistic works. He became the leader of the Realism movement in art. He chose themes from everyday life and did not exclude what might be considered ugly. He believed that paintings should be of things
10 that were in the present and of subjects that could be seen every day.

*niche 분야, 영역

▶ **against**

∼에 반(反)하여, ∼을 거슬러
When my son got married <u>against</u> my wishes, I was very angry.
(아들이 내가 반대하는 결혼을 했을 때 나는 몹시 화가 났다.)

① 부유한 가정에서 태어나 충분히 교육을 받았다.
② 아버지의 바람과는 반대로 진로를 미술로 바꾸었다.
③ 초기에는 낭만주의 전통을 따르는 작품을 그렸다.
④ 추하게 여겨질 수도 있는 주제를 배제하지 않았다.
⑤ 현재 존재하는 것을 그리는 것은 무의미하다고 여겼다.

Words & Phrases

☐ **well-off** 부유한, 유복한
☐ **quit** 그만두다
☐ **settle into** ∼에 자리 잡다
☐ **ugly** 추한

☐ **financially** 재정적으로
☐ **pursuit** 추구
☐ **theme** 주제
☐ **present** 현재, 지금

☐ **offer** 제공하다
☐ **career** 진로, 직업
☐ **exclude** 배제하다
☐ **subject** 대상

1 제목이나 도입부를 활용하여 어떤 종류의 실용문인지 파악한다.

- 실용문의 종류(안내문, 광고문)를 파악한다.
- 선택지를 먼저 읽으며 어떤 정보를 파악해야 하는지 확인한다.

2 글에 제시된 정보와 선택지의 일치 여부를 확인한다.

- 선택지의 내용을 본문에 제시된 순서대로 파악한다.
- 특히 시간, 요금, 연령, 장소 등 실용문의 핵심적인 정보를 중점적으로 살펴본다.

EXAMPLE

2016학년도 고1 3월 학평 26번

🖥 7200-035 🎧 7200-7035

Family Movie Night에 관한 다음 안내문의 내용과 일치하지 <u>않는</u> 것은?

Family Movie Night

Join us for a 'free' Family Movie Night ❶in the Bluebird Elementary School gym on Thursday, May 12 at 6:30 p.m.

Movie: *SNOW PRINCE*

5   ❷Free Popcorn for Everyone!

❸Pizza and soft drinks will be available for sale.

- Pizza Slice: $1.50
- Soft Drinks: $1.00

❹Students must be accompanied by their parents or guardian for

10   the entire evening.

❺Bring your own blanket or pillow and get comfortable!

① Bluebird 초등학교 체육관에서 진행된다.
② 팝콘을 무료로 제공한다.
③ 피자와 음료를 판매한다.
④ 학생은 부모나 보호자의 동행이 필요하다.
⑤ 영화 관람자에게 담요를 제공한다.

KEY CLUE

❶ 영화 상영 장소

❷ 팝콘의 무료 제공 여부

❸ 피자와 음료의 판매 여부

❹ 부모나 보호자의 동행 여부

❺ 담요 제공 여부

EXAMPLE ANALYSIS

1 제목이나 도입부를 활용하여 어떤 종류의 실용문인지 파악한다.

⌐⋯→ 안내문의 제목과 도입부의 내용으로 '무료 가족 영화의 밤 행사'를 홍보하는 글임을 알 수 있다.

2 글에 제시된 정보와 선택지의 일치 여부를 확인한다.

① Join us for a 'free' Family Movie Night in the Bluebird Elementary School gym ~.
(Bluebird 초등학교 체육관에서 진행됨)
→ **일치**

② Free Popcorn for Everyone!
(팝콘을 무료로 제공함)
→ **일치**

③ Pizza and soft drinks will be available for sale.
(피자와 음료를 판매함)
→ **일치**

④ Students must be accompanied by their parents or guardian ~.
(학생은 부모나 보호자의 동행이 필수임)
→ **일치**

⑤ Bring your own blanket ~.
(담요는 개인적으로 가져와야 함)
→ **불일치**

정답확인 담요나 베개를 각자 가져와야 한다는 것이 명시되어 있으므로 안내문의 내용과 일치하지 않는 것은 ⑤이다.

Words & Phrases

- join 함께하다
- available 이용 가능한
- guardian 보호자
- elementary school 초등학교
- slice (잘라 놓은) 조각
- pillow 베개
- soft drink 청량음료
- accompany 동행하다
- comfortable 안락한

01

🖥 7200-036 🎧 7200-7036

Daddy & Daughter Dance에 관한 다음 안내문의 내용과 일치하는 것은?

Daddy & Daughter Dance
Daddy's Date with his Princess
Saturday, March 25, 7–9 PM
Oakwood Resort Hilltop Conference Center

5   This is always a very special evening for daughters to spend time with their dads. There will be appetizers, desserts & dancing at the Hilltop Conference Center at the beautiful Oakwood Resort.

Tickets are available at the LYC office from Tuesday to Thursday, 9 AM–2 PM. Reservations can also be made by phone with payment
10 mailed or dropped off at the LYC. Tickets can be picked up at the door at the night of the event.

Space is limited, so reservations must be confirmed with payment by Friday, March 10!

Tickets are $25 per couple & $10 for each additional daughter. Pictures
15 by Frederick's Photography will be available at an additional cost.
Appetizers (dinner not included) and desserts (ice cream buffet) will be served.

① 토요일 저녁 세 시간 동안 진행된다.
② 입장권은 월요일부터 목요일까지 구입할 수 있다.
③ 예약을 했을 경우 입장권이 집으로 배송된다.
④ 추가로 참석하는 딸 한 명당 입장료는 10달러이다.
⑤ 전채 요리와 함께 저녁 식사가 무료로 제공된다.

▶ **available**

1. 이용(사용)할 수 있는
   She tried all available means.
   (그녀는 모든 이용할 수 있는 수단을 시도했다.)

2. (사람을 만날) 시간이(여유가) 있는
   John will not be available next Saturday.
   (John은 다음 토요일에 시간이 없을 것이다.)

3. 유효한, 통용되는
   This ticket is available on the day of issue only.
   (이 표는 발행 당일만 유효합니다.)

Words & Phrases

□ **conference** 회의
□ **limited** 한정된
□ **appetizer** 전채 요리
□ **confirm** 확인하다
□ **drop off at** ~에 가져다 놓다
□ **additional** 추가되는

02

🖥 7200-037 🎧 7200-7037

YOUTH JOB FAIR에 관한 다음 안내문의 내용과 일치하지 <u>않는</u> 것은?

YOUTH JOB FAIR
Saturday, February 18, 9 a.m. to 5 p.m.
931 Yonge Street
(south of Rosedale Subway Station)

5   Toronto Community Housing is helping youth find summer jobs. If you are looking for a summer job and are interested in one of the positions listed below, come out to our job fair. We want to see you there!

IMPORTANT INFORMATION FOR INTERESTED APPLICANTS:

A maximum of 300 applicants will be interviewed from 9 a.m. to 5 p.m.

10   When you arrive, you will be given a number and be interviewed on a first-come, first-served basis.

We will be interviewing for the following positions:
JUNIOR ROOKIE LEAGUE PROGRAM LEADERS
(90 POSITIONS)
15   SENIOR ROOKIE LEAGUE PROGRAM LEADERS
(45 POSITIONS)

These positions will be leading and supporting the Jays Care Foundation Rookie League Program for children and youth.

Please bring your résumé and two references.

20   See you at the job fair!

---

① 토요일 오전 9시부터 오후 5시까지 실시된다.
② 최대 300명의 지원자가 면접을 볼 수 있다.
③ 면접 순서는 선착순에 의해 결정된다.
④ 총 135개 일자리에 대한 면접이 이루어질 예정이다.
⑤ 지원자는 이력서와 추천서 각 1부를 소지해야 한다.

> ▶ fair
>
> **1. 공정한**
> We have to be fair to both players.
> (우리는 양 선수에게 공정해야 한다.)
>
> **2. 타당한, 온당한**
> Was it really fair that she asked him to do all the work?
> (그녀가 그에게 그 일을 다 하라고 요청한 것이 정말 타당했는가?)
>
> **3. 박람회**
> I will go to the world trade fair.
> (나는 세계 무역 박람회에 갈 겁니다.)

Words & Phrases

- □ **position** 일자리, 직위
- □ **foundation** 재단, 토대
- □ **maximum** 최대치, 최대한도
- □ **résumé** 이력서
- □ **first-come, first-served** 선착순의
- □ **reference** 추천서, 참조, 문의

03

🖥 7200-038 🎧 7200-7038

Plant-based Cooking Class에 관한 다음 안내문의 내용과 일치하는 것은?

> ▶ 요금을 나타내는 단어
>
> **1. fare**: (배 · 기차 · 버스 등의) 요금
> airfare(항공료)
> railroad fare(철도 요금)
>
> **2. fee**: (전문적인 서비스에 대한) 수수료, 수업료, 공공요금
> school fee(수업료)
> admission fee(입장료)

Plant-based Cooking Class
For your health and the health of the environment
Friday, October 6th
10:00 a.m.–1:00 p.m.

5 •**Recipes**: Raw Lasagna, Raw Pasta Puttanesca, Zucchini Tartare, Raw Cacao Truffles.

Recipes subject to change depending on ingredient availability.

•**Location**: Upper Kula

Class subject to cancellation if minimum enrollment is not met.

10 •**Details**:

- Bring your own knife and apron.

- Demonstration and hands-on class

- Lunch and snack included

- Class fee $75.00 per person

15 - Class limited to six people, prepayment necessary

To register, contact Johanna Waters at 808-214-0129 or info@johannawaters.com.

① 10월 6일 오후 1시에 시작한다.
② 가르치는 요리법이 달라질 수도 있다.
③ 칼과 앞치마를 수강생에게 제공한다.
④ 점심과 간식이 포함되어 있지 않다.
⑤ 수강료를 미리 납부할 필요가 없다.

Words & Phrases

- ☐ plant-based 채식 위주의
- ☐ ingredient 재료
- ☐ minimum 최소한의
- ☐ hands-on 직접 해보는
- ☐ recipe 요리법
- ☐ availability 이용 가능성
- ☐ enrollment 등록
- ☐ class fee 수강료
- ☐ subject to ～될 수 있는, ～의 여지가 있는
- ☐ cancellation 취소
- ☐ demonstration 시범
- ☐ prepayment 사전 납부

04

🖥 7200-039 🎧 7200-7039

2017 Carbon Monoxide Poster Contest에 관한 다음 안내문의 내용과 일치하지 <u>않는</u> 것은?

2017 Carbon Monoxide Poster Contest

The U.S. Consumer Product Safety Commission (CPSC) is sponsoring a safety poster contest that teaches and warns about the dangers of carbon monoxide (CO).

5 Create a poster about the dangers of carbon monoxide.

• **Who Can Enter?**
The contest is open to students in grades six, seven, and eight.

• **Important!** To enter your poster into the contest, you need a parent or guardian to fill out and submit the parental ▶ consent form.

10 • **Deadline for Entries**: Submit your poster and parental consent form by February 28 online at: www.cpsc.gov/COcontest.

• **Prizes!**
Three winners in each grade: $500 each
One public vote winner: $500

15 One grand prize winner: An extra $1,000 (chosen from the winners)

Posters will be posted on the CPSC website! Vote for your favorite!

▶ consent form
동의서, 승낙서
They signed the surgery consent form.
(그들은 수술 동의서에 서명했다.)

① 3개 학년의 학생들만 참가할 수 있다.
② 부모나 보호자의 동의서가 필요하다.
③ 출품작은 온라인으로 2월 28일까지 제출해야 한다.
④ 총 5명의 참가자가 상을 받게 된다.
⑤ 출품작은 후원 단체의 웹사이트에 게시된다.

Words & Phrases

☐ carbon monoxide 일산화탄소 ☐ commission 위원회 ☐ sponsor 후원하다
☐ guardian 보호자 ☐ submission 제출 ☐ consent 동의
☐ grand prize 대상

UNIT 08 도표 읽기

1 도표의 제목, 종류 및 내용을 파악한다.
- 도표의 제목을 보고 도표가 무엇에 관한 것인지를 파악하고, 도표가 나타내는 수치에 주목한다.
- 글의 도입부를 읽고 도표 이해를 위한 개요를 파악한다.

2 도표와 선택지 내용의 일치 여부를 비교한다.
- 도표에 대한 기술은 전체적인 것에서 세부적인 것으로 이루어진다는 것을 이해한다.
- 도표에 제시된 수치의 비교, 증감, 비율, 배수 등의 표현이 제대로 기술되어 있는지를 확인한다.

EXAMPLE

2016학년도 고1 6월 학평 24번

다음 도표의 내용과 일치하지 <u>않는</u> 것은? 🖥 7200-040 🎧 7200-7040

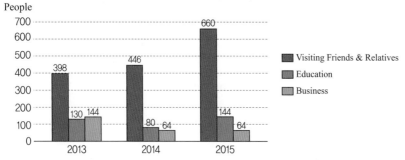

Travel Purpose of Korean Visitors to New Zealand in October of 2013, 2014, 2015

- Visiting Friends & Relatives
- Education
- Business

The graph above shows the number of Korean visitors to New Zealand according to their travel purpose in October of 2013, 2014, and 2015. ① Over the given period, the most popular purpose of visiting New Zealand was visiting friends and relatives. ② Visitors for the purpose of education declined from 2013 to 2014, but then increased in the following year. ③ The number of Korean visitors with business interests in 2014 dropped compared with that in the previous year. ④ Education was the least popular travel purpose for all three years. ⑤ The number of people visiting friends and relatives in 2013 was more than double the number of those visiting for business purposes in 2013.

KEY CLUE

① 도표의 내용 파악

도표의 제목은 2013, 2014, 2015년 10월에 한국인들이 뉴질랜드를 방문한 목적을 세 가지 항목으로 보여 준다.
➡ 도표 내용: 뉴질랜드를 방문한 한국인들의 여행 목적

② 도표 이해를 위한 개요 파악

2013, 2014, 2015년 10월에 뉴질랜드를 방문한 한국인들의 수를 여행 목적별로 비교할 것임을 알 수 있다.

③ 도표의 내용과 선택지의 일치 여부

도표와 일치하지 않는 서술을 하는 선택지를 정답으로 고른다.

EXAMPLE ANALYSIS

1 도표의 제목, 종류 및 내용을 파악한다.

> (1) **도표의 제목**
>
> Travel Purpose of Korean Visitors to New Zealand in October of 2013, 2014, 2015
> ↳ 2013, 2014, 2015년 10월 한국인 방문객들의 뉴질랜드 여행 목적

> (2) **도표의 종류:** 막대그래프
> ↳ 2013, 2014, 2015년 10월에 뉴질랜드를 방문한 한국인들의 여행 목적별 수

> (3) **도표의 내용**
> ↳ 뉴질랜드를 방문한 한국인들의 수를 연도와 여행 목적(친구 및 친척 방문, 교육, 사업)별로 비교

2 글의 도입부를 통해 도표 이해를 위한 개요를 파악한다.

> The graph above shows the number of Korean visitors to New Zealand according to their travel purpose in October of 2013, 2014, and 2015.
> (위 도표는 2013, 2014, 그리고 2015년 10월에 뉴질랜드를 방문한 한국인들의 수를 그들의 여행 목적별로 보여 준다.)

정답확인 교육 목적 여행은 2013년에는 사업 목적 여행보다 적었지만, 2014년과 2015년에는 사업 목적 여행보다 많았으므로 ④는 도표의 내용과 일치하지 않는다.

① 주어진 기간 동안 뉴질랜드를 방문한 가장 인기 있는 목적은 친구와 친척 방문이었다.
  → 일치
② 교육 목적으로 방문한 사람들의 수는 2013년부터 2014년까지 감소했지만, 그다음 해에는 증가했다.
  → 일치
③ 2014년에 사업의 이해관계로 방문한 한국인들의 수는 이전 해와 비교하여 감소했다.
  → 일치
⑤ 2013년에 친구와 친척을 방문한 사람들의 수는 2013년에 사업 목적으로 방문한 사람들의 수의 두 배보다 많았다.
  → 일치

Words & Phrases

- □ purpose 목적
- □ decline 감소하다
- □ relative 친척
- □ compared with ~와 비교하여
- □ according to ~에 따르면
- □ previous 이전의

정답과 해설 **26쪽**

01

7200-041 7200-7041

다음 도표의 내용과 일치하지 <u>않는</u> 것은?

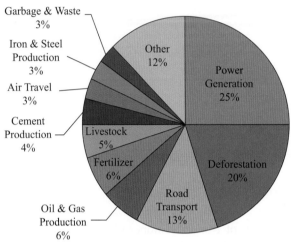

**The Major Sources of Greenhouse Gases
in the Earth's Atmosphere in 2015**

Garbage & Waste 3%
Iron & Steel Production 3%
Air Travel 3%
Cement Production 4%
Livestock 5%
Fertilizer 6%
Oil & Gas Production 6%
Road Transport 13%
Other 12%
Power Generation 25%
Deforestation 20%

The graph above shows the percentage of the major sources of greenhouse gases in the earth's atmosphere in 2015. ① Power generation emitted the largest proportion—a quarter—of greenhouse gases in the earth's atmosphere. ② The source that gave off the second
5 largest percentage of greenhouse gases in the earth's atmosphere was deforestation. ③ The percentage of greenhouse gases caused by road transport was slightly smaller than that caused by oil and gas production and fertilizer combined. ④ The percentage of greenhouse gases made by livestock was larger than that made by cement production. ⑤ Air travel,
10 iron and steel production, and garbage and waste produced the same percentage of greenhouse gases.

▶ **give off**
~을 내뿜다, ~을 발산하다
These wild flowers give off a nice smell.
(이 야생화들에서는 좋은 향기가 난다.)

Words & Phrases

- greenhouse gas 온실 가스
- deforestation 벌채
- livestock 가축
- emit 배출하다, 발산하다
- combine 합치다, 합산하다
- atmosphere 대기
- transport 수송, 운송
- garbage 쓰레기
- proportion 비율
- power generation 발전(發電)
- fertilizer 비료
- waste 폐기물
- quarter 4분의 1

02

🖥 7200-042 🎧 7200-7042

다음 도표의 내용과 일치하지 <u>않는</u> 것은?

**Percentage of Students Who Learned Two or More Foreign Languages
in Upper Secondary Schools in Europe in 2014**

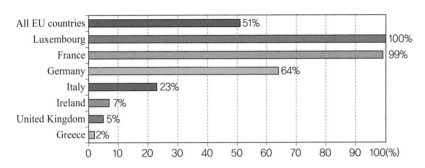

▶ 교육체제 관련 표현
1. 초등학교
   primary school (영국) /
   elementary school (미국)
2. 중등학교
   secondary school: 11세
   ~16세(또는 18세)의 학생들이
   다니는 학교
   • junior secondary school /
     junior high school (중학교)
   • upper secondary school /
     high school (고등학교)

   The graph above shows the percentage of students who learned two or more foreign languages in upper secondary schools in Europe in 2014. ① Just over half of upper secondary school students of all EU countries studied two or more languages in 2014. ② Of the seven countries cited
5 above, Luxembourg showed the highest proportion, while France the second largest. ③ The proportion of students learning two or more languages in Germany was twice as large as in Italy. ④ The lowest percentage of upper secondary school students learning two or more foreign languages was recorded in Greece. ⑤ In both Ireland and the
10 United Kingdom, less than 10% of upper secondary school students learned two or more languages in 2014.

Words & Phrases

☐ upper secondary school 고등학교

03

7200-043　7200-7043

다음 도표의 내용과 일치하지 <u>않는</u> 것은?

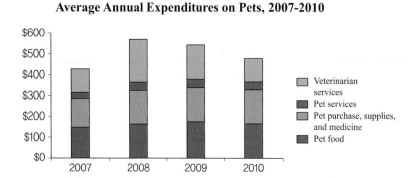

Average Annual Expenditures on Pets, 2007-2010

Veterinarian services
Pet services
Pet purchase, supplies, and medicine
Pet food

▶ **expenditure의 유의어**

1. cost: (사업체에서 쓰는 전체) 비용
   labor <u>costs</u> (인건비)
   production <u>costs</u> (생산비)
2. spending: (특히 정부나 조직에서 쓰는) 비용(지출)
   More <u>spending</u> on health care was promised.
   (보건에 더 많은 지출이 약속되었다.)

　　The graph above shows the average annual expenditures that U.S. households spent on pets in four different categories from 2007 to 2010. ① U.S. households spent more than $400 on pets each year for the given period. ② The whole expenditure spent on pets in 2008 was the most, while that in 2007 was the least. ③ In the case of veterinarian services, U.S. households spent the most amount of money in 2008, followed by the expenditure in 2009. ④ Between 2007 and 2010, the expenditure on pet services was the least among the four categories. ⑤ Each year between 2007 and 2010, U.S. households spent more than $100 on pet purchase, supplies, and medicine, while they spent more than $100 on pet food just for three years.

Words & Phrases

□ average 평균의　　　　□ annual 연간의　　　　□ household 가정, 세대
□ category 부문　　　　□ veterinarian 수의사　　□ amount 양
□ purchase 구입　　　　□ supplies 용품　　　　□ medicine 약

04

🖥7200-044 🎧7200-7044

다음 도표의 내용과 일치하지 <u>않는</u> 것은?

Preferred Ways of Getting in Touch by Teens

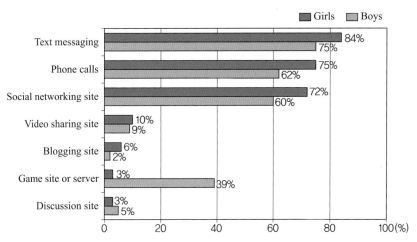

The graph above shows the percentages of teens who counted the given platforms as one of the three most common ways they get in touch with their closest friends. ① For both girls and boys, text messaging was the most preferred way to get in touch with their friends. ② Girls exceeded
5 boys in the percentages of text messaging, phone calls, social networking sites, video sharing sites, and blogging sites. ③ As for the percentages of using game sites or servers and discussion sites, boys were larger than girls. ④ The percentage gap between girls and boys was largest in video sharing sites. ⑤ As for girls, the percentage of using game sites or servers
10 was the same as that of using discussion sites.

▶ **percent**
퍼센트 (10%, 20%처럼 숫자 뒤에 씀)
My salary increased by 30 percent.
(내 급여가 30퍼센트 올랐다.)
⟨100만원 → 130만원⟩

▶ **percentage**
백분율, 비율
Some foods have a high percentage of protein.
(일부 음식은 높은 비율의 단백질을 갖고 있다.)

▶ **percentage point**
퍼센트 포인트(퍼센트 사이의 변동값을 말할 때 씀)
Interest rates are expected to rise by one percentage point.
(금리가 1퍼센트 포인트 오를 것으로 예상된다.)
⟨10% → 11%⟩

Words & Phrases

□ **count** 간주하다, 여기다
□ **get in touch with** ~와 연락하다
□ **as for** ~의 경우에는

□ **platform** 플랫폼(컴퓨터 사용의 기반이 되는 하드웨어와 소프트웨어의 환경)
□ **exceed** ~보다 크다, 능가하다

정답과 해설 28쪽

01

밑줄 친 부분이 가리키는 대상이 나머지 넷과 다른 것은?

🖥 7200-045
🎧 7200-7045

Edmond Halley was interested in the problems of gravity. One problem that attracted ① his attention was the proof of Kepler's laws of planetary motion. In August 1684, ② he went to Cambridge to discuss this with Isaac Newton, only to find that Newton had solved the problem already. ③ He asked to see the calculations
5 and was told by Newton that he could not find them. Newton promised to redo them and send them on later. He eventually did submit his calculations to Halley. After this initial meeting, Halley visited Newton frequently; over the course of these visits Newton showed Halley ④ his proof as well as many other unpublished papers. Halley recognized the importance of the works. ⑤ He wanted Newton to publish but Newton
10 was reluctant. With a lot of encouragement from Halley, eventually, Newton's masterpiece was published at Halley's expense in 1687.

▶ only to *do* 그 결과는 ~뿐
He survived the crash only to die in the desert.
(그는 추락 사고에서 살았지만, 결국에는 사막에서 죽게 되었다.)

▶ *A* as well as *B* B뿐만 아니라 A도
This rule applies to parents as well as children.
(이 규칙은 자녀들뿐만 아니라 부모에게도 적용된다.)

02

🖥 7200-046
🎧 7200-7046

Cephas Giovanni Thompson에 관한 다음 글의 내용과 일치하지 <u>않는</u> 것은?

　　Cephas Giovanni Thompson (1809-88) was known particularly for portraits and Italian scenes, but he also painted genre and historical subjects. He was born in Middleborough and initially trained by his father. At eighteen he established a portrait practice in Plymouth, Massachusetts. He subsequently worked in Boston, where
5　he studied with David Claypoole Johnston, in Philadelphia, and elsewhere before arriving in New York in 1837. There he flourished for a decade as a fashionable portrait painter. *Spring* (Metropolitan Museum, 1838), a softly romantic, idealized portrait of a young woman, exemplifies his most appealing strengths. In 1847 he moved to New Bedford for two years and then lived in Boston before sailing to
10　Europe. He resided for most of the 1850s in Rome. In 1859 he returned permanently to New York but continued to produce Italian subjects ▶during the remainder of his career.

*genre 풍속화

① 역사적 주제에 대한 그림도 그렸다.
② 처음에는 아버지에게서 훈련을 받았다.
③ 뉴욕에서 초상화가로서 10년 동안 활약했다.
④ 유럽으로 가기 전 Boston에서 살기도 했다.
⑤ 뉴욕으로 돌아온 후 이탈리아를 소재로 한 그림은 그리지 않았다.

　▶ **during vs. while**
　• during: 전치사로서 뒤에 명사구가 온다.
　　There are extra flights to Boston <u>during</u> the winter.
　　(겨울 동안에는 Boston까지 가는 추가 비행편이 있다.)
　• while: 접속사로서 뒤에 절이 온다.
　　She passed the exam <u>while</u> she was still at school.
　　(그녀는 아직 학교에 다니는 동안에 그 시험을 통과했다.)

정답과 해설 29쪽

03

7200-047
7200-7047

Rose Garden Theater Auditions for *Grease*에 관한 다음 안내문의 내용과 일치하는 것은?

Rose Garden Theater Auditions for *Grease*
The production team for *Grease* is excited to announce auditions!

When

- Saturday, October 28 from 12:30 p.m. to 3:30 p.m.
- Sunday, October 29 from 6 p.m. to 9 p.m.
- Registration begins 30 minutes before auditions.
- It is not necessary to audition both days.

Details

- There is no age range/limit for auditions: teenagers and adults are encouraged to come as long as they look age-appropriate.
- The auditions will involve dancing and singing.
- Those wishing to be considered for singing roles will need to come prepared to perform the following songs:
  - For women: *Hopelessly Devoted to You* and *There Are Worse Things I Could Do*
  - For men: *Sandy* and *Greased Lighting*

For further information, please go to rosegardentheater.org.

---

① 10월 28일과 29일에 오후 6시부터 9시까지 실시된다.
② 오디션 시작 30분 전까지 등록을 마쳐야 한다.
③ 이틀 모두 오디션에 참가해야 한다.
④ 참가자의 연령 제한은 없다.
⑤ 모든 참가자는 2곡의 지정곡을 불러야 한다.

04

🖥 7200-048
🎧 7200-7048

다음 도표의 내용과 일치하지 <u>않는</u> 것은?

Twin Birth Rates, by Age of Mother, United States, 1980 and 2009

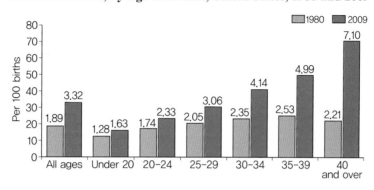

The above graph shows twin birth rates by age of mother in the United States in 1980 and 2009. ① Twin birth rates increased for women of all ages over the three decades, with the largest increase among women aged 40 and over. ② In 1980, twin birth rates rose with advancing age, peaking at 35-39 years and declining thereafter. ③ In 2009, however, women aged 40 and over had the highest rate, while women under 20 had the lowest. ④ In both 1980 and 2009, women aged 30-34 had the third highest twin birth rates. ⑤ From 1980 to 2009, twin birth rates nearly doubled for women aged 35-39 and more than tripled for women aged 40 and over.

READING
POWER

CHAPTER

03

추론적 이해

앞뒤가 모두 단서,
빈칸 문장부터 확인하라!

1 글에 나온 상황이나 내용을 파악한다.
- 글의 도입부에서 무엇에 관한 글인지 확인한다.

2 빈칸이 포함된 문장을 보고 어떤 내용이 필요한지 파악한다.
- 빈칸이 포함된 문장이 전하고자 하는 내용에서 빠진 부분이 무엇인지 추측한다.

3 빈칸 전후 부분을 보면서 단서를 찾는다.
- 빈칸에 들어갈 만한 말과 연관되는 부분이나 단서를 찾아본다.

4 선택지를 보고 의미를 파악한다.
- 선택지에 있는 표현 중 어느 것이 빈칸의 단서들과 가장 잘 연결되는지 확인해 본다.

EXAMPLE
2016학년도 고1 3월 학평 31번

다음 빈칸에 들어갈 말로 가장 적절한 것은?　　🖥 7200-049　🎧 7200-7049

Recently on a flight to Asia, I met ❶Debbie, who was warmly greeted by all of the flight attendants and was even welcomed aboard the plane by the pilot. Amazed at all the attention being paid to her, I asked if she worked with the airline. She did not, but ❷she deserved
5　the attention, for this flight marked the milestone of her flying over 4 million miles with this same airline. During the flight I learned that the airline's CEO personally called her to thank her for using their service for a long time and she received a catalogue of fine luxury gifts to choose from. Debbie was able to acquire this special treatment for one
10　very important reason: ❸she was a ＿＿＿＿＿＿＿ customer to that one airline.

* milestone 획기적인 사건

① courageous　　　② loyal
③ complaining　　　④ dangerous
⑤ temporary

KEY CLUE

❶ 비행기에서 Debbie가 승무원들과 기장에게 환영 인사를 받으며 주목받는다.

❷ 필자는 그 이유를 궁금해하는데 그녀가 이 항공사를 400만 마일 넘게 이용한 기록을 가진 고객이기 때문임을 알게 된다.

❸ Debbie와 같은 고객을 묘사하는 형용사가 들어갈 자리가 빈칸이다.

EXAMPLE ANALYSIS

1 ▷ 글에 나온 상황이나 내용을 파악한다.

> • 필자가 비행기에서 만난 Debbie가 승무원과 기장으로부터 극진한 환영 인사를 받는 것을 보고 그 이유를 궁금해한다.

2 ▷ 빈칸이 포함된 문장을 보고 어떤 내용이 필요한지 파악한다.

> • Debbie was able to acquire this special treatment for one very important reason: she was a _____ customer to that one airline.
>
> ⤷ 빈칸이 들어 있는 문장을 보면 'Debbie는 한 가지 매우 중요한 이유 때문에 이러한 특별대우를 받을 수 있었는데, 그녀는 그 한 항공사에 _____ 고객이었기 때문이다.'라고 했으므로 Debbie와 같은 고객을 묘사하는 형용사를 찾아야 한다.

3 ▷ 빈칸 앞 부분을 보면서 단서를 찾는다.

> • 빈칸 앞에 보면 Debbie는 이 항공사로 400만 마일 넘게 비행하는 획기적인 기록을 세웠고, 항공사의 CEO로부터 오랫동안 자사의 서비스를 이용해 준 것에 대한 감사 전화를 받았다는 단서가 나온다.

4 ▷ 선택지를 보고 의미를 파악한다.

> • Debbie는 그 항공사를 꾸준히 이용해 온 충실한 고객이었으므로 빈칸에는 ② loyal이 가장 적절하다.
>   ① 용감한   ③ 불평하는   ④ 위험한   ⑤ 일시적인

정답확인 한 항공사에서 400만 마일 넘게 비행하는 기록을 세운 고객이므로 ② '충실한'이 가장 적절하다.

Words & Phrases

- □ greet 인사하다
- □ deserve ~을 받을 만하다(자격이 되다)
- □ luxury 고급의
- □ flight attendant 비행기 승무원
- □ CEO 최고경영자
- □ acquire 얻다, 획득하다
- □ amaze 놀라게 하다
- □ catalogue 목록
- □ treatment 대우, 대접

PRACTICE

01

🖥 7200-050 🎧 7200-7050

다음 빈칸에 들어갈 말로 가장 적절한 것은?

The rise of cities and the improvement in transport infrastructure brought about new opportunities for _____. Densely populated cities provided full-time employment for carpenters, priests, soldiers and lawyers. Villages that gained a reputation for producing really good wine, olive oil or ceramics discovered that it was worth their while to concentrate nearly exclusively on that product and trade it with other settlements for all the other goods they needed. This made a lot of sense. Climates and soils differ, so why drink ordinary wine from your backyard if you can buy a smoother variety from a place whose soil and climate is much better suited to grape vines? If the clay in your backyard makes stronger and prettier pots, then you can make an exchange.

① travel
② education
③ cooperation
④ independence
⑤ specialization

▶ **bring about**
(결과를) 가져오다, 일으키다
Science has brought about many changes in our lives.
(과학은 우리의 생활에 많은 변화를 가져왔다.)

▶ **concentrate on**
~에 집중하다
I often feel hungry and cannot concentrate on my lessons.
(난 자주 배고픔을 느끼고 수업에 집중할 수 없다.)

Words & Phrases

- ☐ transport 운송, 수송
- ☐ infrastructure 기반 시설, 하부 구조
- ☐ densely populated 인구가 조밀한
- ☐ employment 고용
- ☐ carpenter 목수
- ☐ priest 성직자
- ☐ ceramic 도자기
- ☐ exclusively 전적으로
- ☐ settlement 촌락, 정착지
- ☐ make sense 타당하다, 말이 되다
- ☐ variety 품종
- ☐ suited 적합한
- ☐ grape vine 포도나무, 포도 덩굴
- ☐ clay 점토, 찰흙
- ☐ pot 단지, 항아리

02

🖥7200-051 🎧7200-7051

다음 빈칸에 들어갈 말로 가장 적절한 것은?

The modern world is so interconnected and constantly plugged in that finding the time and space to think can be difficult. However, without freedom from the influence and distractions of the world, it is virtually impossible to develop well-reasoned opinions, ideas, and values. History
5 shows a lot of examples of the transcendent power of _____. Darwin took long walks without company and firmly ▶turned down dinner party invitations. Moses spent time alone in the desert. Jesus wandered the wilderness. Mohammed sat in the cave. Buddha went to the mountaintop. Find your own mountaintop and don't come down without
10 your own thoughts, opinions, and values.

* transcendent 초월적인

▶ **turn down**
거절(거부)하다
The movie star <u>turned down</u> the new contract offer.
(그 영화배우는 그 새로운 계약 제안을 거절했다.)

① honesty
② solitude
③ creation
④ tolerance
⑤ observation

Words & Phrases

□ interconnected 서로 연결된
□ distraction 주의를 산만하게 하는 것
□ company 동행, 동반
□ wander 방랑하다

□ plugged in 관계를 맺고 있는
□ virtually 거의
□ firmly 단호히
□ wilderness 황야

□ influence 영향(력)
□ well-reasoned 논리 정연한
□ invitation 초대
□ mountaintop 산꼭대기

03

🖥 7200-052 🎧 7200-7052

다음 빈칸에 들어갈 말로 가장 적절한 것은?

　Unlike previous generations, fewer and fewer modern men experience the satisfaction of tangible creation in the workplace. We move numbers around on a screen, manage people who manage other people, or sell advice, ideas, or someone else's creations. For many of us, the shift
5　from working with our hands to working with our minds has created an unfulfilled need for connection with the physical world we live in. Physical creation (beyond the more abstract "creativity") provides that connection. A way for a man to announce to the world, simply, "I am." Creating is a primal need, but without an institutional directive to create,
10　the internal fire to do so can flicker and die, or worse yet, we may start to believe that ＿＿＿＿＿ is only for certain types of people, not for us.

*tangible 유형(有形)의, 만질 수 있는

▶ from *A* to *B*
A에서 B로
Mr. Kim's class can help students move <u>from</u> making art <u>to</u> thinking art—using art to solve all sorts of creative challenges.
(김 선생님의 수업은 학생들이 예술을 만드는 데서 예술을 생각하는, 즉 예술을 이용해서 모든 종류의 창의적인 문제를 해결하는 것으로 이동하는 것을 도울 수 있다.)

① making things
② reading minds
③ seeking the truth
④ predicting the future
⑤ coming up with ideas

Words & Phrases

□ **previous** 이전의
□ **workplace** 직장
□ **connection** 연결
□ **announce** 선언하다
□ **directive** 지시, 명령

□ **generation** 세대
□ **shift** 변화
□ **physical** 물리적인, 신체적인
□ **primal** 근본적인, 주요한
□ **flicker** 깜빡거리다

□ **satisfaction** 만족(감)
□ **unfulfilled** 충족되지 않은
□ **abstract** 추상적인
□ **institutional** 제도상의, 제도적인

04

🖥 7200-053 🎧 7200-7053

다음 빈칸에 들어갈 말로 가장 적절한 것은?

The small community of Zorborgu, near Tamale in northern Ghana, comprises mainly farmers. They decided to stop burning crop ▸residues and protect their community forest to reduce the risk of wildfires that cause widespread land damage. As a result, crop yields have increased
5 and the water in a pond near a sacred grove is available throughout the year for farming, livestock watering and domestic use. The community forest also provides herbal medicines. The innovative blend of traditional and modern decision-making by committees that reflect traditional leadership makes this a successful social, economic and environmental
10 initiative. This is one example of how community action and innovation are key to _____ in Africa.

* residue 찌꺼기, 나머지

① teaching future leaders
② changes toward diversity
③ improving children's literacy
④ sustainable land management
⑤ reducing racial discrimination

▸ **residue**

1. 잔여(잔류)물
   pesticide residues in fruit and vegetables
   (과일과 채소의 잔류 농약)

2. (법률) 잔여 유산(遺産)
   The residue of the estate was divided equally among his children.
   (그 재산의 잔여 유산은 그의 자녀들에게 공평하게 분배되었다.)

Words & Phrases

□ **comprise** ~로 구성되다
□ **widespread** 광범위한, 넓게 펼쳐진
□ **sacred** 신성한
□ **domestic** 가정의
□ **reflect** 나타내다, 반영하다
□ **sustainable** 지속 가능한

□ **crop** 농작물
□ **damage** 피해
□ **grove** 작은 숲
□ **innovative** 혁신적인
□ **initiative** 계획, 진취력
□ **racial discrimination** 인종 차별

□ **reduce** 줄이다
□ **yield** 수확(량); 산출하다, 양도하다
□ **livestock** 가축
□ **blend** 혼합
□ **literacy** 읽고 쓸 수 있는 능력

1 글의 소재와 주제(요지)를 파악한다.

- 첫 문장과 글의 초반부를 읽고 글의 소재를 파악한다.
- 글의 소재에 대해 필자가 말하고자 하는 주제 및 요지가 무엇인지를 추론한다.

2 글의 전개 방식을 이해하고 빈칸을 추론할 수 있는 단서를 파악한다.

- 글의 전개 방식을 바탕으로 해서 빈칸 앞부분이나 뒷부분에서 단서를 찾는다.
- 정답으로 고른 선택지를 빈칸에 넣어 글의 흐름이 자연스러운지를 확인한다.

EXAMPLE

2015학년도 고1 3월 학평 33번

■ 다음 빈칸에 들어갈 말로 가장 적절한 것은?

🖥 7200-054 🎧 7200-7054

❶It is not always easy to eat well when you have a newborn baby. It can seem like you do not have time to prepare tasty nutritious meals or even to eat them. ❶You will need to learn the following trick. Try not to wait until _____. When you have a newborn baby, preparing food will probably take longer than usual. If you start when you are already hungry, you will be absolutely starving before the food is ready. When you are starving and tired, eating healthy is difficult. You may want to eat fatty fast food, chocolates, cookies or chips. This type of food is okay sometimes, but not every day.

① your baby cries to be fed at night
② you find a new recipe for your meal
③ you are really hungry to think about eating
④ your kids finish all the food on their plates
⑤ you feel like taking a nap after a heavy meal

KEY CLUE

❶ 글의 소재 및 주제 파악

첫 문장에서 글의 소재 제시
➡ 신생아가 있을 때 먹는 일의 어려움
빈칸 앞 문장에서 주제 제시
➡ 신생아가 있을 때 음식을 먹는 요령

❷ 단서 파악

➡ 단서: 신생아가 있으면 음식 준비가 평소보다 오래 걸리므로, 배가 고플 때 식사를 준비하면 음식이 준비되기 전에 배가 매우 몹시 고플 것이다.

❸ 빈칸에 맞는 선택지 고르기

➡ 단서를 통해 빈칸에 들어갈 적절한 말을 고른다.

오답주의

빈칸 다음에 음식을 준비한다(preparing food), 음식이 준비된다(the food is ready) 등의 표현이 나와서, 음식 준비와 관련된 선택지 ②를 정답으로 고르지 않도록 주의한다.

EXAMPLE ANALYSIS

 1 첫 문장과 글의 초반부를 읽고 글의 소재와 주제를 파악한다.

> • 첫 문장: It is not always easy to eat well when you have a newborn baby.
> ↳ **글의 소재:** 신생아가 있을 때 먹는 일의 어려움

> • It can seem like you do not have time to prepare tasty nutritious meals or even to eat them. You will need to learn the following trick.
> ↳ **글의 주제:** 신생아가 있을 때 영양가 있는 음식을 먹을 수 있는 요령

2 글의 전개 방식을 이해하고 빈칸을 추론할 단서를 찾는다.

❖ 필자의 견해(주장)가 빈칸으로 제시

> • 빈칸: Try not to wait until _____. (~ 때까지 기다리지 않도록 하라.)

❖ 필자의 견해(주장)에 대한 근거 제시

> • When you have a newborn baby, preparing food will probably take longer than usual. If you start when you are already hungry, you will be absolutely starving before the food is ready.
> → 신생아가 있을 때는 음식 준비가 평소보다 오래 걸릴 것이므로, 배가 고플 때 음식 준비를 시작하면 음식이 준비되기 전에 배가 매우 몹시 고플 것이다.

정답확인 신생아가 있으면 음식 준비에 시간이 더 많이 걸리기 때문에, 배가 고플 때 음식 준비를 시작하면 음식이 준비되기 전에 배가 몹시 고플 것이고, 그래서 몸에 좋지 않은 음식을 선택할 수 있다. 이런 상황에 대처할 요령은 배가 고플 때까지 기다리지 않는 것이다. 그러므로 빈칸에 들어갈 말로 가장 적절한 것은 ③ '먹고 싶은 생각이 들 정도로 정말 배고파질'이다.

① 아기가 밤에 먹을 것을 달라고 울어 댈　　② 식사를 위한 새로운 요리법을 찾아낼
④ 자녀들이 접시 위에 있는 모든 음식을 다 먹을　　⑤ 음식을 많이 먹은 후 낮잠을 자고 싶은 기분이 들

Words & Phrases

☐ **newborn baby** 신생아　　☐ **prepare** 준비하다　　☐ **nutritious** 영양가 있는
☐ **trick** 요령　　☐ **starve** 몹시 배고프다, 굶주리다　　☐ **fatty** 기름기 있는

PRACTICE

01

🖥 7200-055 🎧 7200-7055

다음 빈칸에 들어갈 말로 가장 적절한 것은?

   Many people believe that their intellectual ability is hardwired from birth, and that failure to meet a learning challenge shows how bad their native ability is. But every time you learn something new, you *change the brain*—the residue of your experiences is stored. It's true that we start
5 life with the gift of our genes, but it's also true that we become capable through the learning and development of mental models that enable us to ▸reason, solve, and create. In other words, the elements that shape your intellectual abilities lie to a surprising extent _____.
Understanding that this is so enables you to see failure as a badge of effort
10 and a source of useful information—the need to dig deeper or to try a different strategy.

① in your genetic makeup
② within your own control
③ within mountains of information
④ in your interpersonal relationships
⑤ without any possibility of improving

▸ reason
1. 이유
   We'd like to know the reason why you told a lie.
   (우리는 네가 거짓말을 한 이유를 알고 싶다.)
2. 추리(추론)하다
   The detective reasoned that the suspect must have stepped outside.
   (그 형사는 용의자가 밖으로 걸어 나갔음에 틀림없다고 추리했다.)

Words & Phrases

☐ hardwired 정해져 있는, 굳어진
☐ store 저장하다
☐ shape 형성하다
☐ strategy 전략

☐ meet a challenge 어려움에 대처하다
☐ capable 유능한
☐ extent 정도, 범위

☐ residue 잔여물
☐ element 요소
☐ badge 상징, 증표

02

💻 7200-056 🎧 7200-7056

다음 빈칸에 들어갈 말로 가장 적절한 것은?

If we are what we eat, what is your teenage child? A bag of chicken and chips? A kebab? Litres of fizzy drink? The benefits of healthy eating and exercise are well documented and it is silly of us, as parents, to think we can feed our teens mostly junk food then expect them to perform at
5 their best. In this age of pesticides, hormone treatment additives (hence the well-built structure of today's pre-teens), etc. that are in foods, both parents and teens need to understand that mental and physical well-being are aligned with what we eat. Depression, aggression, lack of focus, headaches and so much more can be _____. Be
10 open to this, for yourself and your young person.

① worse due to insufficient rest
② improved with the right foods
③ eased by meditation and exercise
④ threatening to being successful in life
⑤ linked to academic underachievement

▶ 탄산음료를 나타내는 표현
carbonated drink, soft drink, fizzy drink, soda, pop
There won't be any more <u>carbonated drinks</u> in schools starting this year.
(올해부터 학교에는 더 이상 탄산음료가 없을 것이다.)
Coffee, tea and <u>soft drinks</u> usually contain caffeine.
(커피, 차, 탄산음료에는 대개 카페인이 들어 있다.)
You think this is a <u>fizzy drink</u>, right?
(보기에도 이거 탄산음료인 것 같지, 그렇지?)

Words & Phrases

☐ **fizzy drink** 탄산수
☐ **document** (문서로) 증명하다
☐ **pesticide** 살충제
☐ **additive** (식품) 첨가제
☐ **well-built** 튼튼한, 골격이 좋은
☐ **align** *A* with(to) *B* (B에 맞춰) A를 조정(조절)하다
☐ **aggression** 공격성
☐ **insufficient** 불충분한
☐ **meditation** 명상
☐ **academic** 학업적인

☐ **benefit** 이점
☐ **feed** 먹이다
☐ **treatment** 치료
☐ **hence** 그러므로
☐ **mental** 정신적인
☐ **depression** 우울(증)
☐ **be open to** ~을 순순히 받아들이다, ~의 여지가 있다
☐ **ease** 덜다, 완화하다
☐ **threatening** 위협적인
☐ **underachievement** 저성취, 성취 미달

03

🖥 7200-057 🎧 7200-7057

다음 빈칸에 들어갈 말로 가장 적절한 것은?

What was a core competence in one decade may _____.
For example, in the 1970s and 1980s quality, as measured by defects per
vehicle, was undoubtedly a core competence for Japanese car companies.
Superior reliability was an important value element for customers and
5 a genuine differentiator for Japanese car producers. It took more than
a decade for Western car companies to close the quality gap with their
Japanese competitors, but by the mid-1990s quality, in terms of initial
defects per vehicle, had become a prerequisite for every car maker.
There is a dynamic at work here that is common to other industries. Over
10 long periods of time, what was once a core competence may become a
base-line capability. Quality, rapid time to market, and quick-response
customer service—once genuine differentiators—are becoming routine
advantages in many industries.

* differentiator 차별 요소

▶ '부정', '반대'의 접두사 un-
happiness (행복)
↔ <u>un</u>happiness (불행)
conscious (의식적인)
↔ <u>un</u>conscious (무의식적인)
lock (잠그다)
↔ <u>un</u>lock (열다)

① cause competition among businesses
② become a mere capability in another
③ end up being recognized by the public
④ give inspiration to people in the future
⑤ create the foundation for another competence

Words & Phrases

- □ core competence 핵심적인 역량
- □ measure 측정하다
- □ undoubtedly 의심할 바 없이
- □ element 요소, 원소
- □ prerequisite 선행 조건
- □ time to market 출시 속도(제품을 개발하여 시장에 내놓을 때까지 걸리는 시간)
- □ decade 10년
- □ defect 결함
- □ superior 뛰어난
- □ genuine 진정한
- □ dynamic 역학, 원동력
- □ quality 품질
- □ vehicle 탈 것, 차량
- □ reliability 신뢰성
- □ competitor 경쟁자(업체)
- □ base-line 기초적인
- □ routine 일상적인

04

🖥 7200-058 🎧 7200-7058

다음 빈칸에 들어갈 말로 가장 적절한 것은?

   More than 2000 years ago, Aristotle wrote that happiness is a condition. It is not something that is achieved by pursuing it directly; rather, it is something that comes out through our engagement in purposeful activity. This is the statement of the law of indirect effort. This law simply says
5 that almost anything we get in life involving emotional experiences comes to us indirectly rather than directly. It comes to us as a result of _____. If we pursue happiness directly, it eludes us. But if we get busy doing something that is important to us and make progress in the direction of our dreams, we find ourselves feeling very
10 happy. Self-confidence is also subject to the law of indirect effort. We achieve higher levels by setting and achieving even higher goals and ▸objectives. As we move forward, step by step, once we feel ourselves advancing in life, we feel better and more capable of taking on even more challenges.

* elude 빠져나가다, 피하다

▸ **objective**

1. 목적
   You must set realistic aims and <u>objectives</u> for yourself.
   (자신에 대해 현실적인 목표와 목적을 설정해야 한다.)
2. 객관적인
   I find it difficult to be <u>objective</u> where she's concerned.
   (나는 그녀가 관련된 경우에는 객관적이 되기가 힘들다.)

① doing something else
② recovering from the past
③ taking a second chance seriously
④ appealing to as many people as possible
⑤ comparing the expected and actual performance

Words & Phrases

☐ achieve 얻다, 획득하다
☐ purposeful 목적이 있는
☐ involve 수반하다
☐ advance 진보하다

☐ pursue 추구하다
☐ statement 말, 진술
☐ make progress 진보하다
☐ take on ~을 맡다

☐ engagement 참여
☐ indirect 간접적인
☐ be subject to ~의 지배를 받다

1 빈칸이 들어간 문장을 중심으로 문맥을 파악한다.

- 먼저 글의 전체 내용을 훑어보고 글의 주제나 요지를 확인한다.
- 빈칸이 포함된 문장의 의미를 앞뒤 문장의 내용과 연결하여 파악한다.
- 직접적인 단서가 되는 어구나 내용을 파악한다.

2 전체적인 내용을 종합하여 빈칸에 들어갈 말을 추론한다.

- 단서가 되는 어구나 내용과 유사하거나 관련된 선택지를 중심으로 어떤 것이 가장 적절한지 선택한다.
- 최종적으로 결정한 선택지를 빈칸에 넣고 글의 흐름이 자연스러운지 다시 한 번 확인한다.

EXAMPLE　　　　　　　　　　　　2016학년도 고1 6월 학평 33번

■ 다음 빈칸에 들어갈 말로 가장 적절한 것은?　　🖥7200-059　🎧7200-7059

❶In philosophy, the best way to understand the concept of an argument is to contrast it with an opinion. ❷An opinion is simply a belief or attitude about someone or something. We express our opinions all the time: We love or hate certain films or different types of food. For the most part, people's opinions are based almost always upon their feelings. They don't feel they have to support their opinions with any kind of evidence. An argument is something a bit different from this. ❸It is made to convince others that one's claims are true. ❹Thus, it is an attempt to _____. Arguments are the building blocks of philosophy, and the good philosopher is one who is able to create the best arguments based on a solid foundation.

① present reasons in support of one's claims
② develop one's own taste in each area
③ compare one's opinions with others'
④ look into a deeper meaning of a topic
⑤ build up knowledge from one's experiences

KEY CLUE

❶ **글의 주제**
논증의 개념을 이해하는 방법: 의견과 대조하기

❷ **의견의 개념**
사람이나 사물에 대한 믿음이나 태도

❸ **논증의 개념**
자신의 주장이 옳다는 것을 다른 사람에게 납득시키기 위해 하는 것

❹ **연결어를 통한 빈칸 추론**
Thus(따라서)로 보아 앞 문장의 내용의 결과에 해당하는 말이 빈칸에 와야 함을 추론할 수 있다.

오답주의
② 각 영역에서 자기 자신의 취향을 개발하려는
③ 자신의 의견을 다른 사람들의 의견과 비교하려는
④ 주제의 더 심도 깊은 의미를 살펴보려는
⑤ 자신의 경험으로부터 지식을 쌓으려는

EXAMPLE ANALYSIS

1 빈칸이 들어간 문장을 중심으로 문맥을 파악한다.

❖ 전체적으로 훑어 읽고 무엇에 대한 글인지 파악한다.

> • 철학에서 **논증의 개념**을 이해하는 가장 좋은 방법은 의견과 대조하는 것이다.
> ⌐→ 주제: the concept of an argument

❖ 빈칸이 있는 문장을 중심으로 앞뒤 문장과의 연결 고리를 파악한다.

> • **따라서** 이것은 _____는 시도이다.
> ⌐→ 연결어: Thus / 앞 문장의 내용이 직접적인 단서가 됨

❖ 직접적인 단서를 파악한다.

> • 이것은 **자신의 주장이 사실이라는 것을 다른 사람에게 납득시키기 위하여** 하는 것이다.
> ⌐→ 단서: to convince others that one's claims are true

2 전체적인 내용을 종합하여 빈칸에 들어갈 말을 추론한다.

❖ 직접적인 단서가 되는 내용과 의미가 상통하는 선택지를 고른다.

> • present reasons in support of one's claims (주장을 뒷받침하는 논거를 제시하다)
> ⌐→ 단서가 되는 문장의 one's claims와 같은 표현이 쓰임

❖ 선택지를 빈칸에 넣어 문맥상 흐름이 적절한지 확인해 본다.

> • 따라서 이것은 주장을 뒷받침하는 논거를 제시하려는 시도이다.

정답확인 빈칸이 있는 문장의 주어 it은 An argument를 가리키고, 앞 문장에서 논증이 자신의 주장이 사실이라는 것을 다른 사람에게 납득시키기 위해 하는 것이라고 했으므로, 이에 대한 내용이 이어지는 것이 문맥상 자연스럽다. 따라서 빈칸에 들어갈 말로 가장 적절한 것은 ① '주장을 뒷받침하는 논거를 제시하려는'이다.

Words & Phrases

☐ **philosophy** 철학
☐ **support** 뒷받침하다, 지지하다
☐ **claim** 주장

☐ **argument** 논증
☐ **evidence** 증거
☐ **attempt** 시도

☐ **be based upon(on)** ~에 기초(근거)하다
☐ **convince** 납득시키다, 확신시키다
☐ **solid** 견고한

01

🖥 7200-060 🎧 7200-7060

다음 빈칸에 들어갈 말로 가장 적절한 것은?

   An issue receiving much attention in the media and schools is bullying. This is seen as repeated, unprovoked abuse by one or more children that causes physical or psychological pain to another child. Bullying is harmful and can affect the classroom climate in a negative way. Drama
5 can be used with children to build social perspective, emotional empathy, and compassion for others. In drama, the characters can work through a number of difficulties, including bullying. Tabone (2003) uses the children's book *Rotten Ralph*, a story about a rotten cat, for a class drama. The story is read to the children, and they discuss how Sarah feels about
10 what her cat, Ralph, is doing. Some of his actions are breaking one of Sarah's dolls, making fun of her, sawing off a limb that holds her swing, and other terrible things. The children can dramatize some things they may do, while the teacher offers other options. This drama experience
_____.

① is a great way to boost self-confidence and concentration
② could be extended to drawing about the happenings of bullying
③ leads the children to think about protecting animals and wildlife
④ would give some students opportunities to develop their acting skills
⑤ will be able to help students know the importance of extensive reading

▶ **rotten**

1. (형) 썩은, 부패(부식)한
   The fruit is starting to go rotten.
   (그 과일이 썩기 시작하고 있다.)

2. (형) 형편없는, 끔찍한
   I've had a rotten day!
   (난 오늘 하루가 끔찍했어!)

3. (형) 몸이 안 좋은
   He felt rotten.
   (그는 몸이 안 좋게 느꼈다.)

4. (부) 대단히, 아주
   She spoils the children rotten.
   (그녀가 아이들 버릇을 다 망쳐 놓는다.)

Words & Phrases

- bullying (약자를) 괴롭힘, 왕따 시키기
- unprovoked 정당한 이유가 없는
- abuse 학대
- affect 영향을 끼치다
- perspective 관점
- empathy 공감
- compassion 동정, 공감
- rotten 지독히 나쁜, 썩은
- saw 톱으로 켜다; 톱
- limb 가지, 사지

02

🖥 7200-061 🎧 7200-7061

다음 빈칸에 들어갈 말로 가장 적절한 것은?

   Many middle managers and first-line employees must feel like the laborers who built the pharaohs' tombs. Every pharaoh hoped to build for himself a tomb of such intricate and deceitful design that no marauder would ever be able to enter it and steal the pharaoh's wealth. Think of
5 the laborers as middle managers in the midst of corporate restructuring. All the workers knew that when the tomb was finished they would be put to death—this was how the pharaoh destroyed any memory of how to find the wealth. Imagine what would happen when the pharaoh showed up on a work site and inquired of a supervisor, "How's it going, are you
10 about done yet?" "Not yet boss, it'll be a few more years, I'm afraid." No wonder _____! And no wonder so few first-level and mid-level employees bring their full emotional and intellectual energies to the task of restructuring.

* marauder 약탈자

▶ **think of A as B**
A를 B로 생각하다
Danny <u>thought of</u> her <u>as</u> his mother.
(Danny는 그녀를 자신의 어머니로 생각했다.)

▶ **show up**
나타나다
She finally <u>showed up</u> at lunchtime.
(그녀는 결국 점심 시간에 나타났다.)

① the pharaoh could not take his wealth with him
② laborers were willing to participate in building tombs
③ tombs were seldom finished within the pharaoh's lifetime
④ the pharaoh and the common people were destined to die soon
⑤ only experienced laborers could be involved in building tombs

---

PRACTICE

03

🖥 7200-062 🎧 7200-7062

다음 빈칸에 들어갈 말로 가장 적절한 것은?

Responsibility is an ▸attribute that great achievers have in common. No matter what their background or life history, true leaders seem to share the belief that they are the source—the creator. In other words, they are responsible for the outcome of their actions. On some level, they 5 generated the outcome, if not by their physical actions, then by their mental actions. They seem to believe that _____. That is their bottom line. If someone cut them off on the road, they contributed to that outcome in some way. Maybe they were driving in the other car's blind spot, or they weren't paying close enough attention, or 10 they didn't anticipate the lane change of a car. That is how leaders are— they take full responsibility.

① their duty is to choose the best policies
② they can find answers through inspiration
③ they create whatever happens in their life
④ sharing a burden is better than doing it alone
⑤ they understand what others need and want from them

▸ attribute
1. 자질
Patience is one of the most important <u>attributes</u> of a teacher.
(인내는 교사의 가장 중요한 자질 중 하나이다.)

2. (~을) …의 덕분(탓)으로 돌리다
Cathy <u>attributes</u> her success to hard work and a little luck.
(Cathy는 자신의 성공을 성실한 노력과 약간의 행운 덕분으로 돌린다.)

Words & Phrases

□ have ~ in common ~을 공통으로 가지다
□ outcome 결과
□ bottom line 중요한 것
□ contribute to ~에 기여하다
□ anticipate 예상하다

□ source 근원, 원천
□ generate 만들다
□ cut ~ off ~의 앞에 끼어들다
□ blind spot 사각 지대
□ lane 차선

04

🖥 7200-063 🎧 7200-7063

다음 빈칸에 들어갈 말로 가장 적절한 것은?

　　We all surround ourselves with a "personal bubble" that we go to great lengths to protect. We open the bubble to our friends, children, parents, and so on, but we're careful to keep most people out of this space. When we stand in line, we make certain there is enough space so that we don't

5　touch the person in front of us and aren't touched by the person behind us. At times, _____. In the library, for example, you may place your coat on the chair next to you—claiming that space for yourself even though you aren't using it. If you want to really widen your space, you might even spread books in front of the other chairs,

10　keeping the whole table to yourself by giving the impression that others have just stepped away.

① you reserve areas for friends
② we extend our personal space
③ somebody gets too close to you
④ people look for a silent place to relax
⑤ personal bubbles are socially constructed

▶ **stand in line**
줄을 서다
People are <u>standing in line</u> to get tickets.
(사람들이 표를 사기 위해 줄을 서 있다.)

▶ **in front of**
~의 앞쪽에(앞에)
The mountain <u>in front of</u> our house was glistening with snow.
(우리 집 앞 산이 눈으로 반짝거리고 있었다.)

Words & Phrases

□ surround 둘러싸다
□ make certain ~을 확인하다
□ spread 늘어놓다, 펼치다

□ go to great lengths to *do* 어떻게든 ~하려고 노력하다
□ claim 주장하다
□ impression 인상

1 선택지로 제시되는 연결어의 종류와 각각의 정확한 의미를 숙지하라.

■ 빈번하게 나오는 연결어를 익혀 둔다.

▶예시(for example(instance)) ▶첨가(in addition, besides, moreover, furthermore) ▶유사(similarly, likewise) ▶대조 · 역접(in contrast, on the other hand, however, instead, nevertheless) ▶결과(therefore, thus, consequently, as a result, accordingly) ▶환언(in other words, that is) ▶강조(in fact, indeed, in effect) ▶조건(otherwise) 등

2 도입부를 통해 글의 소재 혹은 주제를 확인하고 빈칸의 전후 문맥을 파악해서 알맞은 연결어를 선택한다.

■ 글의 도입부를 통해 어떠한 내용의 글이며 어떻게 전개될 것인가를 파악한 후 독해를 시작한다.

■ 빈칸 앞의 문장과 빈칸이 포함된 문장의 논리적 내용 관계를 파악해서 적절한 연결어를 고른다.

EXAMPLE
2016학년도 고1 3월 학평 34번

■ 다음 글의 빈칸 (A), (B)에 들어갈 말로 가장 적절한 것은? 🖥 7200-064 🎧 7200-7064

What's happening when ❶we're actually doing two things at once?
❷ It's simple. Our brain has channels, and so we're able to process different kinds of data in different parts of our brain. _____(A)_____, you can talk and walk at the same time. There is no channel
5 interference. But you're not really focused on both activities. One is happening in the foreground and the other in the background. If you
❸ were trying to explain on the cell phone how to operate a complex machine, you'd stop walking. _____(B)_____, if you were crossing a rope bridge over a valley, you'd likely stop talking. You can do two
10 things at once, but you can't focus effectively on two things at once.

	(A)		(B)
①	However	⋯⋯	Thus
②	However	⋯⋯	Similarly
③	Therefore	⋯⋯	For example
④	Therefore	⋯⋯	Similarly
⑤	Moreover	⋯⋯	For example

KEY CLUE

❶ 도입부를 통한 소재/주제 확인

➡ 우리의 뇌가 두 가지 일을 동시에 처리할 때 어떤 일이 생기는지에 관한 글임을 알 수 있다.

❷ 빈칸 (A)의 전후 파악

➡ 뇌의 다른 부분에서 다른 종류의 데이터를 처리할 수 있다는 내용이 앞에 나오고 뒤에는 그 결과 말하면서 동시에 걸을 수 있다는 내용이 나오므로 Therefore가 적절하다.

❸ 빈칸 (B)의 전후 파악

➡ 휴대전화로 복잡한 기계를 작동시키는 방법을 설명하려면 걷기를 멈춘다는 내용이 앞에 나오고 뒤에는 밧줄 다리를 건널 때는 말하는 것을 멈추게 된다는 비슷한 맥락의 내용이 나오므로 Similarly가 적절하다.

오답주의

빈칸 (A)의 뒤에 오는 내용이 앞에 나오는 내용의 결과적인 내용이 아니라 첨가하는 내용이라고 생각하지 않도록 주의한다.

EXAMPLE ANALYSIS

1 글의 전반부를 통해 글의 소재 혹은 주제를 파악한다.

> • What's happening when we're actually doing two things at once?
> ↳ **글의 주제:** 두 가지 것을 동시에 처리할 때 우리의 뇌에서 일어나는 일

2 빈칸 (A)가 있는 문장과 바로 앞에 있는 문장의 논리적 관계를 파악한다.

> • ∼ so we're able to process different kinds of data in different parts of our brain.
> ↳ 뇌의 다른 부분에서 다른 종류의 데이터를 처리할 수 있다는 내용

❖ 빈칸 (A)가 속한 문장

> • ∼ you can talk and walk at the same time.
> ↳ 우리는 말하면서 동시에 걸을 수 있다는 내용

➡ (A)의 앞에 진술된 내용 때문에 결과적으로 말하면서 동시에 걸을 수 있다는 맥락으로 이어질 수 있다.

3 빈칸 (B)가 있는 문장과 바로 앞에 있는 문장의 논리적 관계를 파악한다.

> • If you were trying to explain on the cell phone how to operate a complex machine, you'd stop walking.
> ↳ 휴대전화로 복잡한 기계를 설명할 때는 걷기를 멈춘다는 내용

> • ∼ if you were crossing a rope bridge over a valley, you'd likely stop talking.
> ↳ 밧줄 다리를 건너고 있을 때는 말하기를 멈춘다는 내용

➡ 빈칸 (B)의 전후에 비슷한 맥락의 예가 제시되고 있다.

정답확인 (A) 빈칸의 앞에 나온 내용을 바탕으로 뒤에 결과적으로 할 수 있는 내용이 나오므로 빈칸에는 Therefore(그러므로)가 가장 적절하다.
(B) 빈칸의 앞뒤에 비슷한 맥락의 예가 제시되고 있으므로 빈칸에는 Similarly(마찬가지로)가 가장 적절하다.
① 하지만 – 따라서   ② 하지만 – 마찬가지로   ③ 그러므로 – 예를 들어   ⑤ 더욱이 – 예를 들어

Words & Phrases

- ☐ **at once** 동시에
- ☐ **interference** 간섭
- ☐ **on the cell phone** 휴대전화로
- ☐ **process** 처리하다
- ☐ **foreground** 전면
- ☐ **operate** 작동하다
- ☐ **at the same time** 동시에
- ☐ **background** 후면
- ☐ **complex** 복잡한

01

🖥 7200-065 🎧 7200-7065

다음 글의 빈칸 (A), (B)에 들어갈 말로 가장 적절한 것은?

Our beliefs about emotions not only describe what *is*, whether in fact or myth, but they also ▸prescribe what *should*—or *should not*—be.
_____(A)_____, you should not laugh during a funeral. In addition to regulating how we respond, many rules also have an enabling function.

5 To illustrate with a nonemotional example, rules of grammar regulate how a person speaks "properly"; more fundamentally, they help constitute the language that is spoken. _____(B)_____, without the rules of English grammar, there would be no English language. Similarly, without the rules of anger, say, there would be no anger, only unclear expressions of

10 rage or frustration.

(A)		(B)
① By contrast	……	Thus
② For example	……	However
③ By contrast	……	Instead
④ In addition	……	However
⑤ For example	……	Thus

▸ **형태가 비슷한 단어들**

1. describe
기술하다, 묘사하다
The witness was asked to <u>describe</u> exactly what had happened.
(증인은 정확하게 무슨 일이 일어났는지를 기술해 달라는 요청을 받았다.)

2. prescribe
규정하다, 처방을 내리다
They should follow what the law <u>prescribes</u>.
(그들은 법이 규정하는 것을 지켜야만 한다.)

3. subscribe
(신문 등을) 구독하다, 기부하다
<u>Subscribe</u> today and get your first issue free!
(오늘 구독하시고 창간호를 무료로 받으세요!)

Words & Phrases

☐ **myth** 신화
☐ **regulate** 규제하다
☐ **function** 기능
☐ **fundamentally** 근본적으로
☐ **rage** 격노

☐ **funeral** 장례식
☐ **respond** 반응하다
☐ **illustrate** 설명하다
☐ **constitute** ~을 구성하다, 이루다
☐ **frustration** 좌절(감), 불만

☐ **in addition to** ~와 아울러, ~ 이외에도
☐ **enabling** 특별한 권한을 부여하는
☐ **properly** 올바르게
☐ **expression** 표현

02

🖥 7200-066 🎧 7200-7066

다음 글의 빈칸 (A), (B)에 들어갈 말로 가장 적절한 것은?

The ancients recognized seven activities as arts: history, poetry, comedy, tragedy, mask, dance, and astronomy. Each was governed by its own muse, each had its own rules and aims, but all seven were united by a common motivation: they were tools, useful to describe the universe
5 and our place in it. They were methods of understanding the mysteries of existence, and as such, they themselves took on the aura of those mysteries. _____(A)_____, they were each aspects of religious activity: The performing arts celebrated the rituals; history recorded the story of the race; astronomy searched the heavens. In each of these seven classical
10 arts we can discover the roots of contemporary cultural and scientific categories. History, _____(B)_____, leads not only to the modern social sciences but also to prose narrative: the novel, short stories, and so forth.

	(A)		(B)
①	As a result	·····	additionally
②	Nevertheless	·····	also
③	As a result	·····	for example
④	In addition	·····	however
⑤	Nevertheless	·····	thus

▶ Literary Genre
(문학 장르)

1. fiction(소설): novel(소설), short story(단편 소설), fable(우화), myth(신화), legend(전설) 등

2. non-fiction(논픽션, 소설이 아닌 산문 문학): essay(수필), diary(일기), biography(전기), speech(연설문) 등

3. drama(연극): comedy(희극), tragedy(비극), farce(소극) 등

4. poetry(시, 운문): poem(시), sonnet(소네트), ballad(발라드) 등

Words & Phrases

□ ancient 고대인; 고대의
□ tragedy 비극
□ govern 지배하다
□ unite 통합하다
□ describe 설명하다
□ aura 기운
□ ritual 의식
□ narrative 이야기

□ poetry 시
□ mask 가면극
□ muse (예술가에게 영감을 주는) 뮤즈
□ common 공통의
□ existence 존재
□ aspect 모습, 양상
□ contemporary 현대의
□ and so forth ~ 등등

□ comedy 희극
□ astronomy 천문학
□ aim 목표, 목적
□ motivation 동기
□ as such 따라서, 그래서
□ celebrate (의식을) 거행하다, 경축하다
□ prose 산문의; 산문

03

7200-067 ∩ 7200-7067

다음 글의 빈칸 (A), (B)에 들어갈 말로 가장 적절한 것은?

Verbal communication involves conveying messages that have both content (i.e. what is said) and form (i.e. how it is sent). Many coaches are very good at giving information that is high in content, for instance, when introducing new tactics or technical skills. _____(A)_____, players may "switch off," become bored, confused and even frustrated if too much instruction is given. Furthermore, when coaches continually use verbal instruction, they become the main actors in the coaching theater thereby limiting or stopping the active participation of the players. _____(B)_____, by involving the players through asking questions and listening to them, a coach obliges them to think, collect information, evaluate and create. This involves and encourages players to take more responsibility for their own learning and development.

	(A)		(B)
①	However	······	Therefore
②	However	······	In other words
③	Similarly	······	Otherwise
④	Similarly	······	Therefore
⑤	In fact	······	In other words

▶ content

1. 함량, 함유량
   food with a high fat content
   (지방 함량이 높은 음식)

2. *pl.* (책의) 목차
   a table of contents
   (목차(표))

3. 만족하는
   He had to be content with third place.
   (그는 3위에 만족해야 했다.)

Words & Phrases

□ verbal 언어에 의한
□ i.e. 즉
□ switch off 신경을 끄다, 관심을 보이지 않다
□ thereby 그에 의해서
□ create 창의적으로 행동하다
□ involve 포함하다, 참여시키다
□ tactic 전술
□ oblige ~ to *do* ~에게 …하게 하다
□ convey 전달하다
□ technical skill 전문적인 기술
□ instruction 지시(사항)
□ evaluate 평가하다

04

💻 7200-068 🎧 7200-7068

다음 글의 빈칸 (A), (B)에 들어갈 말로 가장 적절한 것은?

   As you assess your behaviors, attitudes, and values, you may realize that you are acting in ways that aren't as effective or appropriate as possible. How can you best change your behaviors, attitudes, and values? A strategy is useful. Focus on what you have done well in the past as
5 well as on what you are currently doing well. By focusing on your successes instead of your problems, you can more quickly accomplish the results you desire. _____(A)_____, golfers such as Tiger Woods or Annika Sorenstam are able to ignore hostile crowds, challenging weather conditions, and their competition. They focus their energy on
10 accomplishing the task—striking the golf ball cleanly. _____(B)_____, when people are depressed or anxious about their communication ability, they can lessen these feelings by focusing on situations where they have succeeded in not being depressed and anxious.

	(A)		(B)
①	However	⋯⋯	Similarly
②	However	⋯⋯	By contrast
③	In addition	⋯⋯	Therefore
④	For example	⋯⋯	Therefore
⑤	For example	⋯⋯	Similarly

▶ **assess**의 유의어

1. evaluate 평가하다
   The market situation is difficult to evaluate.
   (시장 상황을 평가하기가 어렵다.)

2. rate 평가하다
   They rated him highly as a colleague.
   (그들은 그를 동료로서 높이 평가했다.)

Words & Phrases

- □ assess 평가하다
- □ strategy 전략
- □ hostile 적대적인
- □ depressed 우울한
- □ realize 깨닫다
- □ currently 현재
- □ challenging 어려운
- □ lessen 줄이다
- □ appropriate 적절한
- □ accomplish 성취하다
- □ cleanly 훌륭하게, 솜씨 있게

정답과 해설 **43쪽**

01

🖥 7200-069
🎧 7200-7069

다음 빈칸에 들어갈 말로 가장 적절한 것은?

Not everything gets done by acting with great haste. Sometimes you have to be on high alert and think on your feet, but often you have to carefully consider matters and take your time analyzing every aspect before signing up for a project or relationship. That is what the turtle is teaching us. Fast is good, because you don't want to miss
5 opportunities in a world that is so full of competitors. Yet, slow is good, too, because in many instances, you have to look before you leap. When in a hurry, the chance of making irrational or untimely decisions increases, and with that, also the chance of unnecessary failure increases. Like with everything, moderation and balance are golden rules here. There are times when you have to move rapidly, but when the
10 water looks good, you should not dive in it if you don't know how to swim yet. There are instances when you just have to _____.   *on alert 방심하지 않는

① wait   ② work   ③ fight   ④ start   ⑤ share

02

🖥 7200-070
🎧 7200-7070

다음 빈칸에 들어갈 말로 가장 적절한 것은?

Until recently psychology has mainly been working within a disease model: a strong emphasis has been placed on discovering deficits in human behaviour and finding ways to repair this damage. Psychologists hardly focused on doing studies _____. In other words, they have focused solely on taking
5 away something negative (the dysfunctioning) instead of adding something positive (increasing mental and behavioural health). The result is that psychologists know little about healthy and happy functioning. This situation has been changing now since the rise of positive psychology a few years ago. What is Positive Psychology? It is a new movement in psychology, originated by Martin Seligman and a few other
10 prominent psychologists. It aims to be a psychological science about the best things in life.   *deficit 약점

① emphasizing the mutual cooperation of researchers
② researching the acceptance efforts of human inborn defects
③ investigating ways of encouraging humans to adopt technologies
④ acquiring knowledge about healthy functioning and building strengths
⑤ analyzing various methods that could lead to effective problem-solving

03

🖥 7200-071
🎧 7200-7071

다음 빈칸에 들어갈 말로 가장 적절한 것은?

There are several ways in which your self image has become distorted. For instance, imprinting. I was at a shop, and a mother came in with a child in a buggy. The child was terrible. It cried and shouted. So the mother said: "Why do you always behave so badly when you are in a shop with me?" Now, that's a stupid remark, but 5 one which can easily slip out of any parent. In the subconscious mind of the child, however, the message is received loud and clear. Next time she goes shopping with her mom, she will wonder: "Who am I when I go shopping with mom?" And the information will readily pop up, with the authority of the mother's voice: "You are someone who always behaves badly when you are with me!" So, of course the child 10 will _____.   *buggy 유모차

① behave badly again   ② copy her mom's habits
③ stop crying immediately   ④ get attention from people
⑤ learn an expensive lesson

04

🖥 7200-072
🎧 7200-7072

다음 글의 빈칸 (A), (B)에 들어갈 말로 가장 적절한 것은?

The quality of the environment, both natural and man-made, is essential to tourism. _____(A)_____, tourism's relationship with the environment is complex. It involves many activities that can have adverse environmental effects. Many of these impacts are linked with the construction of general infrastructure such as roads and airports, 5 and of tourism facilities, including resorts, hotels, restaurants and shops. The negative impacts of tourism development can gradually destroy the environmental resources on which it depends. _____(B)_____, tourism has the potential to create beneficial effects on the environment by contributing to environmental protection and conservation. It is a way to raise awareness of environmental values and it can 10 serve as a tool to finance the protection of natural areas and increase their economic importance.

	(A)		(B)		(A)		(B)
①	However	⋯⋯	Accordingly	②	However	⋯⋯	On the other hand
③	Therefore	⋯⋯	In short	④	Therefore	⋯⋯	Conversely
⑤	Likewise	⋯⋯	For instance				

READING
POWER

CHAPTER

04

간접 글쓰기

흐름과 논리로
퍼즐을 맞추라!

1 글의 앞부분을 읽고 글의 주제(topic)에 해당하는 내용을 찾는다.

- 주제와 논리적 연관성이 없는 문장을 찾아내는 유형이므로 우선 글의 주제를 파악해야 한다.
- 유형의 특성상 글의 주제는 전반부에 드러나므로 글의 앞부분을 잘 읽으면서 주제를 확인한다.

2 주제와의 논리적 연관성 및 문장 간의 논리적 흐름의 적절성을 확인하면서 각 문장을 파악한다.

- 주제와 논리적 연관성이 없는 내용의 문장을 찾는다.
- 각 문장에 사용된 연결사, 지시어, 대명사 등으로 보아 문장 간의 논리적 흐름이 자연스러운지 확인한다.

EXAMPLE
2016학년도 고1 6월 학평 39번

■ 다음 글에서 전체 흐름과 관계 없는 문장은?

🖥 7200-073 🎧 7200-7073

In an experiment, when people were asked to count three minutes in their heads, 25-year-olds were quite accurate, but 65-year-olds went over on average by 40 seconds. ❶Time seemed to pass faster for the older group. ①This may seem meaningless, but there are ❷a lot of
5 benefits to perceiving time like 65-year-olds. ②For example, if you have been working on a project for eight hours, but it only ❸feels like six, you will have more energy to keep going. ③If you have been running for 20 minutes, and you perceive it to be only 13 minutes, ❹you're more likely to have seven more minutes of energy. ④One of
10 the greatest benefits of getting older is ❺the cooling of passion — not rushing to quick action. ⑤So, if you want to use your energy to work longer, ❻just change your perception of how long you have been working.

KEY CLUE

❶ 글의 소재 또는 주제 파악
나이 든 사람들에게는 시간이 더 빨리 흐름
➡ 나이 든 사람들의 시간 인식에 관한 글임을 알 수 있다.

❷~❻ 각 문장이 전체 흐름과 관계가 있는지 단서가 되는 부분
글의 소재 또는 주제 및 단서가 되는 내용에 근거하여 전체 흐름과 관계 없는 문장을 파악할 수 있다.

EXAMPLE ANALYSIS

1 글의 앞부분을 읽고 글의 주제에 해당하는 내용을 찾는다.

> • 시간은 나이가 더 많은 사람들에게는 더 빨리 가는 것 같았다.
> 　　↳ **주제:** 나이 든 사람들의 시간 인식

2 주제와의 논리적 연관성 및 문장 간의 논리적 흐름의 적절성을 확인하면서 각 문장을 파악한다.

> 〈문장 ①〉 • 65세의 사람들처럼 시간을 인식하는 것의 장점이 있음
> 　　↳ 나이 든 사람들의 시간 인식과 관련한 장점

⬇

> 〈문장 ②〉 • 8시간 작업을 하고 6시간처럼 느끼면 더 많은 에너지를 얻음
> 　　↳ 문장 ①에 대한 예시

⬇

> 〈문장 ③〉 • 20분의 달리기를 13분으로 인식하면 7분의 추가 에너지를 얻음
> 　　↳ 문장 ①에 대한 추가 예시

⬇

> 〈문장 ④〉 • 나이 드는 것의 장점: 열정의 식음 / 성급한 행동을 하지 않음
> 　　↳ 나이 든 사람들의 시간 인식과 거리가 먼 내용

⬇

> 〈문장 ⑤〉 • 얼마나 오래 일했는지에 대한 인식을 바꾸라
> 　　↳ 문장 ③까지의 내용에 대한 결론

정답확인 ④는 글의 주제와 논리적 연관성이 가장 없는 내용이면서 ⑤에 사용된 연결어 So로 비추어 보아 뒤 문장과의 논리적 연결이 자연스럽지 못하기 때문에, ⑤는 ③에 이어지는 것이 자연스럽다. 따라서 글의 흐름과 관계 없는 문장은 ④이다.

Words & Phrases

☐ experiment 실험　　　　　☐ accurate 정확한　　　　　☐ on average 평균적으로
☐ benefit 이점, 장점　　　　　☐ perceive 인식하다, 지각하다　　　☐ passion 열정, 격정

01

🖥 7200-074 🎧 7200-7074

다음 글에서 전체 흐름과 관계 <u>없는</u> 문장은?

Sometimes conflict can be resolved through an expansion of resources. ①For example, a department may need five computers but has a budget for only three. ②However, by talking the finance people into delaying the purchase of other equipment, there will be more money
5 left for departmental computers. ③Alternatively, the company may be reorganized and some people given early retirement, thus freeing up funds for computer equipment. ④Addiction to video games or computer games should be treated in much the same way as any other addiction. ⑤An expansion of resources involves a reworking of the budget for the
10 purpose of determining how additional funds can be found.

▶ **형태가 비슷한 어휘**

1. addiction 중독
   Addiction to online games is becoming more widespread among young children.
   (온라인 게임 중독이 어린아이들 사이에서 더 널리 퍼져가고 있다.)

2. addition 추가
   The game was an addition to the event this year.
   (그 경기는 올해 행사에 추가된 것 이었다.)

Words & Phrases

□ conflict 갈등
□ resource 재원, 자원
□ delay 미루다
□ departmental 부서의
□ reorganize 재조직하다
□ fund 자금
□ for the purpose of ~을 위해, ~의 목적으로

□ resolve 해결하다
□ budget 예산
□ purchase 구매
□ alternatively 그렇지 않으면(대안을 제시할 때)
□ early retirement (정년 전의) 조기 퇴직
□ involve 포함하다

□ expansion 확대, 확장
□ finance 재무, 재정
□ equipment 장비
□ free up 쓸 수 있게 해 주다
□ reworking 재작업

02

🖥 7200-075 🎧 7200-7075

다음 글에서 전체 흐름과 관계 <u>없는</u> 문장은?

A child who hears a stern warning about the dangers of running in the street will have better self-esteem than a child who only hears that he's a "bad boy" when he runs into the street. ①The child who's a "bad boy" is getting the message that he and his behavior are not okay. ②He doesn't
5 learn the difference between what he does and what he is. ③As an adult, his inner critic will attack both his behavior and his worth. ④It is much more important for parents and children to have frequent communication on daily matters. ⑤Parents who carefully distinguish between inappropriate behavior and the basic goodness of the child ▸raise children
10 who feel better about themselves and have a far gentler inner critic.

▸ **raise**

1. 키우다, 기르다
   I was born and <u>raised</u> in the same city.
   (나는 같은 도시에서 나고 자랐다.)

2. (양·수준 등을) 올리다(인상하다)
   We have a reason to <u>raise</u> prices.
   (우리는 가격을 인상할 이유가 있다.)

3. (자금·사람 등을) 모으다
   We are <u>raising</u> money for charity.
   (우리는 자선기금을 모으고 있다.)

Words & **P**hrases

☐ **stern** 엄중한
☐ **critic** 비판자
☐ **matter** 문제
☐ **inappropriate** 부적절한

☐ **warning** 경고
☐ **worth** 가치
☐ **distinguish between** *A* **and** *B* A와 B를 구별하다
☐ **goodness** 선함

☐ **self-esteem** 자존감
☐ **frequent** 빈번한
☐ **gentle** 온화한, 점잖은

03

7200-076 7200-7076

다음 글에서 전체 흐름과 관계 없는 문장은?

Let's go back to our ancestors, back before elevators, escalators, cars, and even horses. This is when our human physiology was coming of age. Our ancestors had to move to survive. Not unlike most other mammals, humans had to expend much energy in order to acquire food and water. ① These early humans, with whom we share most of our physiology, were nomadic, and therefore moving was an essential part of their lives. ② As descendants of these nomadic people, our physiology is based on abundant movement and a diet of vegetables, fruits, nuts, fish, and infrequent, small portions of meat. ③ We should remember the side effects of these traditional foods and medicines can be unpredictable. ④ To the extent we have that, we are more likely to be healthy. ⑤ To the extent we don't, problems arise.

* nomadic 떠돌이 생활을 하는

▶ physiology
1. the way in which a living organism or bodily part functions
(생물이나 몸의 부위가 작동하는 방식, 생리 작용)
2. the scientific study of living bodies (humans, animals, plants) and how they work
(생체(인간, 동물, 식물)와 그것이 작동하는 방식에 대한 과학적 연구, 생리학)

Words & Phrases

□ ancestor 조상
□ expend (많은 돈·시간·에너지를) 쓰다(들이다)
□ descendant 후손
□ infrequent 이따금 있는, 잦지 않은
□ unpredictable 예측할 수 없는

□ come of age 발달한 상태가 되다

□ abundant 많은, 풍부한
□ portion 몫, (음식의) 1인분
□ to the extent that ~하면, ~하는 정도까지

□ mammal 포유류
□ acquire 획득하다
□ diet 식단
□ side effect 부작용
□ arise 생기다, 발생하다

04

🖥 7200-077 🎧 7200-7077

다음 글에서 전체 흐름과 관계 <u>없는</u> 문장은?

    Some travel companies are very specific about what's included in the price quoted for a trip, but in other cases, you'll have to ask for details. ①"Some meals" might mean dinner but not breakfast or lunch, and "sightseeing" may mean a guide and local transportation but not
5 admission fees or tips. ②Another good topic to investigate is your accommodations. ③Some tour operators don't commit to specific hotels but simply promise three- or four-star properties, so if you're particular about lodging, ask where the group stayed on past trips. ④For instance, with travelers taking more short trips, publishers have created more mini-
10 guides that focus on one city. ⑤And if you and your traveling companion want two separate beds, confirm that up front.

▶ **particular about**

～에 까다로운
He's very <u>particular about</u> what he wears and eats.
(그는 자신이 입는 것과 먹는 것에 매우 까다롭다.)

▶ **up front**

미리, 처음부터
Do I have to pay the lawyer in an accident case <u>up front</u>?
(교통사고가 발생했을 때 변호사에게 미리 돈을 지급해야 하나요?)

Words & Phrases

☐ **specific** 구체적인, 특정한
☐ **investigate** 조사하다, 살피다
☐ **property** 건물
☐ **separate** 독립된, 떨어진
☐ **quote** (가격을) 제시하다, 인용하다
☐ **accommodation** 숙박 시설, 숙소
☐ **lodging** 숙소
☐ **confirm** 확인하다
☐ **admission fee** 입장료
☐ **commit to** ～을 약속하다
☐ **companion** 동반자

1 주어진 문장의 성격을 파악하여 문제 해결의 단서로 삼는다.
- 주어진 문장에 나오는 대명사나 접속사를 통해 주어진 문장의 전후 관계를 추론해 본다.
- 주어진 문장의 성격, 즉 구체적인 예가 제시되어 있는 문장인지 혹은 뒤에 예를 동반하는 일반적인 진술로 이루어진 문장인지를 파악해 본다.

2 본문을 읽으면서 글의 흐름이나 논리적인 전개가 자연스러운지 살펴본다.
- 글 속에 논리적인 비약이나 단절이 일어나는 곳에 주어진 문장이 들어갈 수 있는지 추론해 본다.
- 논리적 흐름에 이상이 있는 부분에 주어진 문장을 넣은 뒤, 글의 흐름이 자연스러운지 확인한다.

EXAMPLE

2016학년도 고1 3월 학평 37번

🖥 7200-078 🎧 7200-7078

글의 흐름으로 보아, 주어진 문장이 들어가기에 가장 적절한 곳은?

> According to him, ❶however, entertainers who are alive are not included.

Most dictionaries list names of famous people. (①) The editors must make difficult decisions about whom to include and whom to exclude. (②) *Webster's New World Dictionary*, for example, includes Audrey Hepburn but leaves out Spencer Tracy. (③) It lists Bing Crosby, not Bob Hope; Willie Mays, not Micky Mantle. (④) ❷Executive editor Michael Agnes explains that names are chosen based on their frequency of use and their usefulness to the reader. (⑤) For that very reason, ❸Elton John and Paul McCartney aren't in the dictionary, but both Marilyn Monroe and Elvis Presley, who died decades ago, are.

KEY CLUE

❶ **주어진 문장의 단서 확인**
According to him에서 him이 가리키는 것이 주어진 문장의 앞에 나온다는 단서와, 살아 있는 예능인들이 포함되지 않는다는 내용을 통해 주어진 문장의 뒤에는 이와 관련된 예들이 등장할 것이라는 단서를 확인한다.

❷ **지시어 파악**
④ 다음 문장의 Executive editor Michael Agnes가 첫 번째 단서인 According to him에서 him을 가리킬 수 있음을 확인한다.

❸ **정답 고르기**
⑤ 뒤의 문장의 Elton John과 Paul McCartney가 사전에 빠져 있지만 고인이 된 Marilyn Monroe와 Elvis Presley는 사전에 들어가 있다는 것을 확인한다.
➡ 주어진 문장은 ⑤에 들어가야 한다.

EXAMPLE ANALYSIS

1 주어진 문장을 읽고 문장 속에 포함된 단서를 확인한다.

> According to him, however, entertainers who are alive are not included.
> ⌐→ 대명사 him이 가리키는 것이 주어진 문장의 앞에 나와야 하며, 살아 있는 예능인이 포함되지 않는 예가 주어진 문장의 뒤에 올 수 있다.

2 본문을 읽으면서 글의 흐름이나 논리적 전개가 자연스러운지 살펴본다.

〈첫 번째 문장〉	대부분의 사전에는 유명인들의 이름이 실려 있다.

⋮

〈두 번째 문장〉	편집자들은 누구를 싣고 누구를 빼야 하는지 힘든 결정을 해야 한다.

⋮

〈세 번째 문장〉	두 번째 문장에 대한 결정의 예가 제시되어 있다. 즉 'Webster's New World Dictionary'는 Audrey Hepburn은 포함하지만 Spencer Tracy는 뺀다.

⋮

〈네 번째 문장〉	두 번째 문장에 대한 예가 계속 이어진다. 그 사전은 Bing Crosby와 Willie May는 싣고 Bob Hope와 Micky Mantle은 싣고 있지 않다.

⋮

〈다섯 번째 문장〉	위에서 제시된 구체적 예들의 원칙을 편집국장 Michael Agnes가 설명하고 있다.

⋮

> 주어진 문장의 him은 Michael Agnes를 가리키며 주어진 문장은 살아 있는 예능인에 대한 원칙을 설명하고 있다.

⋮

〈여섯 번째 문장〉	주어진 문장 속에 제시된 원칙의 예가 설명되어 있다. 즉 Elton John과 Paul McCartney는 사전에 싣지 않고, 고인이 된 Marilyn Monroe와 Elvis Presley는 사전에 싣는다.

정답확인 주어진 문장은 살아 있는 예능인은 포함되지 않는다는 내용이다. 이 문장의 뒤에는 살아 있는 예능인이면서 사전에 포함되지 않는 예능인들이 언급되는 것이 자연스러우며, him이 가리키는 것은 Michael Agnes이므로 주어진 문장이 들어갈 가장 적절한 곳은 ⑤이다.

Words & Phrases

☐ according to ~에 따르면
☐ based on ~에 근거하여
☐ leave out ~을 빼다
☐ frequency 빈도
☐ executive editor 편집국장
☐ decade 10년

PRACTICE

01

🖥 7200-079 🎧 7200-7079

글의 흐름으로 보아, 주어진 문장이 들어가기에 가장 적절한 곳은?

> However, there is one major difference between science and the arts.

Search for truths about nature is science. (①) It is a creative activity. (②) When one obtains a new insight into the working of nature, one is as much thrilled as, say, a painter or a sculptor when he creates
5 a masterpiece. (③) Scientific effort is cumulative and cooperative, whereas each artistic creation is complete in itself. (④) In science, every newly established fact, however insignificant it may appear to be at the time, and every new idea, however small, is bound sooner or later to contribute to major advances in our understanding of nature. (⑤)
10 Even such a great physicist as Newton wrote: "If I can see a little farther, it is by standing on the shoulders of giants."

▶ **Sir Isaac Newton**
아이작 뉴턴 경(1642~1727)은 영국의 물리학자이자 수학자로, 현재까지 가장 영향력 있는 과학자 중 한 명으로 꼽힌다. 만유인력의 법칙과 세 가지의 운동 법칙(관성의 법칙, 힘과 가속도의 법칙, 작용과 반작용의 법칙)을 발견했다.

Words & Phrases

□ major 큰, 주요한
□ insight 통찰
□ sculptor 조각가
□ cumulative 누적적인
□ established 정립된, 수립된
□ sooner or later 머지않아
□ physicist 물리학자

□ search 추구, 탐구
□ working (기계·시스템 등의) 작용, 작동
□ masterpiece 대작
□ cooperative 협력적인
□ insignificant 사소한, 하찮은
□ contribute to ~에 기여하다
□ shoulder 어깨

□ obtain 얻다
□ thrilled 감격하는
□ effort 노력
□ in itself 그 자체로
□ be bound to *do* 틀림없이 ~할 것이다
□ advance 발전, 진보

02

🖥 7200-080 🎧 7200-7080

글의 흐름으로 보아, 주어진 문장이 들어가기에 가장 적절한 곳은?

> For example, Wangechi Mutu, originally from Kenya, pursued further education in South Wales and then in the United States.

A key feature of the art scene in the 21st century is the impact of globalization—the accelerating interconnectivity of human activity and
5 information across time and space. (①) Aided by the Internet and mass media, awareness of the vitality of contemporary art in localities around the globe has grown tremendously. (②) Anyone with access to the Internet can follow developments in Shanghai, Sydney, São Paulo, or Nairobi. (③) Simultaneously the increased movement of artists across
10 borders and oceans has added to the intermixing of influences and artistic vocabularies. (④) Her collaged images of women are informed by African tribal arts, 20th-century European and American collage artists, and the latest illustrations from fashion, and medical sources, etc.
(⑤) Mutu is considered by many to be one of the most important
15 contemporary African artists of recent years, and her work has achieved much global acclaim.

* artistic vocabulary 미술의 표현 방법

▶ feature

1. 몡 특색, 특징, 특성
An interesting feature of the city is the old market.
(그 도시의 재미있는 특색 중 하나가 재래시장이다.)

2. 몡 이목구비, 생김새
his strong handsome features
(그의 또렷하고 잘생긴 이목구비)

3. 몡 (신문·텔레비전 등의) 특집 기사(방송)
a special feature on education
(교육 특집 기사(방송))

4. 통 ~의 특징을 이루다
Political radicalism featured the period.
(정치적 급진주의가 그 시기의 특징이었다.)

5. 통 ~을 특종(특집)으로 하다, ~을 주연시키다
This film features a famous actress.
(이 영화는 유명한 여배우가 주연한다.)

Words & Phrases

□ pursue 수행하다, 쫓아가다
□ interconnectivity 상호 연결성
□ vitality 활력, 활기
□ simultaneously 동시에
□ tribal 부족의

□ feature 특징
□ aid 돕다
□ contemporary 현대의
□ border 국경
□ illustration 삽화

□ accelerate 가속화하다
□ awareness 인식
□ tremendously 엄청나게
□ collage 콜라주; 콜라주로 하다
□ acclaim 갈채, 환호

03

🖥 7200-081 🎧 7200-7081

글의 흐름으로 보아, 주어진 문장이 들어가기에 가장 적절한 곳은?

> But some educators are realizing that this is a ▸dead end.

Despite all the spending, computers are not often used to do anything that couldn't be done as easily—and more cheaply and effectively—with old-fashioned books, pencils, paper, and chalk. "Interactive" whiteboards
5 are too frequently used merely for displaying text or pictures to a dutifully seated class, not much different from what you can do with an overhead projector or chalkboard. (①) Computers are used for mere word processing, to display cognitively bleak commercial software packages like PowerPoint, or to play dull educational games of uncertain merit.
10 (②) Computer "art" packages get used as bland substitutes for paint-and-paper art. (③) They're doing something different with technology in the classroom. (④) These teachers have realized that the point isn't to simply repeat more expensively what they're already doing quite well with paper, pencils, and books. (⑤) It's to do new things that they
15 currently can't do.

* bleak 황량한   ** bland 재미없는, 단조로운

▸ **dead end**
a situation that leads nowhere (막다른 지경)
We tried all sorts of solutions to that problem, and they all came to a dead end.
(우리는 그 문제에 대해 온갖 종류의 해결책을 시도했고 그것들을 모두 막다른 지경에 이르렀다.)

Words & Phrases

- educator 교육자
- old-fashioned 구식의
- display 보여 주다, 전시하다
- commercial 상업적인
- substitute 대체물

- spending 지출
- interactive whiteboard 전자 칠판
- dutifully 의무적으로
- uncertain 불확실한
- repeat 되풀이하다

- cheaply 저렴하게
- frequently 자주
- cognitively 인지적으로
- merit 장점
- currently 현재

04

🖥 7200-082 🎧 7200-7082

글의 흐름으로 보아, 주어진 문장이 들어가기에 가장 적절한 곳은?

> A very different approach is taken by Existentialist philosophers, who reject the very idea that there is such a thing as 'human nature'.

The reason why people like Sigmund Freud and Carl Jung became interested in the study of dreams is that they saw them as a source of self-knowledge. (①) In dreams our subconscious minds may reveal things to us that our conscious minds deny. (②) What the work of Freud, Jung and others indicates is that we may not be able to arrive at full self-knowledge unaided. (③) We may need others to help us see what and who we are. (④) According to them, we do not need to discover who we are because we are who we choose to be. (⑤) Each individual creates his or her own nature through making certain choices, and what we can make, we can also change.

* Existentialist 실존주의의

▶ **see *A* as *B***
A를 B로 보다(간주하다)
They <u>see</u> India <u>as</u> a strategic partner in the 21st century.
(그들은 인도를 21세기 전략 상대로 본다.)

▶ **according to**
~에 의하면
<u>According to</u> the newspaper, the weather will be cold today.
(신문에 의하면, 오늘 날씨가 추울 것이다.)

◤ **W**ords & **P**hrases

□ approach 접근법
□ self-knowledge 자기이해
□ conscious 의식을 가지는
□ unaided 도움을 받지 않는

□ philosopher 철학자
□ subconscious 잠재의식의
□ deny 부인하다

□ source 원천
□ reveal 드러내다
□ indicate 보여 주다, 나타내다

1 **주어진 글을 통해 전체적인 주제나 내용을 추론한다.**

- 주어진 문장이나 글을 읽고 전체적으로 어떤 내용의 글인지 추론한다.
- 주어진 글에서 언급된 사건, 사람 등을 중심으로 이어질 글의 내용을 예측한다.

2 **글의 연결고리를 통해 글의 순서를 추론한다.**

- 세부적으로 글의 연결고리가 되는 연결사, 지시어, 대명사 등에 유의하면서 글의 순서를 추론한다.
- 글의 순서를 정한 후 글 전체를 다시 한 번 읽으면서 논리적 흐름이 자연스러운지 확인한다.

EXAMPLE

2015학년도 고1 11월 학평 36번

주어진 글 다음에 이어질 글의 순서로 가장 적절한 것은? 🖵 7200-083 🎧 7200-7083

> It is said that ❶in ancient Athens the followers of Plato gathered one day to ask themselves the following question: "What is a human being?"

(A) ❷Holding it in his hand, he shouted "Look! I present you with a human being." After the stir had died down, the philosophers gathered again and improved their definition. A human being, they said, is a featherless biped with broad nails.

(B) ❸This curious story from the history of early philosophy shows the kinds of difficulties philosophers have sometimes been faced with when attempting to give abstract, general definitions of what it is to be human.

(C) After a great deal of thought, ❹they came up with the following answer: "a human being is a featherless biped." Everybody seemed content with this definition until a philosopher burst into the lecture hall with a live featherless chicken.

*biped 두 발 동물

① (A) - (C) - (B) ② (B) - (A) - (C) ③ (B) - (C) - (A)
④ (C) - (A) - (B) ⑤ (C) - (B) - (A)

KEY CLUE

❶ 주어진 문장 이해
아테네 철학자들이 '인간이 무엇인가?'에 관해 물음을 던짐

❷ 대명사 파악
it: (C)의 a live featherless chicken
he: (C)의 a philosopher

❸ 지칭 내용 파악
This curious story: 아테네 철학자들의 '인간이 무엇인가?'에 관한 질문과 관련하여 앞에서 제시한 이야기

❹ 대명사 및 관련 내용 파악
they: 주어진 문장의 the followers of Plato
the following answer: 주어진 문장의 the following question에 호응

오답주의

주어진 문장의 "What is a human being?"과 (B)의 what it is to be human이 같은 의미라는 점에 근거하여 주어진 문장에 (B)가 이어질 것이라고 생각하지 않도록 유의한다.

EXAMPLE ANALYSIS

1 주어진 글을 통해 전체적인 주제나 내용을 추론한다.

> 고대 아테네에서 플라톤의 추종자들이 어느 날 모여서 다음과 같은 질문을 스스로에게 했다고
> 한다. "인간이란 무엇인가?"
> ↳➙ **전체적인 글의 내용:** 인간에 대한 정의와 관련된 이야기

2 글의 연결고리를 통해 글의 순서를 추론한다.

> 플라톤의 추종자들의 질문: "인간이란 무엇인가?"

• **연결고리: they** came up with **the following answer**

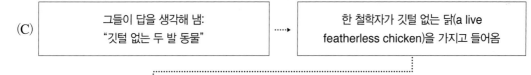

(C)
| 그들이 답을 생각해 냄: "깃털 없는 두 발 동물" | ┈┈▶ | 한 철학자가 깃털 없는 닭(a live featherless chicken)을 가지고 들어옴 |

• **연결고리: it**(=the live featherless chicken), **his**(=the philosopher's)

(A)
| 그것을 그의 손에 들고 외침 | ┈┈▶ | 철학자들이 인간의 정의를 개선함 |

• **연결고리: This curious story** (앞에 제시된 이야기를 가리킴)

(B) 초기 철학사에 나오는 이야기가 인간에 대한 추상적이고 일반적인 정의를 내리는 것의 어려움을 보여 줌 (결론)

정답확인 철학자들이 인간이란 무엇인가라는 질문을 하는 내용의 주어진 글 다음에, (C) 그들이 그 질문에 대한 답을 생각해 내자 한 철학자가 깃털 없는 닭을 가지고 강당으로 들어오고, (A) 철학자들이 기존의 정의를 개선하는 내용에 이어, (B) 이 이야기가 인간에 대한 정의를 내릴 때 철학자들이 가졌던 어려움을 보여 준다는 내용으로 이어지는 것이 자연스럽다. 따라서 적절한 글의 순서는 (C) – (A) – (B)이다.

Words & Phrases

- □ **present** 보여 주다, 제시하다
- □ **definition** 정의
- □ **abstract** 추상적인
- □ **stir** 소란, 소동
- □ **featherless** 깃털이 없는
- □ **content** 만족한
- □ **philosopher** 철학자
- □ **attempt to** *do* ~하려고 시도하다
- □ **burst into** ~에 불쑥 들어오다

PRACTICE

01

🖥 7200-084 🎧 7200-7084

주어진 글 다음에 이어질 글의 순서로 가장 적절한 것은?

> As Ruth Handler watched her daughter Barbara growing up during the 1950s, she noticed that she and her friends seemed more interested in playing with adult dolls than with the traditional baby versions.

(A) She took her idea to the board of Mattel, the company that she and her husband established, but it was rejected as being too risky and expensive. The executives only decided to back Ruth's hunch when she returned from a trip to Switzerland with an adult doll called Lilli.

(B) Ruth's doll went into production and was named "Barbie" in honor of her daughter. Barbie was unveiled at the 1959 American Toy Fair in New York. Mattel sold 351,000 Barbies in year one.

(C) Unfortunately, the only grown-up dolls available at the time were made of cardboard. Ruth became convinced that a three-dimensional alternative would be a commercial success.

* hunch 예감

① (A) - (C) - (B) ② (B) - (A) - (C) ③ (B) - (C) - (A)
④ (C) - (A) - (B) ⑤ (C) - (B) - (A)

▶ **in honor of**
~을 기념하여, ~에게 경의를 표하여
The plan is called the Edison Project, <u>in honor of</u> American inventor Thomas Edison.
(그 계획은 미국인 발명가 토머스 에디슨을 기념하기 위하여 에디슨 프로젝트라고 불린다.)

Words & Phrases

☐ **board** 이사회
☐ **risky** 위험한
☐ **cardboard** 마분지
☐ **alternative** 대체물; 대안의

☐ **establish** 설립하다
☐ **executive** 중역
☐ **convinced** 확신하는

☐ **reject** 거부하다
☐ **back** 지지하다
☐ **three-dimensional** 입체적인, 삼차원의

02

🖥 7200-085 🎧 7200-7085

주어진 글 다음에 이어질 글의 순서로 가장 적절한 것은?

> One reason many of us have a higher regard for our own character than that of others is that we judge ourselves by our intentions and others by their acts, especially those acts we find annoying.

(A) Yet, when we are a hospital patient, and others don't visit, most of us don't spend time devising explanations for the non-visitors' behavior. Instead, we are apt to dismiss them as selfish or "fair-weather" friends.

(B) Therefore, in the future, make an effort to judge others by their intentions when their actions upset you, in the same way most of us judge ourselves when we have done something that has upset another.

(C) For example, if we don't visit a friend or relative in the hospital, we usually don't think of ourselves as having done something wrong. Instead, we rationalize, "I really did think of paying a visit; I just didn't have enough time. But I wanted to go."

① (A) - (C) - (B) ② (B) - (A) - (C) ③ (B) - (C) - (A)
④ (C) - (A) - (B) ⑤ (C) - (B) - (A)

▶ **fair-weather friends**
people who are one's friends only in good times
(좋은 시절에만 친구가 되는 사람)
After I lost my job and became ill, my fair-weather friends disappeared.
(내가 일자리를 잃고 병든 후에 나의 좋을 때만 친구인 사람들은 사라졌다.)

Words & Phrases

- □ have a high regard for ~을 높이 평가(존경)하다
- □ judge 판단하다
- □ devise 궁리하다, 고안하다
- □ dismiss 일축하다
- □ relative 친척
- □ intention 의도
- □ explanation 해명
- □ selfish 이기적인
- □ rationalize 합리화하다
- □ character 인격
- □ annoying 짜증나게 만드는
- □ be apt to *do* ~하는 경향이 있다
- □ upset 화나게 하다

03

🖥 7200-086 🎧 7200-7086

주어진 글 다음에 이어질 글의 순서로 가장 적절한 것은?

> The main reason that students do not study is not that they do not have enough time; it is that they would rather be doing something else.

(A) By that time, the student will need several hours to prepare. He will
⁵ most likely find it more difficult to fit a three-hour block of study time into his schedule than several 15-minute blocks.

(B) The French student, on the other hand, sees the test as a low priority because it is far away. He would rather watch television or read a book than take 15 minutes to study for the test. A week and a half
¹⁰ later, the test becomes more important.

(C) Consider a student who has a French test in two weeks. We know that the earlier the student starts studying for the test, the fewer tasks will need to be completed each day.

① (A) - (C) - (B) ② (B) - (A) - (C) ③ (B) - (C) - (A)
④ (C) - (A) - (B) ⑤ (C) - (B) - (A)

▶ **most likely**
필시, 아마
Most likely, she has never loved anyone.
(필시 그녀는 누군가를 사랑해 본 적이 없었다.)

▶ **on the other hand**
반면에
On the other hand, some people still prefer film cameras.
(반면에, 일부 사람들은 여전히 필름 카메라를 선호한다.)

Words & Phrases

□ **main** 주된
□ **fit** 끼우다
□ **would rather** 차라리 ~하고 싶다
□ **priority** 우선순위
□ **prepare** 준비하다
□ **complete** 끝마치다, 완료하다

04

🖥 7200-087　🎧 7200-7087

주어진 글 다음에 이어질 글의 순서로 가장 적절한 것은?

> Satyamurti was a leading nationalist in India. He was known for his great speech. His words carried logic and reason, wit and wisdom. So he usually got the better of others in arguments.

(A) That was true. For Britain had colonies all around the globe. And
5　　always it was day in some or the other part of the Empire. Satyamurti looked in the general direction of the crowd from where the question had come and smiled.

(B) The heckler felt he had nettled Satyamurti. He thought Satyamurti would not have a convincing reply. Here he went wrong. For
10　Satyamurti replied, "Do you know why? Even the sun doesn't trust the British in the dark."

(C) Once he went to England to present India's case for freedom. He met the leading politicians in Britain. He pleaded with them to restore self-government to India. At one meeting, while he was presenting
15　India's case for freedom, a heckler asked, "Do you know that the sun never sets on the British Empire?"

* heckler 야유꾼　** nettle 화나게 하다

① (A) - (C) - (B)　② (B) - (A) - (C)　③ (B) - (C) - (A)
④ (C) - (A) - (B)　⑤ (C) - (B) - (A)

▶ **get the better of**
~을 이기다
No one can get the better of her in an argument.
(논쟁에서는 그녀를 이길 사람이 없다.)

cf. get the better end of
~보다 우위에 서다
The last product developed made a hit, so we got the better end of them.
(마지막으로 개발된 상품이 성공을 거두어 우리는 그들보다 우위에 섰다.)

Words & Phrases

☐ be known for ~로 유명하다　　☐ logic 논리　　　　　☐ reason 이성
☐ wit 위트　　　　　　　　　☐ argument 논쟁　　　☐ convincing 설득력 있는
☐ case 주장　　　　　　　　　☐ plead 간청하다　　　☐ restore 재건하다

1 요약문을 최대한 활용하여 단서를 얻도록 한다.

- 요약문을 먼저 읽어 글의 주제를 추론해 본다.
- 요약문의 빈칸에 들어갈 선택지를 훑어봄으로써 글의 주요 내용에 대한 단서를 확보한다.

2 글을 읽으며 요약문과 관련하여 핵심 내용을 정리한다.

- 글의 도입부에서 주제를 파악한 후 글의 전개를 통해 글에 제시된 주된 내용이 무엇인지 정리한다.
- 글의 핵심 개념을 나타내는 어휘나 표현을 확인한 후 유사한 의미의 선택지가 있는지 살펴본다.

EXAMPLE

2016학년도 고1 3월 학평 40번

다음 글의 내용을 한 문장으로 요약하고자 한다. 빈칸 (A), (B)에 들어갈 말로 가장 적절한 것은?

🖥 7200-088 🎧 7200-7088

①Children are much more resistant to giving something to someone else than to helping them. One can observe this difference clearly in very young children. ②Even though one-and-a-half-year-olds will support each other in difficult situations, they are not willing to share their own toys with others. The little ones even defend their possessions with screams and, if necessary, blows. This is the daily experience of parents troubled by constant quarreling between toddlers. ③There was no word I heard more frequently than "Mine!" from my daughters when they were still in diapers.

* toddler (걸음마를 배우는) 아기

Although very young children will ___(A)___ each other in difficult situations, they are unwilling to ___(B)___ their possessions.

	(A)		(B)
①	ignore	⋯⋯	share
③	ignore	⋯⋯	defend
⑤	help	⋯⋯	share
②	help	⋯⋯	hide
④	understand	⋯⋯	hide

KEY CLUE

❶ 주제문
아이들은 다른 사람을 돕는 것보다는 무언가를 주는 것에 훨씬 더 저항한다.

❷ 예시 1
어려운 상황에서는 서로 도와주려 하지만, 그들 자신의 장난감은 다른 아기들과 기꺼이 공유하려 하지 않는 1년 6개월 된 아기들의 예

❸ 예시 2
"내 거야!"라는 말을 입에 달고 살았던 필자의 어린 딸들의 예

오답주의
① 무시하다 – 공유하다
② 돕다 – 숨기다
③ 무시하다 – 지키다
④ 이해하다 – 숨기다

EXAMPLE ANALYSIS

1 요약문을 최대한 활용하여 단서를 얻도록 한다.

〈요약문〉	아주 어린 아이들은 어려운 상황에서 서로를 ___(A)___ 하지만, 그들은 자신의 소유물은 기꺼이 ___(B)___ 하지 않는다.

┈┈→ 이 글은 아주 어린 아이들이 어려운 상황에서 서로에 대해 어떤 행동을 하고, 소유물과 관련해서는 무엇을 하려 하지 않는지를 설명하는 내용이다.

2 글의 전개 방식을 이해하고 빈칸을 추론할 단서를 찾는다.

〈주제문〉	아주 어린 아이들은 다른 사람을 돕는 것보다는 무언가를 주는 것에 훨씬 더 저항한다.

〈예시 1〉	1년 6개월 된 아기들은 어려운 상황에서는 서로 도와주려 하지만, 그들 자신의 장난감은 다른 아기들과 기꺼이 공유하려 하지 않는다. → 아기들은 심지어 자신의 소유물을 지키기 위해 필요하면 싸움도 불사한다.

〈예시 2〉	필자가 자녀들이 아기였을 때 그들로부터 가장 자주 들은 말은 "내 거야!"라는 말이다.

↓

아주 어린 아이들의 태도	
• 어려운 상황 → 서로 돕는다	• 자신의 소유물 → 공유하려 하지 않는다

정답확인 따라서 요약문의 빈칸 (A)에는 help(돕다), (B)에는 share(공유하다)가 가장 적절하다.

Words & Phrases

- □ be resistant to ~에 저항하다
- □ be willing to *do* 기꺼이 ~하다
- □ possession 소유물
- □ blow 일격, 강타
- □ frequently 자주

- □ observe 관찰하다
- □ share 공유하다
- □ scream 소리침, 외침
- □ constant 끊임없는
- □ diaper 기저귀

- □ support 돕다, 지지하다
- □ defend 지키다, 방어하다
- □ if necessary 필요하면
- □ quarrel 싸우다, 다투다
- □ ignore 무시하다

정답과 해설 56쪽

01

🖥 7200-089 🎧 7200-7089

다음 글의 내용을 한 문장으로 요약하고자 한다. 빈칸 (A), (B)에 들어갈 말로 가장 적절한 것은?

In a mock jury study, researcher Bonnie Erickson and her colleagues had people listen to a witness answer questions about a supposed accident—for example, "Approximately how long did you stay there before the ambulance arrived?" Some jurors heard the witness respond straightforwardly: "Twenty minutes. Long enough to help get Mrs. David straightened out." Others listened to the witness hem and haw: "Oh, it seems like it was about, uh, twenty minutes. Just long enough to help my friend Mrs. David, you know, get straightened out." What the witnesses said turned out to be less important than how they said it: the straightforward, confident witnesses were rated significantly more credible.

* hem and haw 더듬거리다

⬇

According to the study above, people are perceived as more _____(A)_____ when they speak with clarity and _____(B)_____ .

	(A)		(B)			(A)		(B)
①	reliable	⋯⋯	patience		②	reliable	⋯⋯	confidence
③	intelligent	⋯⋯	confidence		④	punctual	⋯⋯	patience
⑤	punctual	⋯⋯	purpose					

▶ 형용사+en = 동사
- straighten (자세를) 바로 하다, 해결하다
  She straightened her shoulders and raised her chin.
  (그녀는 어깨를 바로 펴고 턱을 올렸다.)
- deepen 심화시키다, 깊게 하다
  The course gave him an opportunity to deepen his understanding of American literature.
  (그 강좌는 그가 미국문학에 대한 이해를 심화시킬 수 있는 기회를 주었다.)
- weaken 약화시키다
  Many injured players weakened the team.
  (많은 부상 선수들이 팀을 약화시켰다.)

Words & Phrases

- mock 모의의, 가짜의
- witness 증인
- ambulance 구급차
- straightforwardly 분명하게, 솔직하게
- confident 자신감 있는
- credible 신뢰할 만한
- jury 배심원단
- supposed 가상의
- juror 배심원
- get ~ straightened out ~의 일이 해결되게 하다
- rate 평가하다
- colleague 동료
- approximately 대략
- respond 대답(응답)하다
- significantly 상당히, 꽤

02

🖥 7200-090 🎧 7200-7090

다음 글의 내용을 한 문장으로 요약하고자 한다. 빈칸 (A), (B)에 들어갈 말로 가장 적절한 것은?

Consider the tasks of surfing the web and proofreading a report for errors. The rules for surfing include using the mouse to move the cursor, double clicking screen choices, clicking the "back" key to return to a previous screen, pushing another button once to bookmark a page, and so on. The rules for proofreading are different and might include first skimming a page for obvious mistakes, reading the report one word at a time to check for spelling, and then rereading the report paragraph by paragraph to see if one's points are clear. Someone who surfs and proofreads at the same time actually is switching from one task to another. The decision that it is time to stop, say, proofreading and begin surfing takes a fraction of a second. And then, the decision to "get in the mind-set" of surfing, and bring to mind how one surfs takes another fraction of a second. Although each switch may waste only a second or so, the multitasker makes many switches, wasting much time. What is more efficient? Prioritizing and organizing one's time.

5

10

15

⬇

Doing two or more things _____(A)_____ is likely to be a(n) _____(B)_____ way to get your work done.

▶ proofread
(책의) 교정을 보다
I didn't have enough time to proofread the report.
(나는 그 보고서의 교정을 볼 충분한 시간이 없었다.)

▶ bring(call) ~ to mind
~을 기억하다, 생각해 내다
I tried to bring his name to mind.
(나는 그의 이름을 기억해 내려 애썼다.)
She couldn't call to mind where she had seen him before.
(그녀는 전에 그를 어디에서 봤었는지 생각해 낼 수가 없었다.)

	(A)		(B)		(A)		(B)
①	successively	·····	inefficient	②	simultaneously	·····	efficient
③	cooperatively	·····	productive	④	successively	·····	out-dated
⑤	simultaneously	·····	uneconomical				

Words & Phrases

☐ **skim** 대강 훑어보다
☐ **fraction** (전체에 대해) 일부, 작은 부분
☐ **paragraph** 단락
☐ **multitasker** 다중 업무를 하는 사람
☐ **switch** 전환하다; 전환
☐ **prioritize** 우선 순위를 매기다

03

🖥 7200-091 🎧 7200-7091

다음 글의 내용을 한 문장으로 요약하고자 한다. 빈칸 (A), (B)에 들어갈 말로 가장 적절한 것은?

Dr. King didn't change America by himself. He wasn't a legislator, for example, but legislation was created to give all people in the United States equal rights regardless of skin color. It wasn't Dr. King who changed America; it was the movement of millions of others whom he inspired that changed the course of history. But how do you organize millions of people? Forget millions, how do you organize hundreds or tens of people? The vision and charisma of a good leader first attract innovators and early adopters. Trusting their guts and their intuition, these people will make the greatest sacrifices to help see the vision become a reality. With each success, with every tangible demonstration that the vision can in fact become more reality, the more practical-minded majority starts to take interest. What was previously just a dream soon becomes a provable and tangible reality.

*tangible 확실한, 실재하는

⬇

Once a leader _____(A)_____ a vision, it is innovators and early adopters that _____(B)_____ the vision.

	(A)		(B)		(A)		(B)
①	simplifies	⋯⋯	fulfill	②	simplifies	⋯⋯	visualize
③	evaluates	⋯⋯	analyze	④	introduces	⋯⋯	fulfill
⑤	introduces	⋯⋯	analyze				

▶ **regardless of**
~에 상관없이(구애받지 않고)
The club welcomes all new members regardless of age.
(그 클럽은 나이에 상관없이 모든 신입 회원들을 환영한다.)

Words & Phrases

□ **legislator** 입법가　　　□ **legislation** 법률, 입법　　　□ **inspire** 고무하다, 격려하다
□ **charisma** 카리스마, 비범한 통솔력　　□ **attract** 매혹시키다, 끌어들이다　　□ **innovator** 혁신가
□ **early adopter** 얼리 어답터(새 기술을 조기에 받아들이는 사람; 여기서는 '지도자의 비전을 빠르게 수용하는 사람'이라는 의미)
□ **gut** 본능, 직감　　　□ **intuition** 직관　　　□ **sacrifice** 희생
□ **reality** 현실　　　□ **demonstration** 증거, 논증　　　□ **provable** 증명할 수 있는

04

🖥 7200-092 🎧 7200-7092

다음 글의 내용을 한 문장으로 요약하고자 한다. 빈칸 (A), (B)에 들어갈 말로 가장 적절한 것은?

While medical anthropologist Jennifer Roberts conducted urban fieldwork in Kuala Lumpur, Malaysia, her research assistant introduced Roberts to a woman who was accompanied by her five-year-old daughter. Roberts was so taken by the girl's beauty that she patted the girl on the head while commenting to the mother what a gorgeous child she had. Much to Roberts's surprise, the mother responded by saying that the girl was not pretty at all and then abruptly left. What had Roberts done? She was simply trying to pay the woman and her daughter a compliment. In fact Roberts had inadvertently committed two cultural mistakes. First, in this part of the world, patting a child on the head is viewed as a violation of the most sacred part of the body. Second, complimenting a child on her beauty or health is regarded in Malaysia as inviting bad fortune for the child.

* inadvertently 의도치 않게

⬇

Some behaviors and words meant to show _____(A)_____ can be considered _____(B)_____ in another culture.

	(A)		(B)		(A)		(B)
①	goodwill	·····	important	②	goodwill	·····	inappropriate
③	patience	·····	inappropriate	④	superiority	·····	important
⑤	superiority	·····	dangerous				

▶ **pay ~ a compliment**
to say nice things about someone's appearance, behavior, etc.
(어떤 사람의 외모, 행동 등에 관해 찬사를 보내다)
He paid her a nice compliment on her dress.
(그는 그녀의 드레스에 대해 멋진 찬사를 보냈다.)

Words & Phrases

- medical anthropologist 의학인류학자
- research assistant 연구 조수
- pat 쓰다듬다
- abruptly 갑자기
- accompany 동행하다
- comment 말하다
- commit a mistake 실수를 저지르다
- fieldwork 현지 조사
- be taken by ~에 끌리다(반하다)
- gorgeous 예쁜, 아름다운
- violation 침범

01

7200-093
7200-7093

다음 글에서 전체 흐름과 관계 <u>없는</u> 문장은?

Giving people feedback about their past performance can be a powerful way to help them learn. Equally useful is "feedforward," which means exploring new options for the future. Marshall Goldsmith, a management consultant, suggests a way to do this. ①First, talk about a specific, high-impact behavior that you'd like to change—for example, "I want to be a better listener." ②Then gather with a small group of trusted friends and ask for suggestions about ways to accomplish your goal. ③To make this process work, avoid any conversation about what's happened in the past. ④Examine the past closely because your actions in the past are a pretty good indicator of how you might act in the future. ⑤Focus instead on the next actions you intend to take.

02

7200-094
7200-7094

다음 글의 내용을 한 문장으로 요약하고자 한다. 빈칸 (A), (B)에 들어갈 말로 가장 적절한 것은?

Harvard Business School professor Francesca Gino and her colleagues asked workers to spend 15 minutes at the end of their workdays writing about what went well that day, and they found that the journaling employees had 22.8% higher performance than those who didn't ponder on their workday. As former *Tech Insider* reporter Drake Baer points out, reflecting on the day's successes can help you incorporate those lessons into the next day. "You introduce a stimulus, gather the data of your experience, and then improve from there," he writes. It's worth noting that study participants didn't simply think about what went well, but wrote their responses down. "It's very easy to deceive yourself if you're just thinking about it," Gino explains, "but when you write things down on paper, it's easier to identify what's helpful."

⬇

If you _____(A)_____ your work each day by writing things down, it will help you get better _____(B)_____.

(A)	(B)		(A)	(B)
① organize	······ results		② organize	······ creativity
③ focus on	······ feedback		④ review	······ productivity
⑤ review	······ concentration			

03

🖥 7200-095
🎧 7200-7095

주어진 글 다음에 이어질 글의 순서로 가장 적절한 것은?

> At one point in my career in business, I applied for a job that looked perfect on paper. It paid about thirty thousand dollars a year more than what I was currently making.

(A) But I didn't listen. I took the job because it paid so well and my brain kept telling me it was the right thing to do. Less than two years later, I left that job, having been miserable for almost every minute I was there.

(B) My gut knew that I shouldn't have taken the job, but I talked myself into it. That almost never works out well. Listen to your instincts. If something seems wrong, then spend time to figure out what it is.

(C) It was a job with lots of budget and personnel responsibility, doing work that I knew and liked. But on the day that I was called with the job offer, I got off the telephone, sat down, and started to cry. My gut instinct was telling me something was wrong.

① (A) - (C) - (B) ② (B) - (A) - (C) ③ (B) - (C) - (A)
④ (C) - (A) - (B) ⑤ (C) - (B) - (A)

04

🖥 7200-096
🎧 7200-7096

글의 흐름으로 보아 주어진 문장이 들어가기에 가장 적절한 곳은?

> The final clues were the smoke plumes in the painting, showing the wind blowing east to west.

At 7:35 a.m. on November 13, 1872, in the port city of Le Havre, France, Claude Monet gazed out his hotel window and began to paint what he saw. The result was "Impression, Soleil Levant" ("Impression, Sunrise's") — and the birth of a movement. (①) How do we know exactly when Impressionism began? (②) Because of Donald Olson, a Texas State University astrophysicist who uses astronomy to solve art and literary mysteries. (③) When asked to help determine the painting's provenance, Olson began by examining maps and photos very carefully to identify Monet's hotel and room. (④) Then he turned to astronomy — using the rising sun and the moon to determine the tide, season, and time of day — and consulted digitized 19th-century weather observations. (⑤) Those findings — plus the "72" by Monet's signature — closed the case and put a precise time stamp on a timeless work of art.

* smoke plume 연기 기둥   ** provenance 기원

READING
POWER

CHAPTER

05

어법 · 어휘

맥락을 따라가서
세부 내용을 이해하라!

1 글의 전반적인 내용을 파악한다.

- 어법의 적절성을 판단하기 위해 먼저 글의 소재와 전체적인 내용을 파악한다.

2 어법상 적절한 표현인지 판단한다.

- 밑줄 친 표현이 문장의 전체 구조 안에서 어떤 역할을 하는지를 생각하고, 어법의 적절성을 판단한다.
- 자주 출제되는 어법 항목(수 일치, 동사의 태, 병렬구조, 부정사, 동명사, 분사, 관계사와 접속사, 형용사와 부사 등)에 유의한다.

EXAMPLE   2016학년도 고1 3월 학평 28번

다음 글의 밑줄 친 부분 중, 어법상 **틀린** 것은?   🖥 7200-097 🎧 7200-7097

❶Your parents may be afraid that you will not spend your allowance wisely. You may make some foolish spending choices, but if you ① do, the decision to do so is your own and hopefully you will learn from your mistakes. Much of learning ② occurs through trial and error.
5 Explain to your parents that money is something you will have to deal with for the rest of your life. It is better ③ what you make your mistakes early on rather than later in life. Explain that you will have a family someday and you need to know ④ how to manage your money. Not everything ⑤ is taught at school!

KEY CLUE

❶ 글의 소재 및 내용

소재: 용돈 관리
내용: 용돈을 관리할 때 하는 실수로부터 배우고, 부모에게 돈 관리는 자율적으로 하겠다는 점을 설명하라.

❷ 어법의 적절성 판단

① 대동사 do
② 주어와 동사의 수 일치
③ 관계대명사 what
④ 의문사+to부정사
⑤ 수동태(be+p.p.)

EXAMPLE ANALYSIS

 1 글의 소재와 전반적인 내용을 파악한다.

❖ **글의 소재**: 용돈 관리

❖ **글의 내용**: 용돈을 관리할 때 생기는 실수를 통해 많은 것을 배우고, 돈 관리는 자신이 자율적으로 하겠
다는 점을 부모에게 설명하라.

2 밑줄 친 부분이 있는 문장의 구조를 파악하여 어법의 적절성을 판단한다.

---

① 대동사 do

You may make some foolish spending choices, but if you <u>do</u>, the decision to do so is ~.

⤷ do는 대동사로 앞에 있는 make some foolish spending choices를 대신 받는다.

→ **어법상 올바름**

---

② 주어와 동사의 수 일치

Much of learning <u>occurs</u> through trial and error.

⤷ of learning은 전치사구로 주어인 Much를 수식하므로 동사 occurs는 올바른 표현이다.
이때 much는 대명사로 단수취급을 한다. → **어법상 올바름**

---

③ 관계대명사 what

It is better <u>what</u> you make your mistakes early on rather than later in life.

⤷ 관계대명사 what은 선행사를 포함하고 있어야 하므로 what 다음에는 불완전한 문장이 와야
한다. 그러나 what 다음에 주어, 동사, 목적어가 이어지는 완전한 문장이 옴. → **[정답확인]**

---

④ 의문사+to부정사

Explain that you will have a family someday and you need to know <u>how</u> to manage
your money.

⤷ 「how+to부정사」는 의문사구로 '~하는 법'의 의미로 해석된다. → **어법상 올바름**

---

⑤ 수동태(be+p.p.)

Not everything <u>is taught</u> at school!

⤷ 주어 everything과 동사 teach는 '모든 것이 가르쳐진다'는 뜻의 수동의 의미를 가지므로,
is taught는 올바른 표현이다. everything은 단수로 취급한다. → **어법상 올바름**

정답확인 ③ what이 이끄는 절은 주어, 동사, 목적어가 모두 있는 완전한 절이므로 관계대명사 what이 들어갈 자리가 없
다. 또한 문맥상 It이 형식상의 주어 역할을 하므로 내용상의 주어 역할을 할 명사절이 필요하다. 그러므로 what
은 접속사 that으로 고쳐야 한다.

Words & Phrases

□ allowance 용돈
□ trial and error 시행착오

□ hopefully 바라건대
□ deal with ~을 처리하다

□ occur 일어나다, 생기다
□ early on 이른 시기에, 초기에

PRACTICE

01

🖥 7200-098 🎧 7200-7098

다음 글의 밑줄 친 부분 중, 어법상 틀린 것은?

The pleasures of kindness ①were well known in the past. Kindness was mankind's "greatest delight," the Roman philosopher-emperor Marcus Aurelius declared, and thinkers and writers have echoed him down the centuries. But today, many people find these pleasures literally ②incredible or at least highly ▸suspect. An image of the self has been created ③what is utterly lacking in natural generosity. Most people appear ④to believe that deep down they (and other people) are mad, bad, and dangerous to know; that as a species—apparently unlike other species of animals—we are deeply and fundamentally hostile to each other, that our motives are utterly self-seeking, and ⑤that our sympathies are forms of self-protection.

▸ **suspect**
1. (동) 의심하다, 수상쩍어하다
I **suspected** they were trying to avoid me.
(나는 그들이 나를 피하려고 하는 게 아닌가 의심이 들었다.)
2. (명) 용의자
The **suspect** may have fled to New York City.
(용의자가 뉴욕 시로 도주했을지도 모른다.)
3. (형) 의심스러운
Some of the information was found to be highly **suspect**.
(그 정보 중 몇 가지는 매우 의심스러운 것으로 밝혀졌다.)

Words & Phrases

- delight 기쁨
- echo 따라 하다
- highly 대단히, 매우
- species 종
- sympathy 동정(심), 연민
- emperor 황제
- literally 말 그대로
- utterly 완전히
- apparently 겉보기에, 명백하게
- motive 동기
- self-protection 자기 보호
- declare 선언하다
- incredible 믿을 수 없는
- generosity 관대함
- fundamentally 근본적으로
- self-seeking 이기적인

02

🖥 7200-099 🎧 7200-7099

다음 글의 밑줄 친 부분 중, 어법상 틀린 것은?

On a campaign in Silesia, Frederick, King of Prussia, gave orders one day that all fires and lights were to be extinguished in his camp by a certain hour. ①To make certain that his order was obeyed, the king himself went the rounds. ②Passing by the tent of a certain Captain Zietern, he noticed the glimmer of a candle, and upon entering found the officer sealing a letter to his wife. Frederick demanded to know ③that Zietern thought he was doing; didn't he know the orders? The captain threw ④himself at the king's feet, unable to deny or excuse his disobedience. Frederick instructed him to sit down and ⑤add a postscript to the letter, which Frederick himself dictated: "Tomorrow I shall perish on the scaffold." Zietern wrote what he was told and was duly executed the following day.

* scaffold 처형대, 교수대

▶ make certain (that) ~
~을 확인하다
We need to make certain that it's going to fit first.
(우리는 우선 그것이 어울릴 것인지를 확인할 필요가 있다.)

Words & Phrases

□ campaign 전투, 군사 작전
□ glimmer 희미한 빛
□ deny 부인하다
□ postscript (편지의) 추신

□ extinguish (불을) 끄다
□ seal 봉하다
□ excuse 변명하다
□ duly 예상대로

□ go the rounds 순찰하다
□ demand 다그치다, 요구하다
□ instruct 지시하다
□ execute 처형하다

03

🖥 7200-100 🎧 7200-7100

다음 글의 밑줄 친 부분 중, 어법상 틀린 것은?

Before you begin teaching your children responsibility, be certain you have the concept ①clear in your own mind. What does responsibility mean to you? What responsibilities do you think children should have, and at what ages? Most parents feel that basic responsibilities include
5 keeping a clean room and picking up any mess ②makes in other rooms of the house. When our children become students, we want them to meet the requirements of being a learner and to do their homework religiously. Another responsibility is for personal hygiene, ③being bathed and combed and well dressed. There is financial responsibility,
10 ④in which children learn to budget and to spend wisely their allowances or income from part-time jobs. Children need to become responsible with their time, getting to school before the bell rings, keeping curfew,
▶ managing to fit in all their activities and still ⑤have down-time left.

* down-time 휴식(한가한) 시간

▶ **manage**
관리하다
She <u>manages</u> a legal department in a large company.
(그녀는 큰 회사에서 법무 부서를 관리한다.)

▶ **manage to *do***
(어떻게든) ~하다(해내다)
We <u>managed to get</u> to the airport in time.
(우리는 시간 내에 공항에 도착했다.)

Words & Phrases

- concept 개념
- mess 어질러진 것
- hygiene 위생
- allowance 용돈
- include 포함하다
- requirement 요건, 필수 조건
- financial 재정적인
- income 수입
- pick up (어질러 놓은 물건들을) 정리하다, 치우다
- religiously 충실히
- budget 예산을 세우다
- curfew 귀가 시간

04

7200-101 7200-7101

다음 글의 밑줄 친 부분 중 어법상 틀린 것은?

A survey is somewhat like an interview in that the person ①conducting it prepares a set of questions. However, an interview is done one-on-one, and the conversation has great flexibility. A survey, on the other hand, is usually written in advance. A number of participants agree ②to answer a set of questions. If they write their answers, the survey takes the form of a questionnaire. They may or may not complete the survey in your presence. ③What you will get will be the briefest answers to your questions—no more, no less. Obviously, you will run into difficulty if you realize later on that you should ④have asked different questions. Therefore, in a survey, most of the work ⑤lying in the preparation of the questions so as to get the best answers.

▶ **in that**
~이므로, ~라는 점에서
She was fortunate in that she had friends to help her.
(그녀는 자신을 도와줄 친구들이 있었으므로 운이 좋았다.)

▶ **so as to *do***
~하기 위해서
He noted every detail so as to fix the scene in his mind.
(그는 그 장면을 마음속에 새기기 위해 모든 세부 사항을 주의 깊게 봐 두었다.)

Words & Phrases

□ survey 설문 조사
□ one-on-one 1대 1로
□ participant 참가자
□ obviously 분명히

□ conduct 수행하다
□ flexibility 유연성, 융통성
□ questionnaire 설문지
□ preparation 준비

□ a set of 일련의
□ in advance 미리
□ complete 완료하다

1 글의 전반적인 내용을 파악한다.

■ 전체 글의 내용을 파악해야 맥락에 맞는 표현을 찾을 수 있다.

2 선택지로 주어진 부분의 어법 항목을 파악한다.

■ 문장의 구조를 파악하면서 어떤 문법 요소를 알아야 하는지 확인한다.

3 문장을 분석하면서 어법에 맞는 표현을 고른다.

■ 두 가지 중 어떤 표현이 어법에 맞는지 분석한다.

EXAMPLE
2016학년도 고1 6월 학평 28번

🖥 7200-102 🎧 7200-7102

■ (A), (B), (C)의 각 네모 안에서 어법에 맞는 표현으로 가장 적절한 것은?

❶ A lot of customers buy products only after they are made aware that the products are available in the market. Let's say a product, even if **❷** it has been out there for a while, is not (A) advertising / advertised . Then what might happen? Not knowing that the product exists,
5 customers would probably not buy it even if the product may have worked for (B) it / them . Advertising also helps people find the best for themselves. When they are made aware of a whole range of goods, they are able to compare them and make purchases so that they get (C) that / what they desire with their hard-earned money. Thus,
10 advertising has become a necessity in everybody's daily life.

	(A)	(B)	(C)
①	advertising	it	that
②	advertising	them	what
③	advertised	them	what
④	advertised	it	what
⑤	advertised	them	that

KEY CLUE

❶ 어떤 상품이 시장에 있는지 고객에게 정보를 알려 주는 광고의 효용성에 관한 내용이다.

❷ 어떤 어법 요소를 묻고 있는지 파악한다.
(A)는 현재분사/과거분사
(B)는 적절한 대명사 찾기
(C)는 접속사와 관계사의 쓰임에 관해 묻고 있다.

❸ 문장을 분석하여 각각에 맞는 표현을 찾는다.

EXAMPLE ANALYSIS

1 글의 전반적인 내용을 파악한다.

• 소비자들은 광고를 통해 어떤 상품이 시장에 있는지 알게 되고 그들에게 맞는 최적의 상품에 관한 정보를 찾을 수 있게 되므로 광고는 일상생활에서 필수적이라는 내용의 글이다.

2 선택지로 주어진 부분의 어법 항목을 파악한다.

• (A)는 현재분사/과거분사, 능동형이 필요한지 수동형이 필요한지 파악한다.
• (B)는 앞에 있는 어떤 명사를 대신하는 대명사가 필요한지 파악한다.
• (C)는 접속사가 필요한지 관계사가 필요한지 파악한다.

3 문장을 분석하면서 어법에 맞는 표현을 고른다.

> Let's say a product, even if it has been out there for a while, is not (A) advertising / advertised .

⤷ say의 목적어 역할을 하는 절에서 a product가 주어이고 광고되는 대상이므로 수동태가 되어야 한다. 따라서 과거분사인 advertised가 올바른 표현이다.

> Not knowing that the product exists, customers would probably not buy it even if the product may have worked for (B) it / them .

⤷ 문맥상 앞에 있는 복수명사 customers를 대신하는 대명사여야 하므로 them이 올바른 표현이다.

> When they are made aware of a whole range of goods, they are able to compare them and make purchases so that they get (C) that / what they desire with their hard-earned money.

⤷ 뒤에 있는 desire의 목적어 역할을 하면서 앞에 다른 선행사가 없으므로 선행사를 포함한 관계사인 what이 올바른 표현이다.

정답확인 (A) advertised, (B) them, (C) what으로 짝지어진 ③이 정답이다.

Words & Phrases

□ customer 소비자
□ available 이용 가능한
□ goods 상품
□ hard-earned 힘들게 번
□ product 상품
□ exist 존재하다
□ compare 비교하다
□ necessity 필수적인 것
□ aware 알고 있는, 의식하는
□ advertising 광고
□ purchase 구매

정답과 해설 **66**쪽

01

🖥 7200-103 🎧 7200-7103

(A), (B), (C)의 각 네모 안에서 어법에 맞는 표현으로 가장 적절한 것은?

When you remove body language and facial expressions from communication, you remove many of the signals we use to read other people. Communication over the phone (A) | leaves / leaving | you and your customer with limited insight into how the person on the other

5 end of the conversation is reacting. Is he in a defensive posture and (B) | gets / getting | more withdrawn as you talk? Is she rolling her eyes while you tell her how much you value her business? Is he reading his email instead of listening to you? The more physical cues we remove from our interactions, the (C) | easier / more easily | it is to have

10 misunderstandings. Fortunately, you can still tell a lot from tone of voice.

(A)	(B)	(C)
① leaves	⋯⋯ gets	⋯⋯ easier
② leaves	⋯⋯ gets	⋯⋯ more easily
③ leaves	⋯⋯ getting	⋯⋯ easier
④ leaving	⋯⋯ getting	⋯⋯ more easily
⑤ leaving	⋯⋯ gets	⋯⋯ easier

▶ withdraw

1. 철수하다
They quickly <u>withdrew</u> their armies.
(그들은 재빨리 자신들의 군대를 철수시켰다.)

2. (돈을) 인출하다
He went to the bank to <u>withdraw</u> some money.
(그는 돈을 좀 인출하러 은행에 갔다.)

3. 뒤로 빼다, 움츠리다
I quickly <u>withdrew</u> my hand from the inside pocket.
(나는 재빨리 안주머니에서 손을 뺐다.)

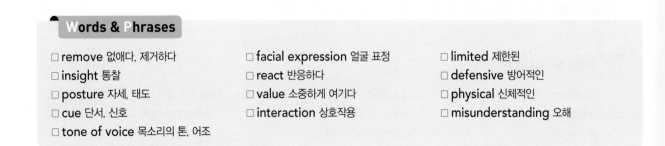

Words & Phrases

□ **remove** 없애다, 제거하다
□ **insight** 통찰
□ **posture** 자세, 태도
□ **cue** 단서, 신호
□ **tone of voice** 목소리의 톤, 어조

□ **facial expression** 얼굴 표정
□ **react** 반응하다
□ **value** 소중하게 여기다
□ **interaction** 상호작용

□ **limited** 제한된
□ **defensive** 방어적인
□ **physical** 신체적인
□ **misunderstanding** 오해

02

🖥 7200-104 🎧 7200-7104

(A), (B), (C)의 각 네모 안에서 어법에 맞는 표현으로 가장 적절한 것은?

The tradition of a pep squad as a support for sports teams (A) is / are one that many people are familiar with. These groups exist for many different types of high school and college sports, most notably football. Essentially, a pep squad is a group of individuals (B) who / which have
5 the responsibility of motivating and promoting enthusiasm for a particular sports team before and during a sports competition. The use of the term varies to a degree from place to place. In some settings, the pep squad is considered to be the same as a cheerleading squad. Other locations see it as a separate entity from the cheerleaders, although they share a common
10 purpose. This may lead to the squad (C) being / to be more of a dance team, performing more complicated routines that are usually associated with cheerleading.

(A)	(B)	(C)
① is	⋯⋯ who	⋯⋯ being
② is	⋯⋯ who	⋯⋯ to be
③ is	⋯⋯ which	⋯⋯ to be
④ are	⋯⋯ which	⋯⋯ being
⑤ are	⋯⋯ who	⋯⋯ to be

▶ **be familiar with**
~을 잘 알다, ~에 친숙하다
I had been familiar with this area since childhood.
(나는 어린아이 적부터 이 지역을 잘 알고 있었다.)
Some of you may be familiar with his name.
(여러분 중 몇몇은 그의 이름에 친숙할지도 모릅니다.)

cf. be well acquainted with
~와 친숙하다, ~에 정통하다
I am well acquainted with him.
(나는 그와 친숙하다.)
She was well acquainted with the literature of Latin America.
(그녀는 라틴 아메리카 문학에 정통했다.)

Words & Phrases

□ pep squad 응원단
□ promote 선동하다, 장려하다
□ vary 다르다
□ complicated 복잡한
□ notably 두드러지게
□ enthusiasm 열정
□ setting 상황
□ routine 일정한 일련의 춤 동작
□ motivate 부추기다
□ term 용어
□ entity 존재

PRACTICE

03

🖥 7200-105 🎧 7200-7105

(A), (B), (C)의 각 네모 안에서 어법에 맞는 표현으로 가장 적절한 것은?

  It was usual among "savages" for the man who had food to share it with the man who had none, for travelers to be fed at any home they chose to stop at on their way, and for communities harassed with drought (A) were / to be maintained by their neighbors. If a man sat down to his
5 meal in the woods, he was expected to call loudly for someone to come and share (B) it / them with him, before he might justly eat alone. When a Western traveler told a Samoan about the poor in London, the "savage" asked in astonishment: "How is it? No food? No friends? No house to live in? Where did he grow? Are there no houses belonging to his friends?"
10 The hungry Indian had but to ask to receive; (C) how / however small the supply was, food was given to him if he needed it: "no one can want food while there is corn anywhere in the town."

* harassed 시달리는

▶ **savage**

(chiefly in historical contexts) a member of a people regarded as primitive and uncivilized (주로 역사적인 맥락에서) 원시적이고 문명화되지 않았다고 여겨지는 민족의 구성원
The movie reinforces the stereotype of Indians as savages.
(그 영화는 인디언을 야만인으로 여기는 고정관념을 강화한다.)

	(A)		(B)		(C)
①	were	·····	it	·····	how
②	were	·····	them	·····	however
③	to be	·····	it	·····	how
④	to be	·····	them	·····	how
⑤	to be	·····	it	·····	however

Words & Phrases

□ **community** 마을, 공동체
□ **justly** 당연하게
□ **drought** 가뭄
□ **astonishment** 놀람
□ **maintain** 부양하다
□ **have but(only) to** do ~하기만 하면 된다

04

🖥 7200-106 🎧 7200-7106

(A), (B), (C)의 각 네모 안에서 어법에 맞는 표현으로 가장 적절한 것은?

Over the past 10,000 years, *Homo sapiens* has ▶grown so accustomed to being the only human species that it's hard for us to think of any other possibility. Our lack of brothers and sisters makes (A) | it / that | easier to imagine that we are the best example of creation, and that a
5 chasm separates us from the rest of the animal kingdom. When Charles Darwin indicated that *Homo sapiens* (B) | being / was | just another kind of animal, people were outraged. Even today many refuse to believe it. If the Neanderthals had survived, would we still imagine ourselves to be a creature apart? Perhaps this is exactly (C) | what / why | our ancestors
10 ▶wiped out the Neanderthals. They were too familiar to ignore, but too different to tolerate.

*chasm 큰 차이

▶ **grow accustomed to**
~에 익숙해지다
My eyes slowly grew accustomed to the dark.
(내 눈이 서서히 어둠에 익숙해졌다.)

▶ **wipe out**
~을 전멸시키다
Sooner or later, some disaster may wipe out life on Earth.
(곧 어떠한 재앙이 지구상의 생명체를 전멸시킬지도 모른다.)

	(A)		(B)		(C)
①	it	⋯⋯	being	⋯⋯	what
②	that	⋯⋯	being	⋯⋯	what
③	it	⋯⋯	was	⋯⋯	why
④	that	⋯⋯	was	⋯⋯	what
⑤	it	⋯⋯	being	⋯⋯	why

Words & Phrases

- □ creation 창조물, 창조
- □ outraged 격분한
- □ apart (명사의 뒤에서) 독특한, 특이한
- □ ignore 무시하다
- □ separate 구분하다
- □ survive 살아남다
- □ ancestor 조상
- □ tolerate 용인하다
- □ indicate 시사하다, 보여 주다
- □ creature 생명이 있는 존재, 생물
- □ familiar 친숙한

1 글의 전체적인 내용을 파악한다.

- 우선 글을 빠르게 훑어 읽고 글의 주제나 요지를 파악한다.
- 밑줄 친 단어에 집중하기보다는 글의 전체적인 맥락을 파악하도록 한다.

2 밑줄 친 단어가 들어 있는 부분의 내용이 글의 흐름상 자연스러운지 판단한다.

- 글의 흐름상 자연스럽지 못한 부분을 찾아낸다.
- 밑줄 친 단어 대신 들어갈 말을 넣어 보아 문맥상 자연스러워지는지 확인한다.

EXAMPLE

2014학년도 고1 11월 학평 28번

🖥 7200-107   🎧 7200-7107

다음 글의 밑줄 친 부분 중, 문맥상 낱말의 쓰임이 적절하지 <u>않은</u> 것은?

❶When people share the same daily, weekly, monthly, and seasonal rhythms, connections among them form faster and stay stronger. The people trust each other more deeply, and ①coordination becomes easier. After all, they are ②frequently doing the same things and working on the same problems together. In fact, several organizations use regular stand-up meetings to maintain strong bonds and reinforce a ③shared mindset. A CEO of a food company talks about his short daily meeting with his team. He explains, "The rhythm that frequency generates allows relationships to ④weaken, personal habits to be understood, and stressors to be identified. All of this ⑤helps the members of the team understand not only their roles but also how they can get the best out of one another."

KEY CLUE

❶ 글의 주제 파악

정기적인 리듬 공유의 장점: 빠른 관계 형성 및 유지

❷ 각 어휘의 적절성 파악

정기적인 리듬을 공유하는 것이 관계 형성을 빠르게 하고 잘 유지하게 해 준다는 전체적인 글의 요지와 밑줄 친 어휘가 쓰인 문장의 내용에 근거하여 어휘의 적절성을 파악한다.

오답주의

① 조정
② 빈번하게
③ 공유된
⑤ 도와준다

EXAMPLE ANALYSIS

1 ▷ **첫 부분을 읽고 글의 주제 또는 요지를 파악한다.**

> 사람들이 똑같은 일간, 주간, 월간, 그리고 계절에 따른 리듬을 공유할 때, 그들 간의 관계는 더욱 빠르게 형성되고 더욱 강한 상태를 유지한다.

⤷ 정기적인 리듬을 공유하게 되면 관계가 빠르게 형성되고 잘 유지된다.

2 ▷ **밑줄 친 단어가 들어 있는 부분의 내용이 글의 흐름상 자연스러운지 판단한다.**

> ① 협력이 더 쉬워진다

⤷ 관계가 빠르게 형성되고 잘 유지된다는 말과 논리적 연결이 자연스러움

> ② 빈번하게 똑같은 일을 하고 똑같은 문제들을 함께 해결하기 위해 애쓴다

⤷ 정기적인 리듬 공유와 관련된 전체 글의 내용과 흐름이 통함

> ③ 강한 결속력을 유지하고 공유된 사고방식을 강화시키기 위해 정기 스탠딩 미팅을 이용한다

⤷ 정기적인 리듬 공유와 맥락을 같이함

> ④ 빈번함이 만들어 내는 리듬은 관계를 약화시킨다

⤷ 글의 요지와 반대되는 내용이므로 흐름상 자연스럽지 못함

> ⑤ 이 모든 것은 팀의 구성원들을 도와준다

⤷ 글의 흐름상 자연스러운 결론에 해당함

정답확인 사람들이 빈번하게 시간을 함께 보낼 때 관계가 강화된다는 것이 문맥상 자연스러우므로 ④ weaken(약화시키다)을 strengthen(강화시키다)으로 고쳐 써야 한다.

Words & Phrases

☐ **connection** 관계, 연결
☐ **coordination** 협력, 조화, 조정
☐ **regular** 정기적인
☐ **maintain** 유지하다
☐ **reinforce** 강화하다
☐ **generate** 만들어 내다, 발생시키다
☐ **identify** 밝히다, 확인하다

☐ **trust** 신뢰하다, 믿다
☐ **frequently** 빈번하게
☐ **stand-up meeting** 스탠딩 미팅(서서 하는 회의)
☐ **bond** 결속, 유대
☐ **mindset** 사고방식
☐ **weaken** 약화시키다

PRACTICE

01

🖥 7200-108 🎧 7200-7108

다음 글의 밑줄 친 부분 중, 문맥상 낱말의 쓰임이 적절하지 <u>않은</u> 것은?

Team sports offer a particularly compelling form of drama. The outcome of a game, unlike that of a scripted drama, is ①<u>unknown</u>. Few people watch the same play or motion picture repeatedly because after they have seen it once they know the ending. The tension is
5 ②<u>gone</u>. But tension fills each and every game of baseball, football, and basketball. Moreover, in organized sports the tension carries beyond each individual game and tends to ③<u>decrease</u> over time. Each game is part of a designated sequence—a season—the goal of which is to produce a champion. Both individual games and the season as a whole ④<u>attract</u>
10 interest and attention. Spectators follow the first to find out which of the two contesting teams will win, and the second to learn which one will emerge as the ultimate champion. Suspense ⑤<u>mounts</u> because, as the end of the season approaches, games tend to become more important to the determination of the champion.

▶ **once**

1. 한 번
She goes out <u>once</u> a week by herself.
(그녀는 일주일에 한 번 혼자서 외출한다.)

2. 일단 ~하면
<u>Once</u> you meet the girl, you'll like her.
(일단 그 소녀를 만나 보면, 그녀를 좋아할 것이다.)

Words & Phrases

- compelling 흥미진진한, 흥미를 돋우는
- motion picture 영화
- tension 긴장(감)
- sequence 순서
- contest 경쟁을 벌이다
- suspense 긴장감
- determination 결정
- outcome 결과
- repeatedly 반복적으로
- organized 조직적인
- as a whole 전체로서
- emerge as ~로 등장하다
- mount 증가하다, 올라가다
- scripted 대본이 있는
- ending 결말
- designated 지정된
- spectator 관중, 관객
- ultimate 최종적인
- approach 다가오다

02

🖥 7200-109 🎧 7200-7109

다음 글의 밑줄 친 부분 중, 문맥상 낱말의 쓰임이 적절하지 <u>않은</u> 것은?

    ▶Benjamin Franklin began and ended each day with a question: "What good shall I do this day?" in the morning, and "What good have I done this day?" in the evening. In fact, many great thinkers ①embraced the idea of constantly questioning things. As Albert Einstein reportedly said,
5 "Learn from yesterday, live for today, hope for tomorrow. The important thing is not to ②stop questioning." Of course, getting into the habit of self-reflection is easier said than done, as we often prefer to ③enjoy asking ourselves the tough questions. As philosopher and psychologist John Dewey explained in his 1910 book, *How We Think*, reflective
10 thinking involves ④overcoming our predisposition to accept things at face value and the willingness to endure mental unrest. Enduring this discomfort is well worth the effort, as it can result in the confidence ⑤boost necessary to perform better in our work and daily lives.

▶ **good의 명사적 의미**

1. 선(善), 장점
the difference between <u>good</u> and evil
(선과 악의 차이)
Develop the habit of seeing the <u>good</u> in people.
(사람들의 장점을 보는 습관을 길러라.)

2. the good 착한(좋은) 사람들
a gathering of the great and <u>the good</u>
(위대한 사람들과 착한 사람들의 모임)

3. 도움, 소용
for the <u>good</u> of mankind
(인류를 위해)
What <u>good</u> will that do?
(그런 일을 해서 무슨 소용이 있겠는가?)

◤ **W**ords & **P**hrases

☐ embrace 받아들이다, 포용하다
☐ self-reflection 자기 성찰
☐ overcome 극복하다
☐ unrest 불안

☐ constantly 끊임없이
☐ reflective 숙고하는
☐ predisposition 성향, 기질
☐ discomfort 불안, 불편

☐ reportedly 전해지는 바에 의하면
☐ involve 포함하다
☐ at face value 액면대로

03

🖥 7200-110 🎧 7200-7110

다음 글의 밑줄 친 부분 중, 문맥상 낱말의 쓰임이 적절하지 <u>않은</u> 것은?

Telling schoolchildren that they are smart ①<u>impairs</u> their future performance, whereas telling them that they work hard or not praising them at all leads them to work harder in the future. Therefore, attempting to convince people to be ②<u>impressed</u> with themselves can actually make
5 people do worse, which isn't all that surprising really. Convincing people to rely mostly on their self-esteem is really telling them that they can't ▸count on other people, and that is a mighty ③<u>unhappy</u> thought indeed. Worse still, some probably hear the message that they should think and act like they are better and more important than other people, or even that
10 ④<u>special</u> rules don't apply to them. Real "self-esteem" ⑤<u>derives</u> from the esteem of others. Why shout out your victories if no one hears you?

▸ **count on**
~를 믿다, ~을 확신하다
I'm <u>counting on</u> you to help me.
(네가 날 도와주리라고 믿고 있어.)
We can't <u>count on</u> this warm weather lasting.
(우리는 이렇게 따스한 날씨가 지속되리라고 확신할 수는 없다.)

Words & Phrases

☐ **impair** 손상시키다
☐ **rely on** ~에 의존하다
☐ **apply to** ~에 적용되다

☐ **attempt** 시도하다
☐ **self-esteem** 자존감
☐ **derive from** ~에서 유래하다

☐ **convince** 설득하다, 납득시키다
☐ **mighty** 대단히; 강력한

04

7200-111 7200-7111

다음 글의 밑줄 친 부분 중, 문맥상 낱말의 쓰임이 적절하지 <u>않은</u> 것은?

Help your teen verbally ① <u>label</u> emotions. This isn't as easy as it sounds because hurting teens often feel multiple emotions at the same time. Develop a rich, accurate vocabulary for emotions, and ② <u>allow</u> your teen to "name" what he is feeling. Various studies have shown that verbally
5 naming an emotion has a quieting effect on the nervous system, which can in turn help teens ③ <u>recover</u> faster from emotional stress. This has to do with the brain's structure and how emotions are processed. By verbalizing an emotion, the language area in the left side of the brain is engaged, which also ④ <u>impacts</u> logic and other higher-level types
10 of thinking. ⑤ <u>Breaking</u> the connections between the logic areas and emotional processing areas of the brain may help your teen think about his emotion in a different way, thus leading to a calming effect.

▶ at the same time
동시에
You can communicate with many people <u>at the same time</u>.
(여러 사람들과 동시에 연락을 할 수 있습니다.)

▶ lead to
~로 이어지다
This would only <u>lead to</u> a waste of taxpayers' money.
(이것은 납세자들의 돈을 낭비하는 일로 이어질 뿐이다.)

Words & Phrases

□ verbally 말로
□ accurate 정확한
□ nervous system 신경계
□ process 처리하다
□ logic 논리

□ hurt 감정이 상하다
□ vocabulary 어휘
□ in turn 결과적으로, 결국
□ engage 관여시키다, 종사시키다
□ calming effect 진정 효과

□ multiple 여러, 다수의
□ quiet 진정시키다, 가라앉히다
□ recover 회복하다
□ impact 영향을 주다

1 도입부에서 글의 소재와 주제를 파악한다.

- 글의 소재와 주제를 파악하여 이와 일관성 있는 내용의 문장이 되도록 어휘를 선택한다.
- 문장을 이어주는 연결사를 고려하여 논리적 흐름을 자연스럽게 하는 어휘를 고른다.

2 네모 앞뒤의 내용에서 답의 근거가 되는 부분을 찾는다.

- (A), (B), (C)의 전후 문맥에서 각 네모에 들어갈 적절한 낱말에 대한 단서를 찾는다.
- 적절한 어휘를 선택한 후에 글의 흐름이 자연스러운지 재확인한다.

EXAMPLE

2016학년도 고1 3월 학평 29번

🖵 7200-112　🎧 7200-7112

KEY CLUE

- (A), (B), (C)의 각 네모 안에서 문맥에 맞는 낱말로 가장 적절한 것은?

    In most people, emotions are situational. ❶Something in the here and now makes you mad. The emotion itself is (A) tied / unrelated to the situation in which it originates. As long as you remain in that emotional situation, you're likely to stay angry. If you
5 *leave* the situation, ❷the opposite is true. The emotion begins to (B) disappear / appear as soon as you move away from the situation. Moving away from the situation prevents it from taking hold of you. Counselors often advise clients to get some emotional distance from whatever is (C) bothering / pleasing them. One easy way to do that is
10 to *geographically* separate yourself from ❸the source of your anger.

	(A)		(B)		(C)
①	tied	·····	disappear	·····	bothering
②	tied	·····	disappear	·····	pleasing
③	tied	·····	appear	·····	bothering
④	unrelated	·····	disappear	·····	pleasing
⑤	unrelated	·····	appear	·····	pleasing

❶ '현재 상황의 무언가가 화나게 만든다'라는 것에서 (A)의 단서를 찾는다.

❷ the opposite이 앞 문장의 you're likely to stay angry 와 반대되는 상황을 의미한다는 것에서 (B)의 단서를 찾는다.

❸ the source of your anger와 whatever is (C) bothering / pleasing them이 의미상 대구를 이룬다는 점에 착안하여 (C)의 단서를 찾는다.

오답주의

(A) tied 연결된 / unrelated 관련이 없는
(B) disappear 사라지다 / appear 나타나다
(C) bother 괴롭히다 / please 기쁘게 하다

EXAMPLE ANALYSIS

1 　도입부에서 글의 소재와 주제를 파악한다.

> 대부분의 사람에게 있어 감정은 상황적이다. 즉 현 시점의 뭔가가 사람들을 화나게 한다는
> '감정과 상황의 연관성'에 대한 글이다.

2 　네모 앞뒤의 내용에서 답의 근거가 되는 부분을 찾는다.

> (A) 앞에서 감정이 상황적이라고 했으므로 감정은 그것이 일어나는 상황과 관련되어 있음을
> 　　추론할 수 있다.
> 　⋯▸ 따라서 '연결된' 이라는 뜻의 tied가 적절하다.

> (B) 감정의 상황 속에 남아있는 한 화가 난 상태에 머물기 쉽지만 그 상황을 벗어나면 정반대가
> 　　사실이 된다고 했다.
> 　⋯▸ 따라서 '사라지다'라는 뜻의 disappear가 적절하다.

> (C) 감정을 일으키는 상황에서 벗어나게 되면 그 상황이 사람들을 제어하지 못한다고
> 　　했으므로 상담전문가는 (상담) 의뢰인에게 화의 근원인 상황과 감정적 거리를 두라고
> 　　충고할 것이다.
> 　⋯▸ 따라서 '괴롭히는'이라는 뜻의 bothering이 적절하다.

정답확인 　따라서 (A), (B), (C)의 각 네모 안에서 문맥에 맞는 낱말로 가장 적절한 것은 각각 tied, disappear,
bothering이다.

Words & Phrases

☐ situational 상황적인, 상황의
☐ as long as ~하는 동안, ~하기만 하면
☐ take hold of ~을 제어하다(붙잡다)
☐ geographically 지리적으로

☐ the here and now 현 시점, 현재
☐ opposite 정반대; 정반대의
☐ counselor 상담전문가
☐ separate 떼어 놓다, 분리하다

☐ originate 일어나다, 생기다
☐ move away from ~에서 벗어나다
☐ client 의뢰인, 고객

PRACTICE

01

7200-113　7200-7113

(A), (B), (C)의 각 네모 안에서 문맥에 맞는 낱말로 가장 적절한 것은?

　　Democracy in ancient Athens was more (A) extensive / limited than today's version in that individual involvement occurred as citizens took turns holding various offices. There were no elected officials in ancient Athens. Instead, governmental positions, such as those of the councilors,
5　were filled by random drawings in which names were picked from a box. The selected persons served for about a year, and no person could serve twice in their lifetime. Where the knowledge of professionals was (B) needed / rejected , there would be permanent positions, but most governmental positions were temporary. Many Athenians felt
10　that the benefits of more experienced politicians and officials would be spoiled by a growth in corruption. Today we sometimes find that (C) long-term / short-term positions for career politicians lead to aspirations of power and selfish actions.

▶ **take turns** *doing*
번갈아 가며 ~하다
They took turns making breakfast on Sundays.
(그들은 일요일마다 번갈아 가며 아침 식사를 준비했다.)

	(A)	(B)	(C)
①	extensive	needed	long-term
②	extensive	rejected	long-term
③	extensive	needed	short-term
④	limited	needed	short-term
⑤	limited	rejected	short-term

Words & Phrases

- democracy 민주주의
- occur 발생하다
- various 다양한
- governmental 정부의
- random drawing 무작위 추첨
- benefit 이점
- corruption 부패
- selfish 이기적인
- ancient 고대의
- citizen 시민
- elected 선출된
- position 직위, 지위, 자리
- permanent 영구적인
- experienced 경험 많은
- lead to ~로 이어지다, ~을 초래하다
- involvement 참여, 관여
- hold an office 관직을 맡다
- official 관리
- councilor (시의회 등의) 의원
- temporary 일시적인
- spoil 망치다
- aspiration 열망

02

(A), (B), (C)의 각 네모 안에서 문맥에 맞는 낱말로 가장 적절한 것은?

If you're tempted to eat food you've dropped on the floor, you may want to think again: A new study (A) | proved / disproved | the "5-second rule," or the idea that food is safe to eat off the floor if you pick it up fast enough. The study found that bacteria from a surface can move to
5 food very quickly, in less than a second in some cases. In the study, the researchers (B) | contaminated / dominated | four different surfaces— stainless steel, ceramic tile, wood and carpet—with bacteria. Then, they dropped four food types on the surfaces: watermelon, bread, bread and butter, and gummy candy. Results showed that, in general, the
10 longer the food was allowed to sit on the surface, the more bacteria was (C) | resistant / transferred | to the food. But some bacterial infection happened in less than a second. Watermelon picked up the most bacteria, while gummy candies picked up the least.

(A)	(B)	(C)
① proved	contaminated	resistant
② proved	dominated	resistant
③ proved	contaminated	transferred
④ disproved	dominated	resistant
⑤ disproved	contaminated	transferred

▶ **be tempted to *do***
~하고 싶어지다
Have you ever been tempted to cheat on an exam?
(시험 볼 때 컨닝을 하고 싶은 적이 있었니?)

▶ **5-second rule**
5초 법칙
바닥에 떨어진 음식이나 식기류를 5초 이내에 집어 올려 먹거나 사용하면 박테리아 감염이 크게 되지 않는다는 민간 속설

◤ **W**ords & **P**hrases

□ **eat off the floor** 바닥에 떨어진 음식을 집어 먹다
□ **gummy** 쫀득쫀득한, 끈끈한
□ **ceramic** 도기
□ **infection** 감염

03

💻 7200-115 🎧 7200-7115

(A), (B), (C)의 각 네모 안에서 문맥에 맞는 낱말로 가장 적절한 것은?

An often-repeated statistic says that four out of five small businesses will fail within five years. This 80 percent is a frightening prospect for anyone thinking about (A) ending / starting a business. But a study by Bruce A. Kirchhoff of the New Jersey Institute of Technology
5 found the failure rate for small businesses to be only 18 percent during their first eight years. Why the huge gap? It turns out that studies by the U.S. government and others defined business failures much too (B) broadly / narrowly . Any closing of a business, even if it occurred because someone died, sold the business, or retired, was recorded as a
10 business failure. In fact, only 18 percent of the 814,000 small businesses tracked by Kirchhoff for eight years went out of business with unpaid bills. This should be a (C) burden / comfort to would-be entrepreneurs.

▶ **turn out**

~인 것으로 드러나다(밝혀지다)
It turned out that he was a friend of my younger brother.
(그는 내 남동생의 친구인 것으로 드러났다.)
The question turned out to be more difficult than he had thought.
(그 문제는 그가 생각했던 것보다 더 어려운 것으로 밝혀졌다.)

	(A)		(B)		(C)
①	ending	······	broadly	······	burden
②	ending	······	narrowly	······	comfort
③	starting	······	narrowly	······	burden
④	starting	······	narrowly	······	comfort
⑤	starting	······	broadly	······	comfort

Words & Phrases

- ☐ statistic 통계치
- ☐ rate 비율; 평가하다
- ☐ closing 닫음, 폐쇄
- ☐ would-be (장차) ~을 지망하는
- ☐ frightening 놀라운, 무서운
- ☐ huge 막대한
- ☐ track 추적하다
- ☐ entrepreneur 기업가
- ☐ institute 협회, 기관
- ☐ define 정의하다
- ☐ bill 청구서

04

🖥 7200-116 🎧 7200-7116

(A), (B), (C)의 각 네모 안에서 문맥에 맞는 낱말로 가장 적절한 것은?

Visualization techniques will help you display pleasure, interest and other emotions in your everyday interactions. If your Impression Management Plan calls for you to smile at a meeting that you dread, think in advance of several (A) awkward / happy moments in your
5 life to replay mentally during the meeting. If the occasion calls for full attention, when you find yourself bored silly by someone's presentation, (B) create / hide an interest in him by focusing on the subtle changes in the intonation of his voice as he speaks, or think about the words he chooses to express his ideas. Let your rational brain ▸outwit your
10 emotional brain by injecting images (C) consistent / inconsistent with the emotions you want to project. Remember, the emotional brain doesn't distinguish between realistic visualization and reality!

▸ 접두어 **out-** (~보다 더)

· **outwit**: ~보다 더 영리하다,
~보다 한 수 앞서다
Somehow he always manages to <u>outwit</u> his opponents.
(그는 어떻게든 경쟁 상대들보다 항상 한 수 앞선다.)

· **outlive**: ~보다 더 오래 살다
He <u>outlived</u> his brothers.
(그는 자기 형제들보다 오래 살았다.)

· **outweigh**: ~보다 더 비중이 크다
The advantages far <u>outweigh</u> the disadvantages.
(이점들이 불리한 점들보다 훨씬 더 크다.)

	(A)		(B)		(C)
①	awkward	······	create	······	consistent
②	awkward	······	hide	······	inconsistent
③	happy	······	create	······	consistent
④	happy	······	hide	······	inconsistent
⑤	happy	······	create	······	inconsistent

◢ **Words & Phrases**

☐ **visualization** 심상 떠올리기 ☐ **technique** 기술 ☐ **display** 보여 주다
☐ **interaction** 접촉, 대화 ☐ **impression** 인상 ☐ **management** 관리
☐ **dread** 두려워하다 ☐ **in advance** 미리 ☐ **replay** 되새기다, 재생하다
☐ **bored silly** 아주 지루한 ☐ **subtle** 미묘한 ☐ **intonation** 억양
☐ **rational** 이성적인 ☐ **inject** 주입하다 ☐ **project** (좋은 인상을 주도록) 보여 주다
☐ **distinguish** 구별하다

01 다음 글의 밑줄 친 부분 중, 어법상 틀린 것은?

🖥 7200-117
🎧 7200-7117

　　How much of your food should be cooked? Proponents of the newly popular raw food diets claim that cooking ruins vitamins and enzymes, ①make food difficult to digest and therefore contributing to disease. But all traditional peoples cooked some or most of their food. Even in the tropics, ②where people did not have to build 5 fires to keep warm, they built fires every day to cook. In addition to cooking grains, they usually cooked their vegetables, the very foods some recommend that people eat ③raw. Why cook? Cooking helps ④neutralize many naturally occurring anti-nutrients and irritants in food, also breaking down indigestible fiber. Many foods, such as beans and potatoes, are indigestible until cooked. While cooking—especially 10 at very high temperatures—⑤does destroy some nutrients, it makes minerals more available.

* proponent 지지자　　** enzyme 효소

02 (A), (B), (C)의 각 네모 안에서 어법에 맞는 표현으로 가장 적절한 것은?

🖥 7200-118
🎧 7200-7118

　　Long-term climate variations on Earth—ice ages are but one example—(A) is / are thought to be influenced by such factors as small wobbles in Earth's orbit, and the inclination of its axis, as well as cycles of radiation coming from the Sun. These variations occur in cycles of 10,000 years or even hundreds of thousands 5 of years. An ice core drilled at Lake Vostok in Antarctica reveals (B) that / what for most of the last 250,000 years, Earth has been considerably colder than it is today. In fact, the relatively warm weather experienced on Earth for the last 10,000 years looks like an unusual period when (C) comparing / compared with the previous 200,000 years. Ten thousand years is a short period in geologic terms, but it covers just about 10 the entire span of modern human civilization.

* wobble 흔들림, 동요

	(A)	(B)	(C)		(A)	(B)	(C)
①	is	…… that	…… comparing	②	are	…… that	…… compared
③	is	…… what	…… comparing	④	are	…… that	…… comparing
⑤	are	…… what	…… compared				

03

7200-119
7200-7119

다음 글의 밑줄 친 부분 중, 문맥상 낱말의 쓰임이 적절하지 <u>않은</u> 것은?

Words can be clues to inner experience, revealing hidden thoughts, feelings, or wants. We can, therefore, use words in much the same way as we use ①<u>nonverbal</u> messages, such as voice tone, rate and volume of speech, facial expressions, and body positions or movements, to help understand athletes. Words, however, not only express experience, but they also ②<u>contribute</u> to it, operating as a feedback loop. An example would be athletes who call themselves "losers." They not only reveal their dissatisfaction and unhappiness, they also ③<u>reinforce</u> their sense of impotence and undermine their self-confidence. Words that are not spoken can be as ④<u>meaningless</u> as those that are. A useful clue to something that is avoided is the unanswered question. Not answering a question may indicate an ⑤<u>underlying</u> fear, guilt, embarrassment, shame, or other unpleasant feeling or thought.

04

7200-120
7200-7120

(A), (B), (C)의 각 네모 안에서 문맥에 맞는 낱말로 가장 적절한 것은?

Today, studies increasingly show that many non-human beings feel. Elephants appear to feel grief, while dolphins and whales express joy, or something much like it. Parrots can become unhappy, pigs and cows terrified, chickens saddened, monkeys seemingly embarrassed. Experiments have shown that rats become agitated when seeing surgery performed on other rats; when presented with a trapped lab-mate and a piece of chocolate, they will (A) | free / ignore | their caged brethren before eating. There's even evidence that rats take pleasure in being tickled. None of this will come as a (B) | reality / surprise | to pet owners or anyone who has observed virtually any kind of animal for any length of time. Science is rediscovering what Charles Darwin, in his book *The Expression of the Emotions in Man and Animals*, concluded: that the variations between humans and other species in their capacity to feel and express emotion are differences in (C) | degree / perception | rather than in kind.

(A)	(B)	(C)	(A)	(B)	(C)
① free	reality	degree	② free	surprise	degree
③ free	reality	perception	④ ignore	surprise	perception
⑤ ignore	reality	degree			

READING POWER

CHAPTER

06

통합적 이해

빠르게 읽고
핵심만 확인하라!

EBS READING POWER 유형편 기본

1 글의 소재와 내용을 파악한다.
- 각 문단의 내용을 이해하고 글의 대의를 추론한다.
- 대의를 적절하게 표현한 제목과 주제를 고른다.

2 글의 흐름을 보고 빈칸에 들어갈 말을 찾는다.
- 빈칸 전후의 맥락을 보고 빈칸에 필요한 표현의 단서를 찾는다.

EXAMPLE 01~02
2016학년도 고1 3월 학평 41~42번

■ 다음 글을 읽고, 물음에 답하시오.

❶Food is one of the most important tools you can use as a manager. Having a full stomach makes people feel satisfied and happier. ❷Eating together gives employees time to make connections with each other. Providing an occasional snack or paying for a lunch now and then can
5 help your employees feel appreciated and make the office feel more welcoming. These do not need to be elaborate setups. If you have a small budget, you're not going to want to buy lunch at a restaurant for your entire group. Bringing in some cookies once in a while is enough; you can also encourage employees to bring in food themselves.
10   ❸The key to using food effectively is for it not to become a _____ event. If everyone knows you bring donuts to the Friday morning meeting, it becomes an expectation and not a surprise. To create goodwill, the food must appear to be unexpected. It is also a good idea to praise employees who bring food in without being asked;
15 this creates an atmosphere of sharing.

* elaborate 공들인

KEY CLUE

❶ 음식이 관리자에게 중요한 도구가 될 수 있다는 말로 시작한다.

❷ 음식을 통해 직원과의 관계가 나아질 수 있다는 취지의 내용이 이어진다.

❸ 음식을 가져오는 것이 늘 있는 예상 가능한 일이 아니라 놀라움이 될 때 효과적이라고 했으므로 빈칸에 들어갈 말을 추론해 본다.

🖥 7200-121 🎧 7200-7121

01 윗글의 제목으로 가장 적절한 것은?

① Offer Food for Better Relationships
② Eat Out But Consider Your Budget
③ Eat More Lunch But Less Dinner
④ Take a Break Not to Be Tired
⑤ Don't Eat During Work Hours

🖥 7200-122 🎧 7200-7121

02 윗글의 빈칸에 들어갈 말로 가장 적절한 것은?

① surprising
② humorous
③ comfortable
④ random
⑤ planned

EXAMPLE ANALYSIS

 1 글의 소재와 내용을 파악한다.

> • **첫 문장**: 음식이 관리자에게 중요한 도구가 될 수 있다고 했고, 이어지는 첫 단락의 내용은 함께 음식을 먹는 것으로 서로 관계를 맺을 수 있고 간식을 제공하거나 식사를 대접하는 것을 통해 인정받는다는 기분을 느끼게 한다는 내용
> • **두 번째 문단**: 음식을 가져오는 것이 늘 있는 예상 가능한 일이 아니라 놀라움이 되게 하는 것이 효과적이며, 음식을 가져온 직원을 칭찬해서 나눔의 분위기를 만들라는 내용
>
> ┈➔ **소재**: 음식으로 직장 분위기를 좋게 만들기

2 대의를 적절하게 표현한 제목을 고른다.

> • 간식을 가져오거나 점심을 사는 것과 같이 음식을 이용하여 직원과의 관계를 좋게 만들 수 있다는 내용이므로 글의 제목으로는 ① '더 나은 관계를 위해 음식을 제공하라'가 가장 적절하다.
>
> ② 외식을 하되 예산을 고려하라
> ③ 점심을 더 많이 먹되 저녁을 더 적게 먹으라
> ④ 지치지 않게 휴식을 취하라
> ⑤ 근무 시간에 음식을 먹지 말라

3 글의 흐름을 보고 빈칸에 들어갈 말을 찾는다.

> • 음식을 제공하는 것이 늘 있는 예상된 일이 아니라 뜻밖의 일이 되게 해야 한다는 내용이므로 빈칸에는 ⑤ '계획된'이 가장 적절하다.
> ① 놀라게 하는 ② 웃기는 ③ 편안한 ④ 무작위의

정답확인 글의 대의를 나타내는 제목으로는 ① Offer Food for Better Relationships가 가장 적절하고, 빈칸에는 ⑤ planned가 들어가서 '계획된' 행사가 되지 않게 하라는 말이 되어야 한다.

Words & Phrases

☐ occasional 가끔의
☐ setup 계획, 상황
☐ expectation 예상한 일

☐ now and then 때때로
☐ budget 예산
☐ goodwill 호감

☐ elaborate 공들인
☐ once in a while 이따금씩
☐ atmosphere 분위기

[01~02]

다음 글을 읽고, 물음에 답하시오.

In a recent study, Stanford University psychologists Manly Oppezzo and Daniel Schwartz divided participants into two groups: walkers and sitters. They then administered something called Guilford's Alternative Uses Test, in which participants come up with alternative uses for everyday objects. It's designed to measure "divergent thinking," an important component of creativity. Divergent thinking is when we come up with multiple, unexpected solutions to problems. Divergent thinking is spontaneous and free-flowing. Convergent thinking, _____, is more linear and entails a narrowing, rather than an expanding, of your options. Convergent thinkers are trying to find the one correct answer to a question. Divergent thinkers reframe the question.

The results, published in the *Journal of Experimental Psychology*, confirm that the ancient Greeks were onto something. Creativity levels were "consistently and significantly" higher for the walkers versus the sitters. Curiously, it didn't matter whether participants walked outdoors in the fresh air or indoors on a treadmill staring at a blank wall. They still produced twice as many creative responses compared with the sedentary group. It didn't take a lot of walking to boost creativity, either—anywhere from five to sixteen minutes.

▶ **Guilford's Alternative Uses Test**
미국의 심리학자 **Joy Paul Guilford**(1897~1987)가 1967년에 고안한 대체 사용 테스트는 창의성을 측정하기 위한 테스트로, 검사를 받는 사람에게 가정에서 일반적으로 쓰는 물품(예를 들어, 벽돌, 신문, 종이 집게 등)을 어떻게 다르게 쓸 수 있는가를 말해 보라고 한 다음 그들의 창의성을 측정하는 방법이다. 창의성을 나타내는 점수는 독창성, 유창성, 유연성, 그리고 정교함의 관점에서 매겨진다.

01

🖥 7200-123 🎧 7200-7122

윗글의 주제로 가장 적절한 것은?

① the creativity of ancient Greeks
② the potential risks of sitting too much
③ the difficulties of measuring creativity
④ the link between walking and creativity
⑤ the importance of appropriate walking speeds

02

🖥 7200-124 🎧 7200-7122

윗글의 빈칸에 들어갈 말로 가장 적절한 것은?

① otherwise
② in addition
③ by contrast
④ for example
⑤ consequently

Words & Phrases

□ participant (실험) 참가자
□ come up with ~을 생각해 내다
□ multiple 많은, 다양한
□ entail 수반하다
□ reframe 재구성하다
□ significantly 상당하게
□ treadmill 러닝머신

□ administer 실시하다
□ divergent thinking 발산적 사고
□ spontaneous 즉흥적인, 자발적인
□ narrowing 축소
□ confirm 확증하다
□ versus ~에 비해서
□ sedentary 주로 앉아서 지내는

□ alternative use 대체 사용
□ component 구성 요소
□ convergent thinking 수렴적 사고
□ expanding 확장
□ be onto ~을 알고 있다
□ matter 중요하다
□ boost 신장시키다

[03~04]

다음 글을 읽고, 물음에 답하시오.

5

10

15

No matter how experienced, no matter how proficient, a trapeze artist will not attempt a totally new death-defying leap without first trying it with a net below him. And depending on how death-defying the trick is, he may insist on always having a net when performing the trick. Besides its obvious advantage of catching you if you fall, the net also provides a psychological benefit. Knowing it is there gives the trapeze artist the confidence to try something he's never done before, or to do it again and again. Remove the net and he will only do the safe tricks, the ones he knows he can land. The more he trusts the quality of the net, the more he will take personal risks to make his act better. The trust the circus management gives him by providing him a net is probably afforded to other performers too. Soon all the performers will feel confident to try new things and push themselves further. That collection of personal confidence and personal risk results in the entire circus putting on a much better show. An overall better show means more customers. And the system thrives. But not without trust. For those within a community, or an organization, they must trust that their leaders provide a net—practical or emotional. With that feeling of _____, those in the organization are more likely to put in extra effort that ultimately benefits the group as a whole.

* trapeze artist 공중 곡예사

▶ **depending on** ～에 따라
This restaurant changes its menu depending on the season.
(이 식당은 계절에 따라 자체 메뉴를 바꾼다.)

▶ **put on** 무대에 올리다(공연하다)
The local drama club will put on *Romeo and Juliet*.
(지역 극단에서 '로미오와 줄리엣'을 무대에 올릴 것이다.)

03

7200-125　7200-7123

윗글의 제목으로 가장 적절한 것은?

① Circus Tricks: The Product of Efforts
② How Do We Interact with Each Other?
③ Success: What We Can Get beyond the Challenge
④ What Do We Want to Get in Life in the Long Run?
⑤ What Encourages People to Take Risks for Their Community?

04

7200-126　7200-7123

윗글의 빈칸에 들어갈 말로 가장 적절한 것은?

① support
② freedom
③ excitement
④ recognition
⑤ acceptance

Words & Phrases

- experienced 노련한
- death-defying 아슬아슬한
- insist 고집하다, 주장하다
- psychological 심리적인
- management 경영진
- collection 수집, 수거
- extra 추가적인

- proficient 능숙한
- leap 높이뛰기; 도약하다
- perform 공연하다, 실행하다
- benefit 이점; 이롭게 하다
- afford 제공하다
- overall 전체의
- ultimately 궁극적으로

- attempt 시도하다
- trick 기술
- obvious 분명한
- land 안전하게 착지하여 끝내다
- push oneself 자신을 채찍질하다
- community 공동체, 지역사회

1 주어진 글을 정확히 독해한 후 어떠한 내용이 전개될 것인지를 추론해 본다.

■ 각 단락을 읽고 글의 소재를 확인한 뒤 글의 후반부에 제시되는 단서를 이용해 다음에 이어질 단락을 추론해 본다.

■ 각 단락의 앞 문장과 마지막 문장에 제시되는 단서를 통해 글의 연결고리의 단서를 찾는다.

2 지칭 추론 유형을 해결하는 원칙을 이해하고 내용 불일치 문항의 구성 방식을 이해한다.

■ 대명사가 지칭하는 대상은 같은 문장의 앞부분이나 바로 앞 문장에 있기 마련이다.

■ 내용 불일치 문항에서 정답이 되는 선택지는 본문의 내용과 대개 반대로 혹은 완전히 다르게 진술된다.

EXAMPLE 01~03
2016학년도 고1 3월 학평 43~45번

■ 다음 글을 읽고, 물음에 답하시오.

(A) Families don't grow strong unless parents invest precious time in them. In *New Man*, Gary Oliver writes about a difficult decision made by professional baseball player Tim Burke concerning his family. From the time Tim can first remember, his dream was to
5 be a professional baseball player. Through years of hard work (a) ❶he achieved that goal.

(B) ❶When Tim left the stadium for the last time, ❷a reporter stopped him. And then (b)he asked why he was retiring. "Baseball is going to do just fine without me," he said to the reporter. "It's not going to miss a beat.
10 But I'm the only father my children have and I'm the only husband my wife has. And they need me a lot more than baseball does."

(C) ❶While he was a successful pitcher for the Montreal Expos, (c)he and his wife wanted to start a family but discovered that they were unable to have children. After much thought, they decided
15 to adopt four special-needs international children. This led to ❶one of the most difficult decisions of Tim's life.

(D) He discovered that his life on the road conflicted with his ability to be a quality husband and dad. Over time, it became clear that (d)he couldn't do a good job at both. After more thought, he made what
20 many considered an unbelievable decision: (e)❶❸he decided to give up professional baseball.

KEY CLUE

❶ 글의 순서 확인

주어진 글은 Tim Burke가 숙원이던 프로 야구 선수가 되는 목표를 이루었다는 내용이다.

➡ (C) 성공한 프로 야구 선수가 된 후에 아이들을 입양하고 인생에서 어려운 결정을 하게 됨

➡ (D) 프로 야구를 그만두기로 결정함

➡ (B) 마지막으로 경기장을 떠나면서 하는 기자와의 인터뷰 내용이 나옴

❷ 지칭 추론 확인

(b)가 가리키는 대상은 바로 앞 문장에 나오는 a reporter이다.

❸ 내용 불일치 확인

(D)에서 'Tim Burke가 일과 가정에서 모두 잘할 수 없다고 느끼면서 좋은 남편과 아빠가 되기 위해 프로 야구를 포기하기로 했다'는 것은 '가정을 위해 프로 야구를 계속하기로 했다'는 것과 일치하지 않는 내용이다.

EXAMPLE ANALYSIS

01 🖥7200-127 🎧7200-7124

주어진 글 (A)에 이어질 내용을 순서에 맞게 배열한 것으로 가장 적절한 것은?

① (B) - (D) - (C)　　② (C) - (B) - (D)　　③ (C) - (D) - (B)
④ (D) - (B) - (C)　　⑤ (D) - (C) - (B)

02 🖥7200-128 🎧7200-7124

밑줄 친 (a)~(e) 중에서 가리키는 대상이 나머지 넷과 <u>다른</u> 것은?

① (a)　　② (b)　　③ (c)　　④ (d)　　⑤ (e)

03 🖥7200-129 🎧7200-7124

윗글의 Tim Burke에 관한 내용과 일치하지 <u>않는</u> 것은?

① 열심히 노력하여 프로 야구 선수가 되었다.
② 마지막 경기 후에 기자로부터 질문을 받았다.
③ Montreal Expos 팀의 투수였다.
④ 네 명의 아이를 입양하기로 했다.
⑤ 가정을 위해 프로 야구를 계속하기로 했다.

1 각 단락의 첫 문장과 마지막 문장의 단서를 통해 자연스러운 글의 흐름을 정한다.

❖ (A) → (C): 주어진 글에서 Tim Burke는 프로 야구 선수가 되는 꿈을 이룬 뒤 해외로부터 장애가 있는 아이들을 입양한 후 인생에서 가장 힘든 결정을 하기에 이른다.

❖ (C) → (D): Tim Burke는 좋은 남편과 아빠가 되기 위해 프로 야구를 그만둘 필요가 있음을 알고는 야구를 그만두기로 결정한다.

❖ (D) → (B): Tim이 마지막으로 경기장을 떠날 때 한 기자가 그에게 인터뷰를 요청하고 Tim은 자신이 떠나는 이유를 설명한다.

2 각 대명사가 지칭하는 것을 앞 문장 혹은 같은 문장의 앞부분에서 찾아본다.

(b)는 앞 문장의 a reporter를 가리키지만 (a), (c), (d), (e)는 Tim Burke를 가리킨다.

3 글의 순서에 따라 이해한 내용을 바탕으로 일치하지 않는 내용을 고른다.

He discovered that his life on the road conflicted with his ability to be a quality husband and dad.와 he decided to give up professional baseball을 통해 Tim Burke는 가정을 위해 프로 야구를 그만두기로 했음을 알 수 있다.

Words & Phrases

☐ **professional** 프로의, 전문적인
☐ **miss a beat** 잠시 중단되다
☐ **special-needs** (장애인의) 특수 요구
☐ **concerning** ~에 관한
☐ **start a family** 가정을 꾸리다, 첫 아이를 보다
☐ **on the road** (장거리를) 여행(이동) 중인

PRACTICE

[01~03]

다음 글을 읽고, 물음에 답하시오.

(A)

Mark Robinson drove to a jewelry store with his wife to pick up her engagement ring, which had been repaired. The store was in a fairly tough area of Los Angeles. It was hard to find a parking space relatively close to the store. Mark saw someone walking toward a parked car. So Mark pulled ahead of the car, patiently waiting for the parked car to leave.

(B)

5 Calmly, Mark got out of the car and walked over to the two tough guys. (a)He went to the driver's side window, smiled, and waved. "Hi!" he said. After a few seconds, the driver rolled down the window. "Yeah?" he said. Mark spoke to him like they were acquaintances. Mark said, "You probably didn't see me patiently waiting for the space. But I've been here for a long time. Would you allow me to have the space?" (b)He gestured to his wife. "I was hoping
10 not to look bad in front of my wife," he said. "It's up to you. But I appreciate anything you might do."

(C)

After what seemed like an eternity, the parked car left, pulling around Mark waiting to back in. As (c)he started to back in, another car came up from behind and pulled into the space. Inside were two tough-looking guys. Mark decided to negotiate the situation. His wife was
15 horrified. "My wife wanted me to drop the matter," Mark said. "I, on the other hand, focused on the other driver. Maybe he didn't see me. Maybe this was negotiable."

(D)

The two guys looked at each other and then at this guy. Clearly, (d)he wasn't a threat. He accused them of nothing. Moreover, he gave them a chance to be generous. "Okay man, we're cool with that," one said. Mark shook the driver's hand. The driver then started (e)his car
20 and pulled away. Surprised? Well, Mark had given them a big emotional payment. One that the guys could tell their friends about—how they helped some guy not look bad in front of his wife.

01

🖥 7200-130 🎧 7200-7125

주어진 글 (A)에 이어질 내용을 순서에 맞게 배열한 것으로 가장 적절한 것은?

① (B) – (D) – (C)　　　② (C) – (B) – (D)　　　③ (C) – (D) – (B)
④ (D) – (B) – (C)　　　⑤ (D) – (C) – (B)

▶ accuse *A* of *B*

When you <u>accuse</u> some-one <u>of</u> doing something wrong or dishonest, you tell them that you believe that they did it.
(누군가에게 잘못된 일이나 부정직한 일을 했다고 비난한다면, 그들에게 그런 짓을 했다고 생각하고 있음을 말하는 것이다.)
She <u>accused</u> him <u>of</u> lying.
(그녀는 그가 거짓말을 하고 있다고 비난했다.)

02

🖥 7200-131 🎧 7200-7125

밑줄 친 (a)~(e) 중에서 가리키는 대상이 나머지 넷과 <u>다른</u> 것은?

① (a)　　　② (b)　　　③ (c)　　　④ (d)　　　⑤ (e)

03

🖥 7200-132 🎧 7200-7125

윗글의 Mark에 관한 내용으로 적절하지 <u>않은</u> 것은?

① 아내의 수리된 약혼반지를 찾으러 갔다.
② 주차된 차가 떠나기를 오랫동안 기다렸다.
③ 두 남자가 탄 차에 가서 화를 냈다.
④ 상대편 운전자가 자신을 보지 못했을 수도 있다고 생각했다.
⑤ 두 남자가 주차 공간을 양보하게 만들었다.

Words & **P**hrases

- ☐ jewelry store 보석상
- ☐ tough 험한
- ☐ acquaintance 아는 사이
- ☐ eternity 영원
- ☐ horrified 겁에 질린
- ☐ generous 너그러운
- ☐ engagement ring 약혼반지
- ☐ parking space 주차 공간
- ☐ be up to ~에게 달려 있다
- ☐ negotiate (곤란한 상황을) 타개하다, 협상하다
- ☐ negotiable 협상할 만한
- ☐ payment 보답, 지불
- ☐ fairly 꽤
- ☐ patiently 끈기 있게
- ☐ appreciate 고맙게 여기다
- ☐ threat 위협

정답과 해설 82쪽

[04~06]

다음 글을 읽고, 물음에 답하시오.

(A)

No more excellent or generous lady has ever graced the operatic stage than Madame Malibran. Pure in life, beautiful in character, generous in heart, she made friends of all who knew her. When she arrived in Venice on one of her continental tours, Malibran found the manager of a theater which had just been built, to be on the verge of bankruptcy. The great

5　expense of completing his building had brought him to this point.

(B)

In the course of the opera, Malibran slipped on a leaf from a bouquet thrown to her. As it happened, one of her slippers came off and dropped from the stage. The occupants of the pit at once entered on a struggle for the possession of this prized token. Malibran was much amused at their efforts and, taking off the other slipper, threw it to those in the rear of the theater. Both

10　slippers were torn in pieces and the fragments carried away by the enthusiastic Italians as tokens of the pleasant disturbance.

* pit 무대 바로 앞좌석

(C)

Hearing of Malibran's arrival, the manager visited her and begged her to sing on the opening night and save him from ruin. She agreed; but owing to his financial difficulties, she declined the sum which he offered for her services. The manager was not mistaken in the drawing

15　power of Madame Malibran. When it became known that Malibran was to sing in the opening night opera, every seat was taken.

(D)

At the close of this incident, Malibran was led forward by the happy manager. He explained the circumstances of her appearance at his theater and added that, in view of her service, he should name his theater after the generous prima donna. And today the "Teatro Malibran"

20　stands as a monument to her kindness of heart.

04

🖥 7200-133 🎧 7200-7126

주어진 글 (A)에 이어질 내용을 순서에 맞게 배열한 것으로 가장 적절한 것은?

① (B) – (D) – (C)   ② (C) – (B) – (D)   ③ (C) – (D) – (B)

④ (D) – (B) – (C)   ⑤ (D) – (C) – (B)

▶ enter upon(on)

~을 시작하다
He will enter upon his duties as soon as his health is thoroughly restored.
(건강이 완전히 회복되자마자 그는 맡은 바 일을 시작할 것이다.)

05

🖥 7200-134 🎧 7200-7126

윗글 (B)에 나타난 분위기로 가장 적절한 것은?

① boring and monotonous   ② noisy and funny
③ gloomy and hopeless   ④ mysterious and adventurous
⑤ desperate and urgent

▶ in view of

~을 고려하여
In view of the weather, the event will now be held indoors.
(날씨를 고려하여 이제 그 행사는 실내에서 열릴 것이다.)

06

🖥 7200-135 🎧 7200-7126

윗글에 관한 내용으로 적절하지 <u>않은</u> 것은?

① 신설 극장의 경영주는 파산 위기에 처해 있었다.
② Malibran은 공연 도중에 무대에서 미끄러졌다.
③ 어떤 관객이 Malibran의 슬리퍼 한 켤레를 가져갔다.
④ Malibran은 극장 경영주가 제안했던 금액을 거절했다.
⑤ 극장 경영주는 자신의 극장에 Malibran의 이름을 붙였다.

Words & Phrases

- generous 아량 있는, 관대한
- tour 순회공연
- bouquet 꽃다발
- struggle 다툼, 분투
- token 기념품
- enthusiastic 열광적인
- decline 거절하다
- prima donna (오페라의) 주역(인기) 여가수

- grace 빛내다
- bankruptcy 파산
- as it happens 공교롭게도
- possession 소유
- rear 뒤, 후부
- beg 간청하다
- drawing power 흡인력

- continental (유럽) 대륙의
- slip 미끄러지다
- occupant 앉아 있는 사람
- prized 소중한
- fragment 조각
- ruin 파산, 파멸
- circumstance 상황
- monument 기념물

정답과 해설 **83쪽**

[01~02]

다음 글을 읽고, 물음에 답하시오.

Since 1984 the city of Philadelphia has sponsored the Mural Arts Program, which has brought neighborhood residents together to plan and paint more than 2,800 architectural-scale murals on the sides of buildings. But these murals are more than art. They represent neighborhood identity, civic pride, and involvement in the community. And they help bridge racial, ethnic, and class divisions.

To illustrate how the Mural Arts Program works, we can look at the Grays Ferry neighborhood, which in the 1990s was the scene of a racial protest march caused by the beating of a black family by a group of whites. With racial tensions running high, the director of the Mural Arts Program suggested that the community create a mural with the theme of racial harmony. Even though many people, both black and white, were skeptical at first, after several community planning sessions, the doubts and suspicions were replaced by a desire to cooperate on the project. The mural, titled "Peace Wall," depicts overlapping hands of varying skin tones on a sky-blue background. The planning and execution of the mural provided an opportunity for people of different backgrounds to get to know one another better and to form a sense of community. Once "Peace Wall" was completed, residents took on other community projects such as trash collection and street repair. _____, as illustrated by the Philadelphia Mural Arts Program, large-scale art projects requiring cooperation can knit people together into the fabric of a unified community.

▶ **mural**
a painting that is painted on a wall, either inside or outside a building
(건물의 안이나 밖의 벽에 그려진 그림)
Two huge <u>murals</u> were painted by Marc Chagall on the walls of the opera house.
(오페라 극장 벽에 있는 두 개의 거대한 벽화는 Marc Chagall이 그렸다.)

01

🖥 7200-136
🎧 7200-7127

윗글의 제목으로 가장 적절한 것은?

① Against Politics in Art
② Public Art: A Hot Potato
③ Art as a Social Integrator
④ Art: A Social Status Marker
⑤ Investing in Art Is a Terrible Idea

02

🖥 7200-137
🎧 7200-7127

윗글의 빈칸에 들어갈 말로 가장 적절한 것은?

① Thus
② Otherwise
③ Conversely
④ Additionally
⑤ Nevertheless

[03~05]

다음 글을 읽고, 물음에 답하시오.

(A)

"Hi, Mom!" called Olivia as (a)she came in from school. "Hi, honey," replied Mom. "Sara called and wanted to know if you would come over and play later." "I don't have time to play with Sara today," said Olivia. "I told Margie I'd ask if I could have her come over to play. Can I?"

(B)

5 She hesitated before adding, "But she's disabled. My friends at school just wouldn't understand if they knew I played with her." She picked up an apple. "Do you know where my doll Anabella is?" Olivia wanted to change the subject. "Margie and I want to play with our dolls today. Margie can come over, can't she?" "Why do you want to play with that doll?" asked Mom. "She's broken. What will Margie say if she sees (b)you playing with a broken doll?" "I don't care what she says. Anabella is my favorite doll," declared Olivia. "Besides,
10 she's not broken so bad that I can't play with her."

(C)

"I see," said Mom. "It's all right to use something, even if it's broken. But if a person is 'broken,' you just throw her away?" Olivia blushed. "I ... I never thought about it that way before," (c)she said slowly. After a moment, she added, "I do like Sara, and I bet Margie would too. Would it be all right if I asked both Margie and Sara to come over?" Mom smiled. "I
15 think that would be a good idea."

(D)

Mom ignored Olivia's question. "You never seem to have time to play with Sara anymore," she said. "(d)She really misses playing with you. Sara doesn't have many friends." "You know how it is, Mom," pleaded Olivia. "Sara can't really do anything but play baby games. I'm too old for that kind of stuff." Mom frowned. "(e)You never minded playing with Sara before.
20 In fact, you always had a good time together." "I know," admitted Olivia.

▶ 접속사 if **1.** (가정적 조건을 나타내어) (만약) ~면
If you see him, give him this book. (그를 만나면 이 책 좀 전해 줘.)
2. ~인지 아닌지
John couldn't tell if she was laughing or crying. (John은 그녀가 웃는지 우는지 알 수가 없었다.)

03

🖥 7200-138
🎧 7200-7128

주어진 글 (A)에 이어질 내용을 순서에 맞게 배열한 것으로 가장 적절한 것은?

① (B) - (D) - (C)　　　　　　　② (C) - (B) - (D)
③ (C) - (D) - (B)　　　　　　　④ (D) - (B) - (C)
⑤ (D) - (C) - (B)

04

🖥 7200-139
🎧 7200-7128

밑줄 친 (a)~(e) 중에서 가리키는 대상이 나머지 넷과 다른 것은?

① (a)　　　　② (b)　　　　③ (c)　　　　④ (d)　　　　⑤ (e)

05

🖥 7200-140
🎧 7200-7128

윗글의 Olivia에 관한 내용과 일치하지 않는 것은?

① Margie를 집에 데려와 함께 놀고 싶어 했다.
② 엄마와의 대화 주제를 바꾸고 싶어 했다.
③ Anabella라는 부서진 인형을 가지고 있다.
④ Margie도 Sara를 좋아할 것이라고 말했다.
⑤ Sara의 노는 방식이 자신과 맞는다고 생각했다.

READING
POWER

WORD REVIEW

330

READING POWER 유형편 기본 **WORD REVIEW 330**은
본문 22강의 기출 예제와 신규 문항에 나오는 어휘 중
중요한 15개의 어휘를 선별하여
〈단어·어구 – 뜻 연결하기〉 문제풀이 형식으로 구성하였습니다.
본문에 나오는 주요 어휘를 철저히 복습함으로써
학습 효과를 최대화할 수 있습니다.

■ 다음 단어나 어구의 뜻으로 알맞은 것의 기호를 쓰세요.

UNIT 01

01	competent		a	융통성, 유연성
02	liberal		b	헌신, 전념, 약속
03	impulsive		c	편향된
04	worsen		d	조상
05	perspective		e	생략
06	biased		f	수단, 매개물
07	flexibility		g	적대적인
08	ancestor		h	현재의
09	symptom		i	보수적인
10	omission		j	견해, 관점
11	vehicle		k	충동적인
12	current		l	악화시키다
13	hostile		m	유능한
14	conservative		n	증상
15	commitment		o	진보적인

01-m 02-o 03-k 04-l 05-j 06-c 07-a 08-d
09-n 10-e 11-f 12-h 13-g 14-i 15-b

UNIT 02

01	precede		a	장애물
02	absorb		b	일부, 작은 부분
03	derive		c	가축
04	subject		d	다루기 쉬운
05	bare		e	앞서다, 선행하다
06	substantial		f	의식하는
07	stem from		g	도출하다, 이끌어 내다
08	livestock		h	흡수하다
09	manageable		i	~을 방해하다
10	obstacle		j	절차
11	fraction		k	~에서 기인하다
12	get in the way of		l	과목
13	chase		m	드러내다, 폭로하다
14	conscious		n	쫓아다니다
15	procedure		o	상당한

01-e 02-h 03-g 04-l 05-m 06-o 07-k 8-c
09-d 10-a 11-b 12-i 13-n 14-f 15-j

UNIT 03

01	necessity		a	절박한
02	donate		b	가파른
03	desperate		c	학점
04	steep		d	~에 대한
05	alter		e	파괴하다
06	slightly		f	약간
07	additional		g	~의 위치를 찾아내다
08	credit		h	대체물
09	regarding		i	기부하다
10	destroy		j	간섭하다
11	activate		k	청구서
12	locate		l	작동시키다
13	replacement		m	추가의
14	bill		n	변경하다
15	interfere		o	(생활) 필수품

01-o 02-i 03-a 04-b 05-n 06-f 07-m 08-c
09-d 10-e 11-l 12-g 13-h 14-k 15-j

UNIT 04

01	creep		a	형체가 없는
02	subtle		b	기다
03	shapeless		c	큰, 거대한
04	heal		d	떨리다
05	tremble		e	미묘한
06	enormous		f	악취
07	comfortable		g	접근하다
08	foul		h	편안한
09	approach		i	치료하다
10	odor		j	나쁜, 불결한
11	assign		k	어슬렁거리며 걷다
12	stroll		l	결코 ~하지 않은
13	release		m	배정하다, 할당하다
14	less than		n	(손을) 놓다, 풀어주다
15	leather		o	가죽

01-b 02-e 03-a 04-i 05-d 06-c 07-h 8-j
09-g 10-f 11-m 12-k 13-n 14-l 15-o

UNIT 05

01	vocalize	a	개혁가
02	clueless	b	쏟다
03	reformer	c	입으로 소리를 내다
04	insistence	d	예보하다
05	pour	e	단서가 없는
06	debt	f	자랑하면서
07	forecast	g	고집
08	appreciate	h	빚
09	applause	i	이기다
10	boastfully	j	고마워하다
11	utterly	k	겨루다
12	defeat	l	불평하다
13	contend	m	희생
14	complain	n	완전히
15	sacrifice	o	박수

01-c	02-e	03-a	04-g	05-b	06-h	07-d	08-j
09-o	10-f	11-n	12-i	13-k	14-l	15-m	

UNIT 06

01	alley	a	~에 참가하다
02	quit	b	거주하다
03	military	c	건축
04	occupy	d	골목
05	composer	e	공연하다
06	pursuit	f	군대의
07	architecture	g	그만두다
08	perform	h	단언하다, 선언하다
09	religious	i	알려지다, 드러나다
10	postpone	j	연기하다, 미루다
11	present	k	자원봉사자
12	volunteer	l	작곡가
13	emerge	m	종교적인
14	declare	n	추구
15	participate in	o	현재, 지금

01-d	02-g	03-f	04-b	05-l	06-n	07-c	08-e
09-m	10-j	11-o	12-k	13-i	14-h	15-a	

UNIT 07

01	join	a	제출
02	consent	b	~될 수 있는, ~의 여지가 있는
03	recipe	c	요리법
04	conference	d	직위, 일자리
05	submission	e	최대치, 최대한도
06	confirm	f	함께하다
07	reference	g	재료
08	commission	h	재단, 토대
09	accompany	i	동의
10	available	j	확인하다
11	position	k	회의
12	foundation	l	위원회
13	maximum	m	이용 가능한
14	subject to	n	추천서, 참조, 문의
15	ingredient	o	동행하다

01-f	02-i	03-c	04-k	05-a	06-j	07-n	08-l
09-o	10-m	11-d	12-h	13-e	14-b	15-g	

UNIT 08

01	exceed	a	부문
02	atmosphere	b	~와 연락하다
03	relative	c	비율
04	fertilizer	d	~보다 크다, 능가하다
05	household	e	감소하다
06	purpose	f	수의사
07	category	g	배출하다, 발산하다
08	previous	h	대기
09	average	i	목적
10	get in touch with	j	비료
11	proportion	k	쓰레기
12	decline	l	친척
13	veterinarian	m	가정, 세대
14	emit	n	이전의
15	garbage	o	평균의

01-d	02-h	03-l	04-j	05-m	06-i	07-a	08-n
09-o	10-b	11-c	12-e	13-f	14-g	15-k	

■ 다음 단어나 어구의 뜻으로 알맞은 것의 기호를 쓰세요.

UNIT 09

01	deserve	a	대접
02	acquire	b	정착지
03	treatment	c	거의
04	densely	d	황야
05	exclusively	e	추상적인
06	settlement	f	지시, 명령
07	distraction	g	구성하다
08	virtually	h	밀집하여
09	wilderness	i	~을 받을 만하다
10	shift	j	지속 가능한
11	abstract	k	차별
12	directive	l	변화
13	comprise	m	주의를 산만하게 하는 것
14	sustainable	n	배타적으로
15	discrimination	o	얻다, 획득하다

01-i	02-o	03-a	04-h	05-n	06-b	07-m	08-c
09-d	10-l	11-e	12-f	13-g	14-j	15-k	

UNIT 10

01	be subject to	a	불충분한
02	aggression	b	참여
03	prerequisite	c	선행 조건
04	insufficient	d	영양가 있는
05	defect	e	덜다, 완화하다
06	meditation	f	신뢰성
07	document	g	몹시 배고프다, 굶주리다
08	superior	h	결함
09	pesticide	i	공격성
10	ease	j	(식품) 첨가제
11	engagement	k	명상
12	nutritious	l	~의 지배를 받다
13	reliability	m	(문서로) 증명하다
14	starve	n	살충제
15	additive	o	뛰어난

01-l	02-i	03-c	04-a	05-h	06-k	07-m	08-o
09-n	10-e	11-b	12-d	13-f	14-g	15-j	

UNIT 11

01	affect	a	학대
02	abuse	b	관점
03	perspective	c	무덤
04	empathy	d	지적인
05	compassion	e	결과
06	tomb	f	영향을 끼치다
07	intricate	g	공감
08	inquire	h	복잡한
09	intellectual	i	주장; 주장하다
10	attribute	j	~에 기여하다
11	outcome	k	만들다, 창출하다
12	generate	l	예상하다, 기대하다
13	anticipate	m	동정, 공감
14	contribute to	n	묻다
15	claim	o	속성; ~의 탓으로 돌리다

01-f	02-a	03-b	04-g	05-m	06-c	07-h	08-n
09-d	10-o	11-e	12-k	13-l	14-j	15-i	

UNIT 12

01	interference	a	설명하다
02	complex	b	격노
03	process	c	의식
04	illustrate	d	천문학
05	prescribe	e	언어의
06	rage	f	간섭
07	motivation	g	동기
08	celebrate	h	평가하다
09	ritual	i	처리하다
10	narrative	j	모습, 양상
11	astronomy	k	복잡한
12	aspect	l	줄이다
13	verbal	m	이야기
14	evaluate	n	(의식을) 거행하다, 경축하다
15	lessen	o	규정하다

01-f	02-k	03-i	04-a	05-o	06-b	07-g	08-n
09-c	10-m	11-d	12-j	13-e	14-h	15-l	

UNIT 13

01	experiment	a	갈등
02	accurate	b	확대, 확장
03	passion	c	자금
04	perceive	d	정확한
05	conflict	e	온화한, 점잖은
06	resolve	f	엄중한
07	expansion	g	미루다
08	delay	h	빈번한
09	equipment	i	해결하다
10	fund	j	실험
11	addiction	k	인식하다, 지각하다
12	stern	l	장비
13	critic	m	비평가, 비판자
14	frequent	n	중독
15	gentle	o	열정, 격정

01-j 02-d 03-o 04-k 05-a 06-i 07-b 08-g
09-l 10-c 11-n 12-f 13-m 14-h 15-e

UNIT 14

01	exclude	a	사소한, 하찮은
02	frequency	b	가속화하다
03	obtain	c	보여 주다, 전시하다
04	insight	d	제외하다
05	insignificant	e	대체물
06	advance	f	수행하다, 쫓아가다
07	pursue	g	접근법
08	accelerate	h	통찰
09	contemporary	i	드러내다
10	display	j	얻다
11	commercial	k	상업적인
12	substitute	l	현대의
13	approach	m	빈도
14	reveal	n	도움을 받지 않는
15	unaided	o	발전, 진보

01-d 02-m 03-j 04-h 05-a 06-o 07-f 08-b
09-l 10-c 11-k 12-e 13-g 14-i 15-n

UNIT 15

01	ancient	a	소란, 소동; 뒤섞다
02	stir	b	~하려고 시도하다
03	philosopher	c	거부하다
04	definition	d	의도
05	attempt to *do*	e	~하는 경향이 있다
06	content	f	합리화하다
07	establish	g	일축하다, 떠나게 하다, 해산시키다
08	reject	h	판단하다; 판사
09	executive	i	고대의
10	judge	j	정의
11	intention	k	설립하다
12	devise	l	철학자
13	be apt to *do*	m	중역; 실행의, 집행의
14	dismiss	n	궁리하다, 고안하다
15	rationalize	o	만족하다; 만족한; 내용

01-i 02-a 03-l 04-j 05-b 06-o 07-k 08-c
09-m 10-h 11-d 12-n 13-e 14-g 15-f

UNIT 16

01	comment	a	수행하다
02	intuition	b	자신감 있는
03	urban	c	증인
04	witness	d	단락
05	skim	e	희생
06	obvious	f	대강 훑어보다
07	credible	g	무시하다
08	ignore	h	고무하다, 격려하다
09	conduct	i	신뢰할 만한
10	paragraph	j	직관
11	respond	k	분명한
12	confident	l	말하다
13	support	m	응답하다
14	inspire	n	돕다, 지지하다
15	sacrifice	o	도시의

01-l 02-j 03-o 04-c 05-f 06-k 07-i 08-g
09-a 10-d 11-m 12-b 13-n 14-h 15-e

■ 다음 단어나 어구의 뜻으로 알맞은 것의 기호를 쓰세요.

UNIT 17

01	hygiene	a	준비
02	requirement	b	참가자
03	allowance	c	황제
04	questionnaire	d	어질러진 것
05	emperor	e	관대함
06	participant	f	처형하다
07	mess	g	요건, 필수 조건
08	generosity	h	용돈
09	trial and error	i	위생
10	execute	j	동정(심), 연민
11	extinguish	k	설문지
12	preparation	l	수입
13	sympathy	m	시행착오
14	in advance	n	(불을) 끄다
15	income	o	미리

01–i	02–g	03–h	04–k	05–c	06–b	07–d	08–e
09–m	10–f	11–n	12–a	13–j	14–o	15–l	

UNIT 18

01	customer	a	열정
02	purchase	b	소비자
03	hard-earned	c	존재, 독립체
04	insight	d	구매
05	posture	e	가뭄
06	cue	f	자세
07	enthusiasm	g	용인하다
08	setting	h	조상
09	entity	i	격분한
10	community	j	마을, 공동체
11	drought	k	놀람
12	astonishment	l	상황
13	outraged	m	단서, 신호
14	ancestor	n	통찰
15	tolerate	o	힘들게 번

01–b	02–d	03–o	04–n	05–f	06–m	07–a	08–l
09–c	10–j	11–e	12–k	13–i	14–h	15–g	

UNIT 19

01	trust	a	유지하다
02	coordination	b	밝히다, 확인하다
03	regular	c	끊임없이
04	maintain	d	조직적인
05	reinforce	e	강화하다
06	bond	f	성향, 기질
07	identify	g	결정, 결심
08	sequence	h	신뢰하다, 믿다; 신뢰
09	determination	i	결속, 유대
10	embrace	j	받아들이다, 포용하다
11	constantly	k	불안
12	overcome	l	극복하다
13	predisposition	m	협력, 조화, 조정
14	unrest	n	정기적인
15	organized	o	순서

01–h	02–m	03–n	04–a	05–e	06–i	07–b	08–o
09–g	10–j	11–c	12–l	13–f	14–k	15–d	

UNIT 20

01	geographically	a	다양한
02	huge	b	일시적인
03	benefit	c	망치다
04	spoil	d	떼어 놓다, 분리하다
05	various	e	비율; 평가하다
06	occur	f	정반대; 정반대의
07	define	g	발생하다
08	impression	h	관리
09	official	i	인상
10	rate	j	막대한
11	temporary	k	구별하다
12	distinguish	l	정의하다
13	opposite	m	지리적으로
14	separate	n	이점
15	as long as	o	~하는 동안, ~하기만 한다면

01–m	02–j	03–n	04–c	05–a	06–g	07–l	08–i
09–h	10–e	11–b	12–k	13–f	14–d	15–o	

01	occasional	a	공들인
02	now and then	b	실시하다
03	elaborate	c	많은, 다양한
04	setup	d	재구성하다
05	administer	e	가끔의
06	come up with	f	능숙한
07	component	g	궁극적으로
08	multiple	h	추가적인
09	entail	i	주장하다
10	reframe	j	확증하다
11	confirm	k	수반하다
12	proficient	l	구성 요소
13	insist	m	～을 생각해 내다
14	extra	n	계획, 상황
15	ultimately	o	때때로

01-e	02-o	03-a	04-n	05-b	06-m	07-l	08-c
09-k	10-d	11-j	12-f	13-i	14-h	15-g	

01	professional	a	꽤
02	concerning	b	영원
03	fairly	c	소중한
04	tough	d	아는 사이
05	acquaintance	e	다툼, 분투
06	rear	f	너그러운
07	eternity	g	열광적인
08	negotiable	h	거절하다
09	generous	i	프로의, 전문적인
10	bankruptcy	j	협상할 만한
11	struggle	k	파산
12	prized	l	기념물
13	enthusiastic	m	～에 관한
14	decline	n	뒤, 후부
15	monument	o	험한

01-i	02-m	03-a	04-o	05-d	06-n	07-b	08-j
09-f	10-k	11-e	12-c	13-g	14-h	15-l	

CHAPTER 01 대의 파악

UNIT 01 주제·제목

| EXAMPLE | ③ | 본문 8쪽 |

| PRACTICE | | | 본문 10~13쪽 |

01 ④ **02** ⑤ **03** ③ **04** ②

UNIT 02 요지·주장

| EXAMPLE | ③ | 본문 14쪽 |

| PRACTICE | | | 본문 16~19쪽 |

01 ⑤ **02** ③ **03** ⑤ **04** ①

UNIT 03 목적

| EXAMPLE | ③ | 본문 20쪽 |

| PRACTICE | | | 본문 22~25쪽 |

01 ① **02** ⑤ **03** ⑤ **04** ⑤

UNIT 04 심경·분위기

| EXAMPLE | ① | 본문 26쪽 |

| PRACTICE | | | 본문 28~31쪽 |

01 ② **02** ③ **03** ① **04** ⑤

| CHAPTER REVIEW | 본문 32~33쪽 |

01 ③ **02** ③ **03** ④ **04** ①

CHAPTER 02 사실적 이해

UNIT 05 지칭 대상 파악

| EXAMPLE | ④ | 본문 36쪽 |

| PRACTICE | | | 본문 38~41쪽 |

01 ④ **02** ⑤ **03** ④ **04** ②

UNIT 06 세부 내용 파악

| EXAMPLE | ④ | 본문 42쪽 |

| PRACTICE | | | 본문 44~47쪽 |

01 ③ **02** ④ **03** ④ **04** ⑤

UNIT 07 실용문

| EXAMPLE | ⑤ | 본문 48쪽 |

| PRACTICE | | | 본문 50~53쪽 |

01 ④ **02** ⑤ **03** ② **04** ④

UNIT 08 도표 읽기

| EXAMPLE | ④ | 본문 54쪽 |

| PRACTICE | | | 본문 56~59쪽 |

01 ③ **02** ③ **03** ⑤ **04** ④

| CHAPTER REVIEW | 본문 60~63쪽 |

01 ④ **02** ⑤ **03** ④ **04** ④

CHAPTER 05 어법·어휘

UNIT 17 어법 (1)

EXAMPLE ③   본문 122쪽

PRACTICE   본문 124~127쪽

01 ③   **02** ③   **03** ②   **04** ⑤

UNIT 18 어법 (2)

EXAMPLE ③   본문 128쪽

PRACTICE   본문 130~133쪽

01 ③   **02** ①   **03** ⑤   **04** ③

UNIT 19 어휘 (1)

EXAMPLE ④   본문 134쪽

PRACTICE   본문 136~139쪽

01 ③   **02** ③   **03** ④   **04** ⑤

UNIT 20 어휘 (2)

EXAMPLE ①   본문 140쪽

PRACTICE   본문 142~145쪽

01 ①   **02** ⑤   **03** ⑤   **04** ③

CHAPTER REVIEW   본문 146~147쪽

01 ①   **02** ②   **03** ④   **04** ②

CHAPTER 06 통합적 이해

UNIT 21 장문 (1)

EXAMPLE 01 ① 02 ⑤   본문 150쪽

PRACTICE   본문 152~155쪽

01 ④   **02** ③   **03** ⑤   **04** ①

UNIT 22 장문 (2)

EXAMPLE 01 ③ 02 ② 03 ⑤   본문 156~157쪽

PRACTICE   본문 158~161쪽

01 ②   **02** ⑤   **03** ③   **04** ②
05 ②   **06** ③

CHAPTER REVIEW   본문 162~165쪽

01 ③   **02** ①   **03** ④   **04** ④
05 ⑤

EBS

Reading
Power 유형
정답과 해설

절대평가 대비 고교 영어독해 기본서

리딩파워 | 유형편 [기본]

READING
POWER

정답과 해설

유형편 기본

CHAPTER 01
대의 파악

UNIT 01 **주제·제목**

EXAMPLE

본문 8쪽

정답 ③

소재 | 스트레스 요인에 대한 반응 속도

직독직해

L4 Technology / makes it much easier /
기술은 / 훨씬 더 쉽게 만든다 /
to worsen a situation / with a quick response.
상황을 악화시키는 일을 / 성급한 반응으로

L5 I know / I have been guilty of responding too quickly to people, /
나는 알고 있다 / 사람들에게 너무 성급하게 반응한 것에 대해 죄책감을 느껴 왔다 /
on email in particular, / in a harsh tone /
특히 이메일에서 / 거친 어조로 /
that only made things worse.
상황을 악화시키기만 했던

L7 The more something causes your heart to race, /
어떤 일 때문에 여러분의 심장이 빨리 뛰면 뛸수록 /
the more important it is / to step back /
더욱더 중요하다 / 한 걸음 물러나는 것이 /
before speaking or typing a single word.
말을 한마디 하거나 타자로 치기 전에

L9 This will give you time / to think things through /
이것은 여러분에게 시간을 줄 것이다 / 상황을 충분히 생각할 /
and find a way / to deal with the other person /
그리고 방법을 찾을 / 상대방을 대하는 /
in a healthier manner.
더 건전한 방식으로

해석 | 극심한 스트레스 요인에 직면할 때 여러분은 즉각적인 반응을 보이며 반격할지도 모른다. 이것은 여러분의 조상들이 야생 동물로부터 공격을 받았을 때는 꽤 도움이 되었지만, 오늘날에는 여러분이 신체적인 공격을 받지 않는 한 그다지 도움이 되지 않는다. 기술은 성급한 반응으로 상황을 악화시키는 일을 훨씬 더 쉽게 만든다. 나는, 특히 이메일에서, 상황을 악화시키기만 했던 거

친 어조로 사람들에게 너무 성급하게 반응한 것에 대해 죄책감을 느껴 왔음을 알고 있다. 어떤 일 때문에 여러분의 심장이 빨리 뛰면 뛸수록, 말을 한마디 하거나 타자로 치기 전에 한 걸음 물러나는 것이 더욱더 중요하다. 이것은 여러분에게 상황을 충분히 생각하고 상대방을 더 건전한 방식으로 대하는 방법을 찾을 시간을 줄 것이다.

구문풀이 | · I know I have been guilty of [responding too quickly to people, on email in particular, in a harsh tone {that only made things worse}].
[ ]는 동명사구로 전치사 of의 목적어 역할을 한다. { }는 관계절로 a harsh tone을 수식한다.
· **The more** something causes your heart to race, **the more important it** is [to step back before speaking or typing a single word].
「the+비교급 ~, the+비교급 …」 구문이 사용되었으며 '~ 할수록 더욱더 …하는'으로 해석한다. it은 형식상의 주어이고 [ ]가 내용상의 주어이다.

PRACTICE

본문 10~13쪽

| 01 ④ | 02 ⑤ | 03 ③ | 04 ② |

01

정답 ④

소재 | 뉴스 기사의 생략에 의한 편향성

직독직해

L2 One of the forms / in which bias occurs /
형태 중 한 가지는 / 편향이 발생하는 /
is leaving one side /
한쪽 편을 제외하는 것이다 /
out of an article, / or a series of articles over a period of time; /
하나의 기사에서 / 또는 일정 기간 동안의 일련의 기사에서 /
ignoring facts / that tend to disprove liberal or conservative claims, /
사실을 무시하는 것이다 / 진보적 혹은 보수적 주장을 논박하는 경향이 있는 /
or that support liberal or conservative beliefs.
또는 진보적 혹은 보수적 신념을 지지하는

L6 Bias by omission / can occur /
생략에 의한 편향은 / 발생할 수 있다 /

either within a story, / or over the long term /
한 편의 기사 안에서 / 또는 장기간에 걸쳐 /

as a particular news outlet reports /
특정 뉴스 매체가 보도할 때 /

one set of events, / but not another.
한 가지 경향의 사건을 / 그러나 다른 경향의 사건은 보도하지 않을 때

해석 | 기자의 일은 균형 잡힌 기사를 제공하는 것이다. 여러분이 뉴스를 읽고 듣고 볼 때, 편향적이라고 생각하는 기사가 눈에 띌 지도 모른다. 편향이 발생하는 형태 중 한 가지는 한쪽 편을 하나의 기사 또는 일정 기간 동안의 일련의 기사에서 제외하는 것이다. 즉 진보적 혹은 보수적 주장을 논박하는 경향이 있거나, 진보적 혹은 보수적 신념을 지지하는 사실을 무시하는 것이다. 생략에 의한 편향은, 한 편의 기사 안에서나, 혹은 특정 뉴스 매체가 한 가지 경향의 사건은 보도하지만 다른 경향의 사건은 보도하지 않을 때 장기간에 걸쳐 발생할 수 있다. 생략에 의한 편향의 사례를 찾아보려면, 현재의 문제들에 대한 보수적 혹은 진보적인 견해에 유의하라. 보수적 혹은 진보적 견해가 모두 특정한 사건이나 정책에 관한 기사에 포함되어 있는지 알아보라.

해설 | 뉴스에서 발생하는 생략에 의한 편향에 대해 설명하는 글이므로, 글의 주제로 가장 적절한 것은 ④ '뉴스에서 생략에 의한 편향이 어떻게 만들어지는가'이다.

① 신문 기자의 책임감
② 기사를 쓸 때 편향을 피하는 방법
③ 뉴스 편향이 독자의 신념에 끼치는 영향
⑤ 저널리즘에 관한 보수적 관점과 진보적 관점

구문풀이 | • One of the forms [in which bias occurs] is leaving one side out of an article, or a series of articles over a period of time; ignoring facts [that tend to disprove liberal or conservative claims], **or** [that support liberal or conservative beliefs].

첫 번째 [ ]는 the forms를 수식하는 관계절이다. 두 번째와 세 번째 [ ]는 둘 다 facts를 수식하는 관계절로 or에 의해 병렬구조를 이루고 있다.

02

정답 ⑤

소재 | 대학 지원 에세이 작성법

직독직해

L3 In my experience, /
내 경험상 /

---

students try to give a complete picture /
학생들은 완벽한 묘사를 제공하려고 한다 /

of who they are, / where they've come from, / and what they want to do /
자신들이 누구인지에 관한 / 어디에서 왔는지에 관한 / 그리고 무엇을 하기를 원하는지에 관한 /

—all in a few hundred words!
다시 말해 몇 백 단어로 모든 것을

L7 Students must understand /
학생들은 반드시 이해해야 한다 /

that the college essay is the best way /
대학 지원 에세이는 가장 좋은 방법이라는 것을 /

for an admissions committee / to know something about them, /
입학 심사위원회가 / 자신들에 대해서 무언가를 알 수 있는 /

but it cannot be the vehicle /
하지만 그것이 수단이 될 수 없다는 것을 /

to know everything about them.
자신들에 관한 모든 것을 알 수 있는

해석 | 대학 지원 에세이와 관련하여 아마 학생들이 가장 알아차리기 어려운 것은 그것이 5백 단어 이하로 된 자신들의 전기가 아니라는 것이다. 내 경험상, 학생들은 자신들이 누구인지, 어디에서 왔는지, 무엇을 하기를 원하는지에 관한 완벽한 묘사를, 다시 말해 몇 백 단어로 모든 것을 제공하려고 한다! 어떤 입학 심사 위원회라도 학생 한 명 한 명 모두의 전 생애를 읽어 볼 융통성과 시간을 가져 보고 싶겠지만, 간단한 사실은 시간이 충분하지 않다는 것이다. 대학 지원 에세이는 입학 심사 위원회가 자신들에 대해서 무언가를 알 수 있는 가장 좋은 방법이지만 자신들에 관한 모든 것을 알 수 있는 수단이 될 수 없다는 것을 학생들은 반드시 이해해야 한다.

해설 | 제한된 글자 수 내에서 대학 지원 에세이를 쓸 때, 자신에 관한 중요한 내용을 적어야 하며, 자신의 전기를 담으려 해서는 안 된다는 요지의 글이다. 따라서 글의 제목으로 가장 적절한 것은 ⑤ '여러분의 에세이에 인생의 모든 사연이 아닌 한 단면을 제시하라'이다.

① 여러분이 말하는 것에 독자가 흥미를 갖게 하는 법
② 글을 쓸 때 재미없거나 남용된 주제를 선택하지 말라
③ 대학 입학의 한 가지 법칙: 단어 수 제한을 지키라
④ 학생들은 왜 에세이에 아주 많은 시간을 들여야 하는가

구문풀이 | • Perhaps the hardest thing [**for students** to realize about the college application essay] is [that it is not their life story in five hundred words or less].

첫 번째 [ ]는 주어인 the hardest thing을 수식하며 for students가 to부정사구의 의미상의 주어를 나타낸다. 두 번째 [ ]는 보어 역할을 하는 명사절이다.

03

정답 ③

소재 | 마음 챙김이 행복감에 끼치는 영향

직독직해

L1 A series of studies /
일련의 연구는 /
conducted at the University of Rochester /
Rochester 대학교에서 행해진 /
focused on people high in mindfulness /
마음 챙김을 열심히 하는 사람들에 초점을 맞추었다 /
—that is, / those /
즉 / 사람들에 /
who are prone to be mindfully attentive to the here and now /
현시점에 유념하여 주의를 기울이는 경향이 있고 /
and keenly aware of their surroundings.
자신의 환경을 아주 강하게 인식하는

L8 Furthermore, /
더욱이 /
people who are habitually mindful of their current experiences /
자신의 현재 경험에 습관적으로 더 마음을 챙기는 사람들은 /
are more likely to experience frequent and intense positive emotions, /
빈번하고 강렬한 긍정적인 감정을 경험하고 /
to feel self-sufficient and competent, /
자족적이고 유능하다고 느끼며 /
and to have positive social relationships, /
그리고 긍정적인 사교 관계를 가질 가능성이 더 높다 /
while those who are *not* usually mindful /
반면에 보통 때 마음을 챙기지 '않는' 사람들은 /
report more illness and physical symptoms.
더 많은 질병과 신체적 증상을 보고한다

해석 | Rochester 대학교에서 행해진 일련의 연구는 마음 챙김을 열심히 하는 사람들, 즉 현시점에 유념하여 주의를 기울이고 자신의 환경을 아주 강하게 인식하는 경향이 있는 사람들에 초점을 맞추었다. 그런 사람들은 원기 왕성하고 긍정적인 정신 건강의 훌륭

한 사례임이 드러난다. 보통 사람과 비교하여, 그들은 행복하고, 낙관적이고, 자신감이 있고, 자신의 삶에 만족할 가능성이 더 높으며, 우울하거나, 분노하거나, 불안하거나, 적대적이거나, 자의식적이거나, 충동적이거나, 신경과민일 가능성이 더 적다. 더욱이, 자신의 현재 경험에 습관적으로 더 마음을 챙기는 사람들은 빈번하고 강렬한 긍정적인 감정을 경험하고, 자족적이고 유능하다고 느끼며, 긍정적인 사교 관계를 가질 가능성이 더 높은 반면에 보통 때 마음을 챙기지 '않는' 사람들은 더 많은 질병과 신체적 증상을 보고한다.

해설 | 마음 챙김을 열심히 하는 사람들은 원기 왕성하고 긍정적인 정신 건강을 가지고 있으며, 행복하고 낙관적이고 자신감이 있고 자신의 삶에 만족할 뿐만 아니라, 자신이 유능하다고 느끼며 긍정적인 사교 관계를 가질 가능성이 더 높다는 내용의 글이므로, 글의 주제로는 ③ '마음 챙김이 행복감에 끼치는 긍정적인 영향'이 가장 적절하다.
① 마음 챙김의 교육적 혜택
② 과거의 경험을 반성하는 일의 필요성
④ 정신 건강과 신체 건강 사이의 상관관계
⑤ 동시에 여러 가지 감정을 느끼는 것의 심리적인 위험성

구문풀이 | • A series of studies [conducted at the University of Rochester] focused on people high in mindfulness—that is, those [who are prone to be mindfully attentive to the here and now and keenly aware of their surroundings].
첫 번째 [ ]는 과거분사구로 주어인 A series of studies를 수식한다. 두 번째 [ ]는 관계절로 those를 수식한다.
• Furthermore, people [who are habitually mindful of their current experiences] are more likely [to experience frequent and intense positive emotions], [to feel self-sufficient and competent], **and** [to have positive social relationships], while those who are *not* usually mindful report more illness and physical symptoms.
첫 번째 [ ]는 관계절로 주어인 people을 수식한다. likely 다음에 나오는 세 개의 [ ]는 to부정사구로 and에 의해 병렬구조를 이루고 있다.

04

정답 ②

소재 | 성공의 조건으로서의 목표 설정과 헌신

직독직해

L1 Inspired /
고무된 /

after competing alongside the world's best swimmers /

세계 최고 수영 선수들과 함께 경쟁을 한 후 /

as a fifteen-year-old / in the Sydney Olympics, /

열다섯 살의 소년으로 / 시드니 올림픽에서 /

American Michael Phelps set out in earnest /

미국의 Michael Phelps는 본격적으로 착수했다 /

to be the best all-around swimmer /

최고의 만능 수영 선수가 되는 데 /

four years later in Athens.

4년 후 아테네에서

L4 To get there, /

그 목표에 도달하기 위해 /

he didn't stay in the pool /

그는 수영장에서 보낸 것이 아니었다 /

two and a half hours every day— /

매일 2시간 반 동안 /

and double that on Mondays, Wednesdays, and Fridays— /

월, 수, 금요일에는 그 두 배의 시간을 /

just to become good.

단지 좋은 선수가 되기 위해서

해석 | 열다섯 살의 소년으로 시드니 올림픽에서 세계 최고 수영 선수들과 함께 경쟁을 한 후 고무된 미국의 Michael Phelps는 4년 후 아테네에서 최고의 만능 수영 선수가 되는 데 본격적으로 착수했다. 그 목표에 도달하기 위해, 그는 단지 좋은 선수가 되기 위해 매일 2시간 반 동안, 그리고 월, 수, 금요일에는 그 두 배의 시간을 수영장에서 보낸 것이 아니었다. 그것이 훌륭한 연습이기 때문에 그렇게 한 것이 아니었다. 그는 세계 최고의 선수가 되려는 구체적인 목표가 있었기 때문에 그렇게 했던 것이다. 그리고 아테네에서 그의 목에 걸어 준 여덟 개의 메달(그 중 여섯 개가 금메달이었다)은 그런 헌신을 반영한다. "마음을 쏟고 노력과 시간을 쏟기만 하면 모든 것이 가능하다고 생각합니다."라고 Phelps는 말했다.

해설 | Michael Phelps는 열다섯 살 때 올림픽에서 최고의 올림픽 선수들과 경쟁한 후 세계 최고의 수영 선수가 되기 위해 목표를 설정하고 그 목표를 이루기 위해 헌신한 결과 아테네 올림픽에서 금메달 여섯 개를 포함해서 여덟 개의 메달을 땄다는 내용의 글이므로, 글의 제목으로는 ② '구체적인 목표에 헌신하는 것이 여러분을 성공으로 이끈다'가 가장 적절하다.

① 결과보다는 과정을 존중하라

③ 치열한 경쟁은 오로지 즉각적인 이익을 낳을 뿐이다

④ 여러분 주위의 다른 사람들의 도움이 있으면 모든 것이 가능하다

⑤ 미래의 목표를 위한 여지를 만들기 위해 과거의 성취에 연연해하지 말라

구문풀이 | • [Inspired after competing alongside the world's best swimmers **as** a fifteen-year-old in the Sydney Olympics], American Michael Phelps set out in earnest to be the best all-around swimmer four years later in Athens.

[ ]는 분사구문으로 American Michael Phelps를 의미상의 주어로 한다. 전치사 as는 '~로서'라는 뜻이다.

• And the eight medals [they hung around his neck in Athens], [six of them gold], reflect that commitment.

첫 번째 [ ]는 관계절로 주어인 the eight medals를 수식하고 술어동사는 reflect이다. 두 번째 [ ]는 six of them being gold에서 being이 생략된 형태로 볼 수 있다.

UNIT 02 요지·주장

EXAMPLE
본문 14쪽

정답 ③

소재 | 애완동물

직독직해

L2 If your pet is an athletic, high-energy dog, / for example, /

여러분의 애완동물이 운동을 좋아하고, 에너지가 넘치는 개라면 / 예를 들어 /

he or she is going to be much more manageable indoors /

실내에서 다루기가 훨씬 더 쉬울 것이다 /

if you take him or her outside /

밖으로 데리고 나가면 /

to chase a ball for an hour every day.

매일 한 시간 동안 공을 쫓아다니도록

L6 Similarly, /

이와 비슷하게 /

you cannot expect macaws to be quiet and still all the time /

여러분은 마코 앵무새가 항상 조용하고 가만히 있기를 기대할 수 없다 /

—they are, by nature, loud and emotional creatures, /

그것들은 천성적으로 시끄럽고 감정에 사로잡히기 쉬운 동물이다 /

and it is not their fault /

그리고 그것들의 잘못이 아니다 /

that your apartment doesn't absorb sound /

여러분의 아파트가 소리를 흡수하지 않는다 /

as well as a rain forest.

열대 우림만큼 잘

해석 | 애완동물의 특별한 욕구를 인식하고 그 욕구를 존중하는 것이 중요하다. 예를 들어, 애완동물이 운동을 좋아하고, 에너지가 넘치는 개라면 매일 밖으로 데리고 나가서 한 시간 동안 공을 쫓아다니게 하면 실내에서 다루기가 훨씬 더 쉬울 것이다. 고양이가 수줍음을 타고 겁이 많다면 의상을 차려입고 고양이 품평회 쇼에 나가서 자신의 모습을 보여 주는 것을 원치 않을 것이다. 이와 비슷하게, 마코 앵무새가 항상 조용하고 가만히 있기를 기대할 수 없다. 그것들은 천성적으로 시끄럽고 감정에 사로잡히기 쉬운 동물이며 아파트가 열대 우림만큼 소리를 잘 흡수하지 않는 것은 그것들의 잘못이 아니다.

구문풀이 | • If your pet is an athletic, high-energy dog, for example, he or she is going to be **much more manageable** indoors if you take him or her outside to chase a ball for an hour every day.

much는 비교급을 강조하는 표현으로 '훨씬'의 뜻을 가지며, even, still, far, a lot 등으로 바꿀 수 있다.

• Similarly, you cannot expect macaws to be quiet and still all the time—they are, by nature, loud and emotional creatures, and **it** is not their fault [that your apartment doesn't absorb sound **as** well **as** a rain forest].

and 다음의 it은 형식상의 주어이고 [ ]가 내용상의 주어이다.

내용상의 주어 안에 원급 비교(as ~ as ...) 구문이 쓰였다.

PRACTICE

본문 16~19쪽

01 ⑤ **02** ③ **03** ⑤ **04** ①

01

정답 ⑤

소재 | 신념에 의한 선택의 효과

L2 Most of the choices / we make every day /

선택의 대부분은 / 우리가 매일 하는 /

are the result of our beliefs, /

우리의 신념의 결과이다 /

whether we're conscious of it or not.

의식하든 의식하지 않든

L3 When you choose a bagel over a donut, /

도넛보다는 베이글을 선택할 때 /

it might stem from the belief / that a bagel is better for you, /

그것은 신념에서 기인한 것일지 모른다 / 베이글이 여러분에게 더 좋다는 /

or the belief that you'll like the taste better.

혹은 여러분이 그 맛을 더 좋아하게 될 것이라는 신념(에서)

L7 If you choose to take earth science /

지구과학을 수강하기로 선택한다면 /

instead of oceanography, /

해양학 대신에 /

it might stem from the belief /

그것은 어쩌면 신념에서 기인한 것일지 모른다 /

that you'll enjoy the subject more, /

그 과목을 더 즐길 것이라는 /

or maybe from the belief that it will be easier.

혹은 어쩌면 그것이 더 쉬울 것이라는 신념에서

해석 | 신념은 강력하다. 그것은 우리의 감정과 행동, 그리고 결과적으로 삶의 과정에 직접 영향을 미친다. 매일 하는 선택의 대부분은, 의식하든 의식하지 않든, 우리의 신념의 결과이다. 도넛보다는 베이글을 선택할 때 그것은 아마도 베이글이 여러분에게 더 좋다는 신념 혹은 여러분이 그 맛을 더 좋아하게 될 것이라는 신념에서 기인한 것일지 모른다. 이러한 선택은 오전의 나머지 시간 동안 여러분의 건강과 행복에 영향을 미칠 수 있을 것이다. 해양학 대신에 지구과학을 수강하기로 선택한다면, 그것은 그 과목을 더 즐길 것이라는 신념, 혹은 어쩌면 그것이 더 쉬울 것이라는 신념에서 기인한 것일지 모른다. 이러한 선택은 수업 중에 깨어 있을 수 있는 능력, 평균 평점, 혹은 대학 선택에까지도 영향을 미칠 수 있을 것이다.

해설 | 우리가 하는 선택은 우리가 가지고 있는 신념에 기반을 둔 것이며, 이후의 삶에 영향을 미칠 수 있다는 것을 베이글과 지구과학을 선택하는 것이 우리의 삶에 어떻게 영향을 미칠 수 있는지를 예로 들어 설명하는 글이다. 따라서 글의 요지로 가장 적절한 것은 ⑤이다.

구문풀이 | • Most of the choices [we make every day] are the result of our beliefs, **whether** we're conscious of it **or not**.

[ ]는 the choices를 수식하는 관계절이며, 「whether *A* or not」 구문은 'A이든지 아니든지 간에'라는 의미의 양보의 부사절이다.

• If you choose to take earth science instead of oceanography, it might stem from the belief [that you'll enjoy the subject more], or maybe from the belief [that it will be easier].

두 개의 [ ]는 각각 앞에 있는 the belief를 부연 설명하는 동격의 접속사절이다.

02

정답 ③

소재 | 발표를 할 때 소지해서는 안 되는 물품

직독직해

L3 The presenter is on display to the whole world /
발표자는 온 세상에 전시되는 것이다 /
as he or she bares all / to reveal himself or herself to the audience.
모든 것을 드러낼 때 / 청중에게 자신을 알리기 위해

L4 The last thing you, as the presenter, need at this difficult time / is anything /
이 어려운 때에 발표자로서 여러분이 가장 필요하지 않은 것은 / 모든 것이다 /
that is going to get in the way of you giving your best performance.
최상의 공연을 하는 데 방해가 될

L8 With this in mind, / this is a list of things /
이것을 염두에 두면 / 다음은 물건들의 리스트이다 /
which you can safely leave behind on your desk or in your bag /
책상이나 가방에 안전을 기해 두고 갈 수 있는 /
when you are called to the podium: /
강단으로 이름이 불릴 때 /
your mobile phone, watch, pens, keys, and coins.
여러분의 휴대전화, 시계, 펜, 열쇠, 그리고 동전이 그것이다.

해석 | 사실을 직시하자. 대부분의 사람들에게, 발표를 하는 것은 스트레스를 주는 경험이 될 것이다. 발표를 하는 것은 공연이다. 쇼이고 연기이고 연극이다. 청중에게 자신을 알리기 위해 모든 것을 드러낼 때, 발표자는 온 세상에 전시되는 것이다. 이 어려운 때에 발표자로서 가장 필요하지 않은 것은 최상의 공연을 하는 데 방해가 될 모든 것이다. 바로 지금 주의를 산만하게 하는 것은 어떤 것도 정말로 필요하지 않다. 자신의 환경에서 전혀 필요하지 않는 장애물이나 위험은 제거해야 한다. 이것을 염두에 두면, 다음은 강단으로 이름이 불릴 때 안전을 기해 책상이나 가방에 두고 갈 수 있는 물건들의 리스트이다. 여러분의 휴대전화, 시계, 펜, 열쇠, 그리고 동전이 그것이다.

해설 | 필자는 휴대전화, 시계, 펜, 열쇠, 동전 등 최상의 발표를 하는 데 방해가 될 물건들은 책상이나 가방에 두고 발표하라고 말하고 있으므로, 필자의 주장으로 가장 적절한 것은 ③이다.

구문풀이 | • The last thing [you, as the presenter, need at this difficult time] is anything [that is going to get in the way of you giving your best performance].

첫 번째 [ ]는 The last thing을 수식하는 관계절로 앞에 need의 목적어에 해당하는 관계사 that이 생략되어 있다. 두 번째 [ ]는 anything을 수식하는 관계절이다.

• With this in mind, this is a list of things [which you can safely leave behind on your desk or in your bag {when you are called to the podium}]: your mobile phone, watch, pens, keys, and coins.

[ ]는 a list of things를 수식하는 관계절로 which는 leave의 목적어에 해당한다. { }는 시간을 나타내는 부사절이다.

03

정답 ⑤

소재 | 식량 확보의 한 가지 방법

직독직해

L5 Though many of us consume meat, dairy, and eggs /
우리 중 많은 사람들이 고기, 유제품, 달걀을 먹지만 /
from animals raised on feedlots, /
가축 사육장에서 키운 동물들로부터 나온 /
only a fraction of the calories in feed /
사료에 들어 있는 열량의 일부만이 /
given to livestock /
가축에게 제공되는 /
make their way into the meat and milk /
고기와 우유 속으로 들어간다 /
that we consume.
우리가 먹는

해석 | 만약 우리가 재배하는 농작물의 더 많은 부분이 사람의 위

장으로 들어가게 된다면, 2050년쯤에는 90억 명의 사람들을 먹여 살리는 것은 훨씬 더 쉬울 것이다. 오늘날 세계의 농작물이 공급하는 열량의 55%만이 직접적으로 사람들을 먹여 살린다. 나머지는 가축에게 공급되거나(약 36%) 바이오 연료와 공산품으로 바뀐다(약 9%). 우리 중 많은 사람들이 가축 사육장에서 키운 동물들로부터 나온 고기, 유제품, 달걀을 먹지만, 가축에게 제공되는 사료에 들어 있는 열량의 일부만이 우리가 먹는 고기와 우유 속으로 들어간다. 동물에게 먹이는 100칼로리의 곡물당 새로운 약 40칼로리의 우유, 22칼로리의 달걀, 12칼로리의 닭고기, 10칼로리의 돼지고기, 혹은 3칼로리의 쇠고기만을 얻을 뿐이다. 육류 집약적인 식사를 덜 하는 것으로 바꾸는 것은 전 세계적으로 상당한 양의 식량을 이용하게 해 줄 수 있을 것이다.

해설 | 세계 농작물의 많은 부분이 가축을 사육하는 데 이용되고 있으나, 육류에서 얻는 칼로리는 작물에서 얻을 수 있는 칼로리에 훨씬 미치지 못하므로, 육류를 덜 먹어 가축 사육을 줄이는 것이 식량 문제에 대한 해결책이 될 수 있다는 내용의 글이다. 따라서 글의 요지로 가장 적절한 것은 ⑤이다.

구문풀이 | · **It would be** far easier [to feed nine billion people by 2050] **if** more of the crops [we grew] **ended** up in human stomachs.
if절과 주절에 각각 가정법 과거형의 동사가 사용된 조건문으로서, 미래에 있을 법하지 않은 상황을 표현하고 있다. It은 형식상의 주어이며, 첫 번째 [ ]가 내용상의 주어이다. 두 번째 [ ]는 the crops를 수식하는 관계절이다.

04

정답 ①

소재 | 수학 문제를 풀 때 답과 함께 과정을 써야 하는 필요성

직독직해 ────────

L2 First, / simply writing the answer to a problem /
첫째 / 그저 어떤 문제에 대한 답만 쓰는 것은 /
without the procedure that precedes it /
그것(답 쓰기)에 선행하는 절차 없이 /
negatively encourages students /
학생들을 부정적으로 부추긴다 /
to produce careless errors. /
부주의한 실수를 하도록 /

L4 In other words, /
다른 말로 하면 /
the written-out procedure supports the answer; /
글로 작성한 절차는 답을 뒷받침한다 /
if the procedure is not shown, /

절차가 보이지 않으면 /
it is much easier / to make a computation error.
훨씬 더 쉽다 / 계산 실수를 하기가

해석 | 수학 문제를 완결할 때는 여러 가지 이유에서 '답만' 채워 넣는 것을 피하는 것이 중요하다. 첫째, 답 쓰기에 선행하는 절차 없이 그저 어떤 문제에 대한 답만 쓰는 것은 학생들이 부주의한 실수를 하도록 부정적으로 부추긴다. 다른 말로 하면, 글로 작성한 절차는 답을 뒷받침한다. 절차가 보이지 않으면, 계산 실수를 하기가 훨씬 더 쉽다. 둘째, 글로 작성한 절차가 없으면 학생들로 하여금 답의 기원, 즉 어떤 문제에 대한 답이 어떻게 도출되는지를 확인할 수 없게 한다. 셋째, 절차가 없으면 노트 필기에서의 나쁜 공부 습관과 부주의의 원인이 되는데, 그것은 시험을 치를 때 부정적인 결과를 일으킬지도 모른다. 요약하면, 숙제와 수업에서의 수학 과제는 질문에 답을 할 때 항상 절차와 답을 모두 포함해야 한다.

해설 | 수학 문제를 풀 때는 답만 쓰는 것이 아니라 답을 쓰는 과정을 써야 학생들이 부주의한 실수를 하지 않고, 답의 기원을 확인할 수 있고, 노트 필기를 할 때 나쁜 공부 습관을 가지지 않고 부주의하지도 않게 된다는 내용의 글이다. 따라서 필자가 주장하는 바로 가장 적절한 것은 ①이다.

구문풀이 | · First, [simply writing the answer to a problem without the procedure {that precedes **it**}] negatively encourages students to produce careless errors.
[ ]는 동명사구로 문장의 주어 역할을 하고 encourages가 술어동사이다. { }는 관계절로 the procedure를 수식하고 it은 writing the answer to a problem을 가리킨다.
· Third, lack of procedure contributes to poor study habits in note-taking and sloppiness, [which may have negative consequences when taking tests].
[ ]는 관계절로 which는 앞의 내용 전체를 가리킨다.

UNIT 03 목적

EXAMPLE   본문 20쪽

정답 ③

소재 | 기부 요청

직독직해

L2 As you all know /
여러분께서 모두 아시는 바와 같이 /
from seeing the pictures on television and in the newspaper, /
텔레비전과 신문에서 사진을 보아서 /
Central America has been hit hard /
중앙아메리카가 강타당했습니다 /
by a series of hurricanes.
일련의 허리케인에 의해

L4 Tens of thousands of people are homeless /
수만 명의 사람들이 집을 잃었습니다 /
and without basic necessities /
그리고 기본적인 생필품이 없습니다 /
like food and clothing.
먹을 것과 옷과 같은

해석 | 시민 여러분께

여러분께서 모두 텔레비전과 신문에서 사진을 보아서 아시는 바와 같이, 중앙아메리카가 일련의 허리케인에 의해 강타당했습니다. 수만 명의 사람들이 집을 잃었으며 먹을 것과 옷과 같은 기본적인 생필품이 없습니다. 저는 우리가 돕기 위해 어떤 일을 해야 한다고 느낍니다. 그래서 여러분께 통조림 제품, 따뜻한 옷, 담요, 그리고 돈을 기부하도록 부탁드립니다. 9월 10일 토요일 오전 10시에서 오후 4시 사이에 커뮤니티 센터로 모든 기부 물품을 가져와 주십시오. 더불어 사는 사람들이 도움을 절실하게 필요로 할 때에 도와주셔서 감사합니다.

George Anderson 드림

구문풀이 | • So, we are **asking you to donate** canned goods, warm clothes, blankets, and money.
「ask+목적어+to부정사」는 '~에게 …할 것을 요청하다'라는 의미이다.

PRACTICE
본문 22~25쪽

01 ①	**02** ⑤	**03** ⑤	**04** ⑤

01

정답 ①

소재 | 버스 노선 변경 요청

직독직해

L3 We have been asked /
저희는 부탁을 받아 왔습니다 /
by some of the residents here /
여기 사는 일부 주민들로부터 /
to see / if we can help improve their ability /
알아봐 달라는 / 능력을 향상시키는 데 도움을 줄 수 있는지 /
to get around town independently.
도움을 받지 않고 시내를 다니는

L6 Very few of the residents here /
이곳 주민들 중에 사람은 거의 없습니다 /
feel comfortable /
편안함을 느끼는 /
walking all the way to (and especially from) the bus stop.
그 버스 정류소까지 가는(특히 버스 정류소에서 오는) 길을 내내 걸으면서

해석 | 총무부장님께

제 아내와 저는 Lakeview 고령자 아파트 단지의 주민입니다. 저희는 여기 사는 일부 주민들로부터, 도움을 받지 않고 시내를 다니는 능력을 향상시키는 데 도움을 줄 수 있는지 알아봐 달라는 부탁을 받아 왔습니다. 가장 가까운 버스 정류소는 가파른 언덕 아래, 아파트 단지 아래쪽으로 반 마일 떨어져 있습니다. 이곳 주민들 중에 그 버스 정류소까지 가는(특히 버스 정류소에서 오는) 길을 내내 걸으면서 편안함을 느끼는 사람은 거의 없습니다. 저희는 16번 버스 노선이 언덕 위의 아파트 단지까지 오도록 약간 변경될 수 있는지 여쭙고자 합니다. 각 방향에서 매일 매우 고마워하는 여러 명의 버스 승객들을 약속드릴 수 있습니다. 곧 좋은 소식이 있기를 고대합니다.

Ron Miller 드림

해설 | Lakeview 고령자 아파트 단지의 주민인 필자는 주민들의 편의를 위해 가파른 언덕 아래에 있는 버스 정류소까지 운행되는 버스 노선을 언덕 위의 아파트 단지까지 올 수 있도록 변경을 요청하고 있으므로, 글의 목적으로 가장 적절한 것은 ①이다.

구문풀이 | • We have been asked by some of the residents here to see [if we can help improve **their ability** {to get around town independently}].
[ ]는 명사절로 see의 목적어 역할을 하며 '~인지'의 뜻을 가진다. { }는 to부정사구로 their ability와 동격 관계를 이룬다.
• We are asking if the route for Bus 16 could be altered slightly [to come up the hill to the complex].
[ ]는 to부정사구로 목적의 뜻을 가진다.

02

정답 ⑤

소재 | 딸의 추가 수업을 위한 여행을 허락하는 편지

직독직해

L2 Yesterday, / I received your letter /
어제 / 나는 너의 편지를 받았다 /

about wanting to take extra classes /
추가 수업을 받기를 원한다는 것에 관한 /

at Oxford University / for additional credit.
옥스퍼드 대학교에서 / 추가 학점을 위해

L7 That means / you won't be around for Christmas / this year, /
그것은 뜻한다 / 네가 크리스마스에 오지 않을 것이다 / 올해는 /

which makes me very sad, /
그것은 나를 정말 슬프게 한다 /

but I understand /
그러나 나는 이해한다 /

that this is a very good opportunity / for your educational career.
이것이 매우 좋은 기회라는 것을 / 너의 교육 진로를 위해

해석 | 나의 사랑하는 Silvia에게

나는 네가 건강하고 학교에서 공부 잘 하고 있기를 바란다. 어제, 나는 추가 학점을 위해 옥스퍼드 대학교에서 추가 수업을 받기를 원한다는 너의 편지를 받았다. 나는 이 추가 수업과 관련하여 너의 선생님들의 추천서도 보았단다. 네가 학업을 위해 뉴욕에 머무르게 하는 것도 현 상황에서 견디기 힘든데, 너는 두 달 동안 잉글랜드에 가고 싶다고 지금 말하고 있구나. 그것은 네가 올해 크리스마스에 오지 않을 것이라는 뜻이고, 그것은 나를 정말 슬프게 하지만, 나는 이것이 너의 교육 진로를 위해 매우 좋은 기회라는 것을 이해한다. 그래서 나와 너의 아버지는 네가 잉글랜드에 갈 수 있도록 허락하기로 결정했단다. 우리는 그것이 너에게 훌륭한 기회가 될 것이라고 생각한다.

너를 사랑하는 엄마가

해설 | 딸이 뉴욕에서 옥스퍼드 대학교로 추가 수업을 받으러 가는 것을 허락한다는 내용의 편지글이므로, 글의 목적으로 가장 적절한 것은 ⑤이다.

구문풀이 | • [Letting you stay in New York to study] is hard as it is, and now you are saying [that you want to go to England for two months].
첫 번째 [ ]는 is의 주어로 쓰인 동명사구이고, 두 번째 [ ]는 are saying의 목적어로 쓰인 명사절이다.

03

정답 ⑤

소재 | 작업으로 인해 망가진 연에 대한 배상

직독직해

L2 Foster WeldRite, Inc. is sorry /
Foster WeldRite 주식회사는 유감스럽습니다 /

to hear about the loss of your seven-foot Chinese paper kite.
귀하께서 7피트 길이의 종이로 된 중국 연을 잃었다는 말씀에 대해 듣고는

L3 We understand it was destroyed, /
저희는 그것이 부서졌다고 알고 있습니다 /

while hanging in your office, /
귀하의 사무실에 걸려 있었는데 /

when ceiling fire sprinklers were activated /
그때 천장에 있는 화재 스프링클러가 작동되었습니다 /

due to an overabundance of welding smoke / from our crew's work site.
용접할 때 생기는 과도한 연기 때문에 / 저희 직원들의 작업장에서 나온

해석 |

Duddon 씨 귀하

Foster WeldRite 주식회사는 귀하께서 7피트 길이의 종이로 된 중국 연을 잃었다는 말씀에 대해 듣고는 유감스럽습니다. 그것이 귀하의 사무실에 걸려 있었는데, 그때 천장에 있는 화재 스프링클러가 저희 직원들의 작업장에서 나온 용접할 때 생기는 과도한 연기 때문에 작동하여 부서졌다고 저희는 알고 있습니다. Foster WeldRite 주식회사의 고객 상담실은 귀하께 드릴 대체품의 판매 위치를 알 수 없으므로, 귀하께서 종이로 만든 다른 중국 연을 구입하시고 그 영수증을 저희에게 보내 주시겠습니까? 저희는 귀하에게 즉각 비용을 돌려드리겠습니다. Foster WeldRite 주식회사는 비슷한 유감스러운 일을 예방하기 위해서 작업장의 환기 시설을 개선했습니다. 귀하의 이해와 계속적인 Foster WeldRite 주식회사에 대한 후원에 대해 감사드립니다.

고객 상담실

Mark Hamilton 드림

해설 | 글쓴이는 자기 회사 작업장의 용접의 결과로 생긴 과도한 연기로 인해 작동된 스프링클러에 의해 Duddon 씨의 중국 연이 부서지게 되었음을 시인하면서 다른 중국 연을 사고 영수증을 보내 주면 그것에 대한 비용을 돌려주겠다는 뜻을 전하고 있다. 따라서 글의 목적으로 가장 적절한 것은 ⑤이다.

구문풀이 | • We understand it was destroyed, [while

hanging in your office], when ceiling fire sprinklers were activated due to an overabundance of welding smoke from our crew's work site.

[ ]는 부사절로서 while 뒤에 it(= the kite) was가 생략된 것으로 이해할 수 있다.

· Foster WeldRite, Inc. has improved work-site ventilation **to prevent** similar unfortunate occurrences.

to prevent는 to부정사의 부사적 용법으로 '예방하기 위해'로 해석된다.

04

정답 ⑤

소재 | 휴대전화 사용량과 관련한 아버지의 당부

직독직해

L4 When we gave you the cell phone /
우리가 너희에게 휴대전화를 주었을 때 /
we agreed to pay for it, /
우리는 그것의 요금을 지불하는 것에 동의했다 /
but you were to stay within the guidelines /
하지만 너희는 지침을 지켰어야 했다 /
of a certain number of minutes each month, /
매달 일정한 사용 분량의 /
no more than 250 minutes per month for each of you.
너희들 각자 한 달에 250분을 넘지 않는

해석 | Evan, Barbara, 그리고 Emily에게
나는 너희 세 명 모두에게 이 편지를 보내고 있다. 너희 어머니와 나는 너희들의 휴대전화 요금을 지불하는 것에 동의했다. 우리는 가족 요금 할인제에 가입되어 있고 사용할 수 있는 분량의 단일한 공동 계정을 공유하고 있다. 우리가 너희에게 휴대전화를 주었을 때 우리는 그것의 요금을 지불하는 것에 동의했으나 너희는 각자가 한 달에 250분을 넘지 않는 매달 일정한 사용 분량의 지침을 지켰어야 했다. 우리는 방금 5월 청구서를 받았고 너희 각자가 그 분량을 상당히 넘겼다는 것을 알게 되었다. 집에 추가된 요금은 거의 100달러였다. 만약 이런 일이 다시 발생한다면 우리는 너희의 사용을 제한하거나 자신의 휴대전화 요금은 자신이 지불하라고 할 수밖에 없을 것이다. 우리는 너희의 생활을 통제하거나 간섭하는 것에 관심이 없지만 우리가 요금을 내고 있으므로 규칙을 정한 것이다.
사랑하는 아빠가

해설 | 이 글은 자신들에게 할당된 휴대전화 사용 시간을 어긴 사실과 관련해서 자녀들에게 주의를 주는 아버지의 편지이다. 따라서 글의 목적으로 가장 적절한 것은 ⑤이다.

구문풀이 | · When we gave you the cell phone we agreed to pay for it, but you **were to stay** within the guidelines of [a certain number of minutes each month], [no more than 250 minutes per month for each of you].
were to stay는 「be동사+to부정사」 구문으로 '~해야 한다 (= have to)'라는 의미를 나타낸다. 첫 번째 [ ]와 두 번째 [ ]는 의미상 동격 관계를 이루고 있다.

UNIT 04 심경·분위기

EXAMPLE 본문 26쪽

정답 ①

소재 | 터널 안에서 생긴 일

직독직해

L5 At first I was blinded / by the flame; /
처음에 나는 볼 수가 없었다 / 불꽃 때문에 /
then I saw /
그러다가 나는 보았다 /
something creeping / toward me.
뭔가가 기어 오는 것을 / 나를 향해

해석 | 나는 무엇인가 벽을 따라 천천히 움직이는 소리를 들었다. 나는 어둠 속에서 성냥을 찾아서 그것을 켜려고 했으나 불이 붙지 않았다. 이번에는 확신했다. 뭔가 살아 있는 것이 터널 속에서 움직이고 있었는데, 그것은 쥐가 아니었다. 매우 불쾌한 냄새가 나의 콧구멍으로 들어왔다. 마침내 나는 가까스로 성냥불을 켰다. 처음에 나는 불꽃 때문에 볼 수가 없었다. 그러다가 나는 뭔가가 나를 향해 기어 오는 것을 보았다. 모든 터널로부터. 거미처럼 기어 오는 형체가 없는 것들. 떨리는 나의 손가락에서 성냥이 떨어졌다. 나는 달아나고 싶었으나 그럴 수가 없었다.

구문풀이 | · **I heard something moving** slowly along the walls.
「hear(지각동사)+목적어+목적보어」 구문이 사용되어 '목적어가 ~하는 것을 듣다'라는 의미를 나타낸다. 이때 목적어인

something과 목적보어인 moving 사이에는 의미상 능동의 관계가 성립한다.

PRACTICE 본문 28~31쪽

| **01** ② | **02** ③ | **03** ① | **04** ⑤ |

01

정답 ②

소재 | 호숫가에서의 소풍

직독직해

L1 She was always amazed /
그녀는 항상 깜짝 놀랐다 /

at how beautiful the lake was / this time of year.
호수가 얼마나 아름다운지에 대해 / 연중 이맘 때

L4 She stepped out of the car /
그녀는 차에서 나와 /

onto the ground /
땅에 발을 디디고 /

and looked at the spot / Jamie chose for their picnic.
장소를 바라보았다 / Jamie가 그들의 소풍을 위해 선택한

해석 | 그들이 일단 호수에 도착하자, Maggie는 깊은 숨을 들이쉬었다. 그녀는 연중 이맘 때 호수가 얼마나 아름다운지에 대해 항상 깜짝 놀랐다. 물은 수정처럼 푸르렀는데, 그 덕분에 그녀는 호숫가에서 바닥까지 볼 수 있었다. 그녀는 차에서 나와 땅에 발을 디디고 Jamie가 그들의 소풍을 위해 선택한 곳을 바라보았다. 완벽했다. Jamie는 차의 뒤편으로 어슬렁거리며 가서 무개차의 트렁크에서 소풍 바구니와 담요를 꺼냈다. 그는 풀이 덮인 땅에 그늘을 드리우고 있는 큰 떡갈나무 아래에 담요를 펼쳤다. 그는 그녀에게 자기 옆에 앉으라고 청했다. 그는 바구니를 열고 그녀가 그 안에 든 내용물을 살짝 들여다보게 했다. 그는 그녀가 가장 좋아하는 닭튀김과 감자 샐러드로 그녀를 놀라게 했다. 디저트용으로 그는 초콜릿으로 덮인 딸기를 샀다. 그녀는 그의 선택에 매우 기뻐했고 여기서 더할 나위 없이 편안함을 느꼈다.

해설 | Maggie와 Jamie가 호숫가로 소풍을 와서 떡갈나무 아래 담요를 펼치고 앉아 닭튀김과 감자 샐러드, 그리고 초콜릿으로 덮인 딸기를 보면서 흐뭇함과 편안함을 느끼고 있는 상황이므로, 글의 분위기로는 ② '평화롭고 편안한'이 가장 적절하다.
① 시끄럽고 바쁜
③ 지루하고 단조로운

④ 희망이 없고 절망적인
⑤ 축제 분위기이고 모험으로 가득 찬

구문풀이 | • The water was a crystal blue, [which **allowed** her to see to the bottom at the edge].
[ ]는 관계절로 which는 앞의 내용 전체를 가리킨다. 동사 allow는 목적보어로 to부정사를 취한다.
• She [stepped out of the car onto the ground] **and** [looked at the spot {Jamie chose for their picnic}].
두 개의 [ ]는 and에 의해 병렬구조를 이루고 있다. { }는 관계절로 the spot을 수식한다.

02

정답 ③

소재 | Porter 회복기 환자 센터에서의 자원봉사

직독직해

L4 I felt like Florence Nightingale, /
나는 Florence Nightingale과 같은 느낌이었다 /

striding into battle / to heal and hearten the troops.
싸움터로 성큼성큼 걸어가는 / 병사들을 치료하고 격려하기 위해서

L8 I felt sick to my stomach /
나는 속이 메스꺼워짐을 느꼈다 /

as we opened the door to 3 South.
우리가 남쪽 3번 병동으로 이어진 문을 열자

해석 | 여름 방학 첫날에 나는 Porter 회복기 환자 센터의 돌계단으로 다가갔다. 그 전주 토요일에 나는 그곳에서 3학년 대상의 자원봉사 오리엔테이션에 참석했었다. 이제 나는 완전하게 훈련된 '활기찬 유망한 사람'이었다. 나는 밝은 분홍빛의 내 작업용 덧옷의 구겨진 곳을 편 다음 안으로 씩씩하게 걸어갔다. 나는 병사들을 치료하고 격려하기 위해서 싸움터로 성큼성큼 걸어가는 Florence Nightingale과 같은 느낌이었다. 자원봉사 책임자는 나를 남쪽의 3번 병동으로 배정했다. 우리가 흔들리는 엘리베이터를 타고 가면서, 그녀는 이곳이 장기 치료 병동이라고 설명했다. 그곳의 환자들 대부분은 결코 집으로 가지 않을 것이라고 했다. 우리가 남쪽 3번 병동으로 이어진 문을 열자 속이 메스꺼워짐을 느꼈다. 오줌과 소독약의 나쁜 냄새가 나를 압도했다. 수간호사 Ticknor 씨는 결코 따뜻하게 맞아주지 않았다.

해설 | 'I'가 자원봉사 오리엔테이션에 참석한 뒤 자신을 '활기찬 유망한 사람'이라고 생각하면서 병동으로 갈 때 자신이 Florence Nightingale과 같은 느낌을 받았다고 한 것으로 보아 처음에는 자부심을 느끼고 있었음을 알 수 있다. 하지만 막상 병동에 갔을 때 그곳의 환경에 속이 메스꺼워짐을 느끼고 나쁜 냄새가 자신을

압도하며 수간호사가 따뜻하게 맞아주지 않음을 경험한다. 이를 통해 알 수 있는 'I'가 느끼는 심경 변화로는 ③ '자랑스러워하는 → 불편한'이 가장 적절하다.

① 긴장된 → 만족해하는
② 짜증이 난, 화가 난 → 미안해하는
④ 실망스러워하는 → 슬퍼하는
⑤ 기대하는 → 무관심한

구문풀이 | · I felt like Florence Nightingale, [striding into battle to heal and hearten the troops].

[ ]는 분사구로 Florence Nightingale을 부가적으로 수식한다.

· I felt sick to my stomach **as** we opened the door to 3 South.

as는 부사절의 동작이 주절의 동작과 거의 동시에 일어나는 것을 표현하는 접속사이다.

03

정답 ①

소재 | 서점에 숨어 들어가기

직독직해

L7 There was a subtle odor /
미묘한 냄새가 났다 /
that Brendan recognized /
Brendan이 알고 있는 /
but couldn't place for a moment.
그러나 잠깐 분간할 수 없는

해석 | 한 블록 더 멀리에서, Brendan은 작은 벽돌 건물을 보았다. 그들이 이 거리에서 지나쳤던 그 밖의 다른 건물들처럼, 그것도 사람이 살지 않는 것처럼 보였다. 그는 왜 이 건물이 그의 관심을 끌었는지 확실하게 알지 못하는 채로, 그 앞에 멈추어 섰다. 정문이 조금 열려 있었다. 그는 용기를 내기 위해 심호흡을 한 다음, 문을 당겨 열었다. 아무도 소리를 지르지 않았다. 아무런 소리도 안으로부터 나지 않았다. "나를 기다려." Brendan은 Dai Yue의 손을 놓으면서 속삭였다. 그는 열린 틈을 통해 살그머니 들어갔다. Brendan이 알고 있지만 잠깐 분간할 수 없는 미묘한 냄새가 났다. 알게 되었을 때, 그는 거의 미소를 지을 뻔했다. 그 방은 St. Mary의 도서관과 같은 냄새가 났다. 이곳은 서점이었을까? Brendan은 더듬어 나아가며 한 발자국, 그리고 또 한 발자국을 내딛었다. 그의 손끝이 가죽 제본을 스쳤을 때, 그는 정말 미소를 지었다. 책이었다. 아무도 오늘밤에 책을 훔치려 할 것 같지 않았다. 그와 Dai Yue는 여기서 안전할 것이다.

해설 | He took a deep breath to gather his courage, then pulled it open.으로 보아 Brendan이 건물에 처음 들어갔을 때는 매우 긴장했었지만, 나중에 그곳이 서점인 것을 알게 되어 안도의 미소를 짓고 안전할 것이라고 생각했으므로, Brendan의 심경 변화로는 ① '긴장한 → 안도하는'이 가장 적절하다.

② 기쁜 → 마음이 편치 않은
③ 걱정하는 → 화가 난
④ 희망에 찬 → 실망한
⑤ 혼동된 → 당황한

구문풀이 | · There was a subtle odor [that Brendan recognized but couldn't place for a moment].

[ ]는 a subtle odor를 수식하는 관계절로 that은 recognized와 place의 목적어에 해당한다.

04

정답 ⑤

소재 | 비행기를 놓친 승객

직독직해

L1 My run slowed to a jog /
나는 달려가던 걸음을 늦추었다 /
as we approached / the gate for our flight to Paris.
우리가 가까워졌을 때 / 파리로 가는 우리 비행기의 게이트에

L2 The plane was still there, /
비행기는 아직 거기에 있었다 /
but the door to the Jetway / was shut.
그러나 제트웨이의 문은 / 닫혀 있었다

해석 | 파리로 가는 우리 비행기의 게이트에 가까워졌을 때 나는 달려가던 걸음을 늦추었다. 비행기는 아직 거기에 있었지만 제트웨이의 문은 닫혀 있었다. 게이트 담당 직원은 조용히 티켓을 정리하고 있었다. 제트웨이와 비행기의 문을 연결하는 덮개는 이미 접혔다. "안녕하세요, 우리는 이 비행기 승객이에요!"라고 나는 숨을 헐떡이며 말했다. "죄송합니다, 탑승이 끝났습니다."라고 그 직원이 말했다. "하지만 우리 연결 비행기가 겨우 10분 전에 착륙했어요. 게이트에 미리 전화해 주겠다고 우리에게 약속했는데요." "죄송합니다만 문을 닫은 후에는 아무도 태울 수가 없습니다." 내 남자친구와 나는 믿기지가 않아서 창으로 걸어갔다. 우리의 긴 주말이 막 산산조각나려는 참이었다. 비행기는 바로 우리 눈앞에 기다리고 있었다.

해설 | 탑승할 비행기의 게이트까지 뛰어왔지만 이미 탑승이 끝나고 문이 닫혀서 바로 창문 밖에 있는 비행기를 보면서 주말여행이 산산조각난 이 상황을 믿지 않아 하고 있으므로 'I'의 심경으로

는 ⑤ '좌절한'이 가장 적절하다.
① 감동받은 　　　　② 질투하는
③ 안심한 　　　　　④ 지루한

구문풀이| · They had already retracted the hood [connecting the Jetway to the airplane door].
현재분사인 connecting이 이끄는 [ ]가 the hood를 수식하고 있다.

CHAPTER REVIEW　　　　　본문 32~33쪽

01 ③　　**02** ③　　**03** ④　　**04** ①

01

정답 ③

소재| 정보 과다로 인해 잃어가는 어린 시절

직독직해

L4 Children have learned / to be cautious; /
어린이들은 배워 왔다 / 신중하라고 /
a lot of kids have even lost /
많은 아이들이 잃어 왔다 /
that innate curiosity / that no one should ever lose.
그 타고난 호기심을 / 아무도 결코 잃어서는 안 되는

L9 They don't live their childhood /
그들은 어린 시절을 살지 않고 있다 /
the way they should, /
마땅히 살아야 하는 방식으로 /
which could cause them serious problems /
그것이 그들에게 심각한 문제를 초래할 수 있다 /
that are difficult to solve / later on.
해결하기 어려운 / 나중에

해석| 오늘날 어린이들은 '안전'하다. 그들의 유일한 걱정거리는 부모님과의 싸움, 학교 가는 것, 그리고 자신들이 등록된 활동 목록을 해 나가는 것으로 이루어져 있다. 그런데 무슨 일이 일어나고 있는 것인가? 만약 그들이 '안전'하고 '잘' 살고 있다면, 왜 그렇게 많은 어려움을 겪고 있는 것인가? 어린이들은 신중하라고 배워 왔다. 많은 아이들이 아무도 결코 잃어서는 안 되는 그 타고난 호기심도 잃어 왔다. 큰 문제는 그들이 처리하기 어려운 거대한 정보의 물결을 접하고 있다는 것이다. 그것은 우리에게조차도 어렵다. 그래서 지나치게 많은 자극을 접하는 것이 그들이 견딜 수 없는 스트레스를 초래하는 것이다. 이 모든 것 때문에 어린이는 빨리 자라게 되어 즐기지 않고 발달 단계들을 지나게 된다. 그들은 마땅히 살아야 하는 방식으로 어린 시절을 살지 않고 있는데, 그것이 그들에게 나중에 해결하기 어려운 심각한 문제를 초래할 수 있다.

해설| 오늘날 어린이들은 처리하기 어려운 거대한 정보의 물결을 접하고 스트레스를 받아 어린 시절을 즐기지 못한다는 내용의 글이므로, 제목으로 가장 적절한 것은 ③ '너무 많은 정보가 어린 시절을 잃게 한다'이다.
① 어린이들이 인터넷에서 안전한가?
② 어떻게 호기심이 학습을 강화하는가?
④ 정보와 경험으로 어린이의 삶을 풍부하게 하라
⑤ 어린이는 자극을 더 많이 받으면 받을수록 더 똑똑해질 것이다

구문풀이| · The big problem is [that they are exposed to large flows of information {that are hard to process}].
[ ]는 보어의 역할을 하는 명사절이고, { }는 large flows of information을 수식하는 관계절이다.
· That's why **being** exposed to so much stimuli **causes** stress [that they're incapable of tolerating].
why 이하의 절에서 동명사 being이 이끄는 어구가 주어이므로 동사 causes가 쓰였다. [ ]는 stress를 수식하는 관계절로 that은 tolerating의 목적어에 해당한다.
· They don't live their childhood the way [they should], **which** could cause them serious problems [that are difficult to solve later on].
첫 번째 [ ]는 the way를 수식하는 관계절로 앞에 that이나 in which를 넣어 표현할 수 있다. which는 앞선 절 전체를 가리키는 관계사로 앞의 내용에 대해 부가적으로 설명하는 절을 이끈다. 두 번째 [ ]는 serious problems를 수식하는 관계절이다.

Words & Phrases

consist of ~로 이루어져 있다　　deal with ~을 해내다, 다루다
sign up A for B A를 B에 등록시키다
cautious 조심하는　　　　　　innate 타고난
curiosity 호기심　　　　　　　expose 접하게[경험하게] 하다
flow 흐름　　　　　　　　　　process 처리하다; 과정
stimulus 자극 (pl. stimuli)　　incapable 할 수 없는
tolerate 참다

02

정답 ③

소재| 선물을 갖고 온 산타

직독직해

L7 Instead, / he patted their son on the head, /

대신에 / 그는 그들의 아들의 머리를 쓰다듬고 /

nodded once, / and without a word went on his way.

한 번 고개를 끄덕이고 / 아무 말도 없이 자신의 길을 갔다

L10 "I didn't want the little fellow to be disappointed on his holiday,"/

"나는 어린 친구가 그의 명절에 낙담하는 것을 원하지 않았어요."라고 /

he explained with a smile / and turned to leave.

그는 미소를 지으며 설명하고 / 돌아서서 떠났다

해석 | 크리스마스 며칠 전, 한 부부가 그들의 어린 아들의 손을 잡고 근처 교회로 빠르게 걸어가고 있었다. 그러나 그 소년은 약간 뒤로 물러나더니, 속도를 줄이다가, 갑자기 멈춰 섰다. "산타예요." 하고 그는 속삭였다. "산타!" 그 네 살짜리 아이는 부모님이 잡은 손을 떨치고서 길게 늘어진 흰 수염이 있는 나이든 신사를 향해 뛰어갔다. 그 낯선 사람의 상의 뒷자락을 잡아당기면서, 그 어린아이는 "산타할아버지, 크리스마스에 저한테 테디베어를 가져다 주실래요?" 하고 간청했다. 그 부부는 당황하여 사과하기 시작했지만, 그 남자는 그저 손을 저어 그들을 물러나게 했다. 대신에, 그는 그들의 아들의 머리를 쓰다듬고, 한 번 고개를 끄덕이고, 아무 말도 없이 자신의 길을 갔다. 크리스마스 아침에, 한 번의 노크가 그 가족의 축제를 방해했다. 문간에 그 노인이 서서 큰 곰 인형을 내밀었다. "나는 어린 친구가 그의 명절에 낙담하는 것을 원하지 않았어요."라고 그는 미소를 지으며 설명하고는 돌아서서 떠났다. 어쩔 줄 몰라서, 그 부부는 "어, 감, 감사합니다. 그리고 메리 크리스마스… 라비님." 하고 말할 수밖에 없었다.

해설 | 길거리에서 우연히 만난 라비가 크리스마스 아침에 아들의 선물을 갖다 주러 온 상황에서 부부가 느꼈을 심경으로 가장 적절한 것은 ③ '놀랍고 고마운'이다.
① 자랑스럽고 자신감 있는
② 걱정되고 흥분된
④ 기쁘고 열광적인
⑤ 당황스럽고 후회되는

구문풀이 | • [Tugging on the stranger's coattail], the youngster begged, "Santa, will you bring me a teddy bear for Christmas?"
[ ]는 분사구문으로 의미상 주어는 the youngster이다.
• **Embarrassed**, the couple started to apologize, but the man merely waved them aside.
Embarrassed는 분사구문으로 As they were embarrassed의 의미이다.
• [In the doorway stood the old man] **holding** out a large bear.
[ ]는 「장소의 부사구 + 동사 + 주어」의 도치구문이다. holding

이하는 분사구문으로 부수적인 상황을 나타낸다.

Words & Phrases

pull back 뒤로 물러나다   abrupt 갑작스러운
halt 멈춤, 정지
break free of ~에서 떨치다, 떨쳐 풀다
elderly 나이 든   tug 잡아당기다
coattail 상의의 뒷자락   merely 그저, 다만
wave ~ aside 손을 흔들어 ~을 물리치다
interrupt 방해하다   festivity 축제, 잔치
rabbi (유대교의 지도자, 교사인) 라비

03

정답 ④

소재 | 대학생이 가지는 선택의 자유

직독직해

L1 College students cannot decide /
대학생들은 결정할 수 없다 /
whether they appreciate the freedom they have /
자신들이 가진 자유를 고마워해야 할지 /
or resent it.
아니면 원망해야 할지

L7 Try not to confuse /
혼동하지 않도록 노력하라 /
the joys and privilege of free choice /
자유로운 선택의 기쁨과 특권을 /
with the fears of uncertainty.
불확실성의 두려움과

해석 | 불확실성과 자유는 밀접히 관련되어 있다. 대학생들은 자신들이 가진 자유를 고마워해야 할지, 아니면 원망해야 할지 결정할 수 없다. 여러분은 부모에 의한 매일의 통제로부터 자유로워지고, 자유롭게 수업과 전공을 선택하고, 자유롭게 전문 과정을 정할 수 있을 것이다. 하지만 그 선택들이 너무 많고 중요한 것처럼 보여서, 여러분은 두려워서 얼어붙을지도 모른다. 여러분은 스스로에게 해결할 기회를 주기 전에 재빨리 (의과대학과 같은) 상투적인 선택 쪽으로 물러나거나, (부모와 같은) 영향력 있는 조언자에게 의존할는지도 모른다. 자유로운 선택의 기쁨과 특권을 불확실성의 두려움과 혼동하지 않도록 노력하라. 열린 전망을 보는 것은 두려울 수 있으나 그것은 가슴 뛰는 가능성의 순간이 될 수 있고 되어야만 한다.

해설 | 대학생이 되었을 때 주어지는 선택의 자유는, 새로운 가능성을 열어주는 계기가 되므로 두려워하지 말아야 한다는 내용의

글이다. 따라서 필자가 주장하는 바로 가장 적절한 것은 ④이다.

구문풀이 | ・But those choices seem **so** numerous and important **that** you may be frozen with fear.

「so ~ that …」 구문이 쓰여 '너무 ~해서 …하다'라는 의미를 나타내고 있다.

・**It** may be scary **to look at an open landscape**, but it can and should [be a thrilling moment of possibility].

It은 형식상의 주어이며 to look at an open landscape이 내용상의 주어이다. [ ]는 can과 should에 공통으로 이어진다.

Words & Phrases

uncertainty 불확실성	appreciate 고마워하다, 환영하다
resent 원망하다	supervision 통제, 감시
major 전공	professional course 전문 과정
numerous 매우 많은	frozen 얼어붙은
retreat 물러나다, 도망치다	conventional 상투적인, 관례적인
influential 영향력 있는	confuse 혼동하다
privilege 특권	scary 두려운
landscape 전망, 상황	

04

정답 ①

소재 | 학교 급식

직독직해

L3 I do have a concern, / though, /
저는 크게 걱정하고 있습니다 / 그러나 /
about the food / offered in the school cafeteria.
음식에 대해 / 학교 식당에서 제공되는

L7 The most healthful piece of food /
건강에 가장 좋은 음식 조각은 /
seemed to be a small piece of green pepper /
작은 피망 한 조각이었던 것 같습니다 /
floating on a sea of cheese on a pizza.
피자 위의 흥건하게 덮인 치즈 위에 떠 있는

해석 | Murphy 교장 선생님께

Brian은 Fairview 초등학교에서 3학년 학생으로 잘 적응하고 있습니다. 그러나 저는 학교 식당에서 제공되는 음식에 대해 크게 걱정하고 있습니다. 식단은 과다한 지방, 설탕, 그리고 쓸모없는 정크 푸드와 같은 것들에 관해 알려진 의학 연구와 아무런 관련을 가지고 있지 않은 것처럼 보입니다. 최근 메뉴에는 감자튀김 너겟을 곁들인 생선 튀김, 감자 칩을 곁들인 핫도그, 그리고 프렌치

프라이를 곁들인 닭튀김이 포함되었습니다. 건강에 가장 좋은 음식 조각은 피자 위의 흥건하게 덮인 치즈 위에 떠 있는 작은 피망 한 조각이었던 것 같습니다. 저는 집에서 제 아이에게 이런 종류의 정크 푸드를 먹이지 않으며, 그것이 학교에 적절하다고 생각하지도 않습니다. 학교에서 제공되는 음식에 관해 학교 영양사와 꼭 이야기를 하고 싶습니다.

Karen Diamond 드림

해설 | 편지를 쓴 사람은 초등학교 3학년인 Brian의 엄마로 학교 식당에서 제공되는 음식에 건강에 좋지 않은 음식이 많이 있는데, 그런 음식을 아이들에게 먹이는 것은 적절하지 않다고 말하고 있으므로, 글의 목적으로는 ①이 가장 적절하다.

구문풀이 | ・**I do** have a concern, though, about the food [offered in the school cafeteria].

do(does/did)는 동사 앞에 쓰여 동사를 강조한다. [ ]는 과거분사구로 the food를 수식한다.

・The most healthful piece of food seemed to be a small piece of green pepper [floating on a sea of cheese on a pizza].

[ ]는 현재분사구로 a small piece of green pepper를 수식한다.

Words & Phrases

settle in (새 집 · 직장 등에 자리를 잡고) 적응하다
concern 걱정
school cafeteria 학교(교내) 식당
have relation to ~와 관련(관계)이 있다
recognized 알려진, 인정된
excessive 과다한
junk food 정크 푸드(건강에 좋지 못한 것으로 여겨지는 인스턴트 음식이나 패스트푸드)
nugget 너겟(작고 동그랗게 만든 음식)
green pepper 피망
float on ~ 위에 떠 있다
appropriate 적절한, 적당한
dietitian 영양사
offering 제공되는 것

CHAPTER 02
사실적 이해

UNIT 05 지칭 대상 파악

EXAMPLE
본문 36쪽

정답 ④

소재 | 아기가 원하는 것 파악하기

직독직해

L1 Six-month-old Angela is sitting /
생후 6개월 된 Angela는 앉아 있다 /

in her high chair / during lunch /
자신의 어린이용 높은 의자에 / 점심 식사를 하는 동안에 /

and sees her bottle / on the table.
그리고 자신의 젖병을 본다 / 식탁에 있는

L4 Eventually, /
결국 /

she turns away from her mother's spoonfuls, /
그녀의 엄마가 숟가락에 떠 주는 음식에서 고개를 돌리고 /

arches her back, /
자신의 등을 아치 모양으로 구부리며 /

turns around in her high chair, /
자신의 높은 의자에서 몸을 돌린다 /

and vocalizes / as if she is about to cry.
그리고 소리를 낸다 / 그녀는 마치 금방이라도 울 것처럼

해석 | 생후 6개월 된 Angela는 점심 식사를 하는 동안에 자신의 어린이용 높은 의자에 앉아 있고 식탁에 있는 자신의 젖병을 본다. 힘든 날이어서 그녀는 아주 피곤하며 자신의 젖병을 원한다. 그녀의 엄마 Sophie가 그녀에게 음식을 먹일 때, 그녀는 그것을 바라보고, 점점 더 좌절감을 느낀다. 결국 그녀의 엄마가 숟가락에 떠 주는 음식에서 고개를 돌리고, 자신의 등을 아치 모양으로 구부리며, 자신의 높은 의자에서 몸을 돌리고, 그녀는 마치 금방이라도 울 것처럼 소리를 낸다. Sophie는 Angela가 무엇을 원하는지 전혀 모르고 있다. Sophie가 또 다른 이유로 식탁을 우연히 바라볼 때, 그녀는 그 위에 있는 젖병을 보게 된다. "저것이 네가 원하는 것이구나."라고 말하고, 그녀는 Angela에게 그녀의 젖병을 준다. 마침내 성공한 것이다!

구문풀이 | • "That's **what** you want," she says, and gives Angela her bottle.

what은 '~인 것'이라는 의미로 선행사를 포함한 관계사이다.

PRACTICE
본문 38~41쪽

01 ④	02 ⑤	03 ④	04 ②

01

정답 ④

소재 | 사회개혁가 Ishwar Chandra Vidyasagar의 일화

직독직해

L1 Once, / Ishwar Chandra Vidyasagar, the well-known social reformer, /
언젠가 / 저명한 사회 개혁가인 Ishwar Chandra Vidyasagar가 /

was walking / on the streets of Kolkata /
걷고 있었다 / Kolkata의 거리에서 /

when he heard an old man crying.
그때 그는 한 노인이 울고 있는 소리를 들었다

L11 When the old man turned up in court /
노인이 법정에 나타났을 때 /

for his hearing / the following week, /
공판을 위해 / 그 다음 주에 /

he was surprised to hear / that all his debts had been paid up fully.
그는 듣고 놀랐다 / 자신의 모든 부채가 다 청산되었다는 것을

해석 | 언젠가 저명한 사회 개혁가인 Ishwar Chandra Vidyasagar가 Kolkata의 거리를 걷고 있었는데, 그때 그는 한 노인이 울고 있는 소리를 들었다. 그는 그 남자에게 다가가서 무엇 때문에 괴로워하는지 물었다. "모든 사람이 내 문제를 알고 싶어 하지만, 아무도 기꺼이 나를 도와주려고 하지 않는다네!"라고 그 노인이 대답했다. Vidyasagar의 고집에 응하여, 그는 마침내 자신의 고민을 말로 쏟아냈다. 몇 년 전에 그는 한 남자에게서 자신의 집을 저당 잡히고 돈을 좀 빌렸었다. 이제 그의 채권자는 소송을 제기했고, 곧 그의 집은 압류될 것이었다. 그와 그의 가족은 집이 없게 될 것이었다. Vidyasagar는 이름, 날짜, 그리고 세부 내용에 유의하면서 그의 이야기를 끈기 있게 들었다. "저는 당신을 돕기 위해 최선을 다할 것입니다."라고 그는 약속했다. 노인이 그 다음 주에 공판을 위해 법정에 나타났을 때, 그는 자신의 모든 부채가 다 청산되었다는 것을 듣고 놀랐다. 그의 은인은 다름 아닌 Vidyasagar였던 것이다!

해설 | ④는 Vidyasagar를 가리키고, 나머지는 모두 the old man을 가리킨다.

구문풀이| • Vidyasagar listened to his story patiently, **noting** the names and dates and the details.

noting은 분사구문을 이끌고 있다.

• When the old man turned up in court for his hearing the following week, he was surprised to hear [that all his debts **had been paid** up fully].

[ ]는 hear의 목적어로 쓰인 명사절로 부채가 다 청산된 일이 소식을 들었을 때보다 먼저 일어난 일이므로 대과거가 쓰였다.

02

정답 ⑤

소재| 집 없는 노인 돕기

직독직해

L1 In January 2004, /
2004년 1월에 /
George Wilson of Glebe Gardens, Edinburgh, Scotland, /
스코틀랜드 에딘버러의 Glebe Gardens에 사는 George Wilson은 /
walked his children to school / and saw an old man /
걸어서 자기 아이들을 등교시켰다 / 그리고 노인을 봤다 /
outside a still-closed shop / in St. John's Road.
아직 닫혀 있는 어느 가게 밖에 있는 / St. John's Road에서

L6 Taking pity on the man, /
그 남자를 불쌍하게 여겼으므로 /
who he knew / now was homeless /
그가 알게 된 / 당시 집이 없다는 것을 /
in weather that was forecast to be −1℃, /
섭씨 영하 1도가 될 거라고 예보된 날씨에서 /
Mr. Wilson gave the old man, /
Wilson 씨는 그 노인에게 주었다 /
who was dressed only in jeans and a sweater, /
청바지와 스웨터만 입고 있는 /
things to keep him warm: a fleece and a blanket.
그를 따뜻하게 해 줄 것 / 즉 플리스로 만든 재킷과 담요

해석| 2004년 1월에 스코틀랜드 에딘버러의 Glebe Gardens에 사는 George Wilson은 걸어서 자기 아이들을 등교시키다가 St. John's Road에서 아직 닫혀 있는 어느 가게 밖에 있는 노인을 봤다. 나중에 Wilson 씨가 자기 아이들을 집으로 데려갈 때 그는

같은 자리에서 그 노인을 봤다. 그 후, 저녁에 그는 맥주 1파인트를 사러 나가서 다시 그 노인을 봤는데, 이번에는 다른 가게 앞이었다. 섭씨 영하 1도가 될 거라고 예보된 날씨에서 당시 집이 없다는 것을 그가 알게 된 그 남자를 불쌍하게 여겼으므로, Wilson 씨는 청바지와 스웨터만 입고 있는 그 노인에게 그를 따뜻하게 해 줄 것, 즉 플리스로 만든 재킷과 담요를 주었다. 그 노인은 그 선물에 고마워했다.

해설| ⑤는 집 없는 노인을 가리키고, 나머지는 George Wilson을 가리킨다.

구문풀이| • Later, [when Mr. Wilson took his children home], [he saw the old man at the same place].

첫 번째 [ ]는 시간의 부사절이고 두 번째 [ ]가 주절이다.

03

정답 ④

소재| Paganini와 경쟁했던 바이올린 연주자

직독직해

L8 But when it again became the stranger's turn to play, /
그러나 다시 그 낯선 사람이 연주할 차례가 되었을 때 /
his performance was given /
그의 연주는 제공되었다 /
with such brilliance of execution /
아주 탁월한 솜씨로 /
as to utterly defeat the young professor, /
그 젊은 교수를 완전히 이겨 버릴 정도로 /
who disappeared and was seen no more that evening.
그래서 그 교수는 사라져서 그날 저녁에 더 이상 보이지 않았다

해석| 우리 자신의 능력보다 못한 능력을 가지고 있는 것처럼 보이는 사람을 비웃는 것이 항상 안전한 것은 아니다. 베를린의 한 젊은 바이올린 교수가 자신(그)이 초대받았던 한 저녁파티에서 이 교훈을 고통스럽게 배웠다. 그는 몇 곡을 연주했는데, 그러나 많은 박수갈채를 받지 못했다. 그가 마친 후에, 또 다른 젊은이가 연주를 요청받았으나 그의 연주는 앞에 했던 사람보다 더 형편없었다. 사실 그의 스타일과 솜씨는 끔찍했다. 그래서 우리의 젊은 교수가 다시 앞으로 나와 마치 그 처음 보는 음악가를 완전히 압도하려는 것처럼 매우 뽐내며 자신(그)의 우월한 능력을 보여 주었다. 그러나 다시 그 낯선 사람이 연주할 차례가 되었을 때, 그의 연주는 아주 탁월한 솜씨로 제공되어 그 젊은 교수를 완전히 이겨 버렸고 그 교수는 사라져서 그날 저녁에 더 이상 보이지 않았다. 그는

세계의 위대한 바이올린 연주자들 중 한 명인 Paganini와 겨루고 있었던 것이다.

해설 | ④의 his는 '또 다른 젊은이(another young man)', 즉 Paganini를 가리키고, 나머지는 모두 '베를린의 젊은 바이올린 교수(a young violin professor of Berlin)'를 가리킨다.

구문풀이 | · It is **not always** safe [to laugh at one {**whose** abilities seem to be less than our own}].

It은 형식상의 주어이며 [ ]가 내용상의 주어이다. not always는 '항상 ~한 것은 아니다'라는 부분 부정의 의미를 나타낸다. { }는 소유격 관계대명사 whose가 이끄는 관계절로 one을 수식한다.

04

정답 ②

소재 | 극심한 가난으로 고생하는 친구를 도와준 David Hume

직독직해

L1 David Hume was visited / by the poet Thomas Blacklock, /
David Hume은 방문을 받았다 / 시인 Thomas Blacklock의 /
who complained at great length about his misfortunes: /
그 시인은 자신의 불행에 관해 장황하게 불평을 했다 /
blind and poor, / he no longer had the means to support his large family /
눈멀고 가난했던 / 그는 더는 자신의 대가족을 부양할 돈이 없었다 /
and did not know where to turn for help.
그리고 어디에 도움을 청해야 할지를 알지 못했다

L8 Taking from his desk the grant for the university post, /
책상에서 대학교의 일자리에 대한 허가증을 꺼내서 /
he handed it to his unfortunate friend /
그는 그것을 자신의 불행한 친구에게 건넸다 /
and promised to have the name changed / from Hume to Blacklock.
그리고 이름을 고치겠다고 약속을 했다 / Hume에서 Blacklock으로

해석 | David Hume은 시인 Thomas Blacklock의 방문을 받았는데, 그 시인은 자신의 불행에 관해 장황하게 불평을 했다. 눈멀고 가난했던 그는 더는 자신의 대가족을 부양할 돈이 없었고 어디에 도움을 청해야 할지를 알지 못했다. 당시 (그는) 그 자신도 재정적인 어려움에 처해 있었지만, Hume은 어느 친구의 영향력을 통해서 일 년에 약 40파운드의 수입이 있는 대학교의 직책을

하나 간신히 얻었다. 그럼에도 불구하고 그는 그 시인의 슬픈 이야기에 매우 감동을 받아서 그는 줄 수 있는 여력이 있는 한에서 도울 수 있는 유일한 수단을 그에게 제공했다. 그는 책상에서 대학교의 일자리에 대한 허가증을 꺼내서, 그것을 자신의 불행한 친구에게 건네고는 이름을 Hume에서 Blacklock으로 고치겠다고 약속을 했다. 이런 관대한 희생은 Blacklock과 그의 가족을 극심한 가난으로부터 거의 확실하게 구해 주었다.

해설 | ②는 시인 Thomas Blacklock을 도와준 David Hume을 가리키고, 나머지는 모두 눈멀고 가난해서 대가족을 부양할 돈이 없어서 Hume에게 도움을 청한 시인 Thomas Blacklock을 가리킨다.

구문풀이 | · David Hume was visited by the poet Thomas Blacklock, [who complained at great length about his misfortunes]: [blind and poor], he no longer had the means to support his large family and did not know where to turn for help.

첫 번째 [ ]는 관계절로 the poet Thomas Blacklock을 부가적으로 설명한다. 두 번째 [ ]는 분사구문으로 앞에 being이 생략되어 있다.

· Nevertheless, he was **so** moved by the poet's tale of sorrow **that** he offered him the only means of assistance within his power to give.

「so ~ that ....(매우 ~해서 …하다) 구문이 쓰였다.

· [Taking from his desk the grant for the university post], he [handed it to his unfortunate friend] **and** [promised to {have the name changed from Hume to Blacklock}].

첫 번째 [ ]는 분사구문으로 he가 의미상의 주어 역할을 하고, 두 번째와 세 번째 [ ]는 and에 의해 연결되어 주어 he에 이어진다. { }에서 have의 목적어 the name과 목적보어 change가 수동의 의미 관계를 가지기 때문에 과거분사 changed가 쓰였다.

UNIT 06 세부 내용 파악

EXAMPLE 본문 42쪽

정답 ④

소재 | Kaspar Fürstenau의 생애

직독직해

L8 Kaspar Fürstenau continued /
Kaspar Fürstenau는 계속했다 /
his career as a flutist /
플루트 연주자로서의 자신의 삶을 /
performing together with his son Anton Fürstenau /
아들인 Anton Fürstenau와 함께 공연하면서 /
in the major cities of Europe.
유럽의 주요 도시에서

해석 | Kaspar Fürstenau는 독일의 플루트 연주자이자 작곡가였다. 고아가 된 후에 Anton Romberg가 그를 돌보았고 그에게 바순 연주를 가르쳤지만, Fürstenau는 플루트에 더 흥미가 있었다. 15세에 그는 이미 능숙한 플루트 연주자였고 군악대에서 연주했다. 1793~94년에 Fürstenau는 독일에서 자신의 첫 콘서트 순회공연을 했다. 1794년에 그는 'Chamber Orchestra of Oldenburg'의 일원이 되었으며, 거기에서 그는 1811년에 그 오케스트라가 없어질 때까지 연주했다. Kaspar Fürstenau는 유럽의 주요 도시에서 아들인 Anton Fürstenau와 함께 공연하면서 플루트 연주자로서의 자신의 삶을 계속했다.

구문풀이 | · In 1794, he became a member of the "Chamber Orchestra of Oldenburg," [**where** he played until the orchestra was abolished in 1811].
[ ]는 관계부사 where가 이끄는 관계절로 the "Chamber Orchestra of Oldenburg"를 추가적으로 설명한다.

PRACTICE   본문 44~47쪽

01 ③   **02** ④   **03** ④   **04** ⑤

01

정답 ③

소재 | Naadam 축제

직독직해

L1 Although volunteer positions in Hustai /
비록 Hustai에서의 봉사활동 자리는 /
are available year-round, /
1년 내내 가능하지만 /
most volunteers choose / the spring, summer, and fall months, /

대부분의 자원봉사자들은 선택한다 / 봄, 여름, 그리고 가을인 달들을
because winters in the Mongolian steppes are bitterly cold and inhospitable.
몽골 스텝 지대의 겨울이 몹시 춥고 사람이 살 수 없을 정도이기 때문이다

L3 Perhaps the very best time to visit is July, /
아마 방문하기 가장 좋은 때는 7월일 것이다 /
when herdsmen come from miles around /
그때는 멀리서부터 목동들이 오는데 /
to participate in the three-day Naadam Festival, /
3일 간의 Naadam 축제에 참가하기 위해 /
an ancient and colorful competition of horse racing, archery, and wrestling /
오래되고 화려한 경마, 궁술 및 레슬링 시합이다 /
—once called the "three manly games."
한때는 '3대 사나이 경기'라고 불렸던

해석 | Hustai에서의 봉사활동 자리는 1년 내내 가능하지만 대부분의 자원봉사자들은 봄, 여름, 그리고 가을인 달들을 선택하는데, 몽골 스텝 지대의 겨울이 몹시 춥고 사람이 살 수 없을 정도이기 때문이다. 아마 방문하기 가장 좋은 때는 7월일 것이고, 그때는 3일 간의 Naadam 축제에 참가하기 위해 멀리서부터 목동들이 오는데, 그 축제는 한때는 '3대 사나이 경기'라고 불렸던, 오래되고 화려한 경마, 궁술 및 레슬링 시합이었다. Naadam 축제는 종교 행사로 시작되었으나 몽골 국가의 기념행사로 발전했다. 수천 마리의 말들이 시합하는 경마는 경주로가 아니라 고도가 높은 몽골 초원에서 개최된다. 그 경주는 장거리 시합으로서, 모든 말들이 아는 특별한 노래('Giin-Goo')로 시작된다. 기수는 일곱 살에서 열두 살까지의 아이들로 화려한 의상을 입고 있다. 상위 5등까지의 우승자는 시와 노래로 축하를 받는다.

해설 | Naadam 축제는 종교 행사로 시작되었으나 몽골 국가의 기념행사로 발전했다고 했으므로 ③은 글의 내용과 일치한다.
① 대부분의 자원봉사자들은 봄, 여름, 그리고 가을인 달들을 선택한다.
② Naadam 축제는 7월에 3일간 열린다.
④ 경마는 경주로가 아니라 고도가 높은 초원에서 개최된다.
⑤ 경마 입상자는 상위 5등까지 시와 노래로 축하를 받는다.

구문풀이 | · The horse race, with thousands of horses competing, takes place **not** on a track, **but** over high-altitude Mongolian grasslands.
「not A but B」는 'A가 아니라 B인'이라는 의미이다.

02

정답 ④

소재 | Stone Town

직독직해

L1 Stone Town, / a UNESCO World Heritage site, /
Stone Town은 / 유네스코 세계문화유산 보호지역인 /
is one of the oldest districts on Zanzibar, /
Zanzibar에서 가장 오래된 지역 중 하나이다 /
an island off the coast of Tanzania.
탄자니아 연안에 있는 섬인

L2 This former Swahili trading town /
이 예전 Swahili 교역 마을은 /
is a labyrinth of tiny streets and alleys, markets, mosques, and other historic buildings
작은 거리와 골목, 시장, 이슬람 사원, 그리고 여타 역사적 건물들로 이루어진 미로이다
—including the Anglican church /
영국 성공회 교회를 포함하여 /
on the site of the old central slave market, /
예전 중앙 노예 시장터에 있는 /
East Africa's largest slave-trading port.
동아프리카 최대 노예 거래 항구였던

해석 | 유네스코 세계문화유산 보호지역인 Stone Town은 탄자니아 연안에 있는 섬인 Zanzibar에서 가장 오래된 지역 중 하나이다. 이 예전 Swahili 교역 마을은 작은 거리와 골목, 시장, 이슬람 사원, 그리고, 동아프리카 최대 노예 거래 항구였던 예전 중앙 노예 시장터에 있는 영국 성공회 교회를 포함하여, 여타 역사적 건물들로 이루어진 미로이다. 페르시아, 인도, 유럽, 아랍, 그리고 아프리카의 건축이 뒤섞여 있는 Stone Town은 3세기 동안 인간이 거주해 왔으며, 아름답게 조각된 나무로 된 문으로 유명하다. 술탄 Syyid Barghash의 예전 궁전인 House of Wonders는 대중에게 개방되어 있다. 그것이 유명한 또 하나의 이유는, 퀸(영국의 록밴드)의 리드 싱어인 Freddie Mercury가 그곳에서 태어났다는 것이다.

해설 | 술탄 Syyid Barghash의 예전 궁전인 House of Wonders는 대중에게 개방되어 있다고 했으므로 ④는 글의 내용과 일치하지 않는다.

구문풀이 | · **Combining** Persian, Indian, European, Arab, and African architecture, **Stone Town** [has been occupied by humans for three centuries] **and** [is famed for its beautifully carved wooden doors].

Combining은 분사구문을 이끄는 현재분사로 의미상 주어는 주절의 주어인 Stone Town이다. 주절에는 주어인 Stone Town에 [   ]로 표시된 두 개의 서술부가 and에 의해 이어져 있다.

03

정답 ④

소재 | Thomas Paine의 'Common Sense'

직독직해

L1 *Common Sense*, written by Thomas Paine, /
Thomas Paine이 쓴 'Common Sense'가 /
swept through the American colonies in 1776 /
1776년 미국 식민지들을 휩쓸었다 /
during the opening months of the American Revolutionary War.
미국 독립 전쟁이 시작되었던 몇 달 동안

해석 | Thomas Paine이 쓴 'Common Sense'가 1776년 미국 독립 전쟁이 시작되었던 몇 달 동안 미국 식민지들을 휩쓸었다. 그것은 석 달 동안 12만 부가 넘게 팔렸고 식민지 주민들 간의 논쟁의 본질 전체를 바꾸어 놓았다. 이 책에서, Thomas Paine은 영국으로부터의 완전한 독립만이 미국에 번영을 가져올 것이라고 단언했다. 'Common Sense'가 없었다면 미국 독립 혁명은 흔들렸을지도 모르며, 새로운 미국의 수립은 무기한 연기되었을 것이다. 처음에 'Common Sense'는 1776년 1월 익명으로 출판되었다. Thomas Paine이라는 영국 자유 사상가가 그것을 썼다는 것이 곧 알려졌다. 몇 주 안에, 겨우 2만 단어 길이의 그 짧은 책은 식민지 전체에서 재인쇄되고 있었다.

해설 | At first, *Common Sense* was published anonymously in January 1776.에서 'Common Sense'가 처음에 익명으로 출판되었음을 알 수 있다. 따라서 글의 내용과 일치하는 것은 ④이다.
① 독립 전쟁이 시작되었던 몇 달 동안 미국 식민지들에서 많이 읽혔다.
② 미국의 완전한 독립을 찬성하는 주장이 실렸다.
③ 새로운 미국의 수립에 일조했다.
⑤ 분량이 적은 책으로 출판 후 몇 주 안에 재인쇄되었다.

구문풀이 | · Without *Common Sense*, the American Revolution **might have been shaken**, and the establishment of the new United States **would have been postponed** indefinitely.

가정법 과거완료형이 사용되어 과거 사실에 반대되는 가정을 하고 있다. Without *Common Sense*는 If it had not been for *Common Sense*로 바꿔 쓸 수 있다.

· Within weeks, the short book—barely 20,000 words long—**was being reprinted** throughout the colonies. was being reprinted는 「be+being+과거분사」의 형태로 과거진행형의 수동태이다.

things {that were in the present}] **and** [of subjects {that could be seen every day}].
첫 번째 that은 believed의 목적어 역할을 하는 명사절을 이끄는 접속사이다. 두 개의 [ ]는 and에 의해 병렬되어 있고 두 개의 { }는 각각 things와 subjects를 수식하는 관계절이다.

04

정답 ⑤

소재 | 화가 Gustave Courbet

직독직해

L1 His family was very well-off financially, /
그의 가정은 재정적으로 매우 부유했다 /
and he received all of the education /
그리고 그는 모든 교육을 받았다 /
that lifestyle could offer.
그 생활 방식이 제공해 줄 수 있는

L8 He chose themes / from everyday life /
그는 주제를 선택했다 / 일상생활에서 /
and did not exclude /
그리고 배제하지 않았다 /
what might be considered ugly.
추하게 여겨질 수도 있는 것을

해석 | Gustave Courbet는 1819년 프랑스 Ornas에서 태어났다. 그의 가정은 재정적으로 매우 부유했고, 그는 그 생활 방식이 제공해 줄 수 있는 모든 교육을 받았다. 1840년 그는 법을 공부하도록 파리로 보내졌다. 하지만 그의 아버지의 바람에 반하여, Courbet는 법 공부를 그만두고 화가로서의 자신의 진로를 추구하기 시작했다. 그의 많은 초기 작품들은 낭만주의 전통에 속해 있었으나, 23세가 되었을 때 이미 Courbet는 사실주의 작품을 그리는 분야에 안착해 있었다. 그는 미술에서 사실주의 운동의 선도자가 되었다. 그는 일상생활에서 주제를 선택했으며, 추하게 여겨질 수도 있는 것을 배제하지 않았다. 그는 그림이 현재 존재하는 것과 매일 볼 수 있는 대상에 관한 것이어야 한다고 믿었다.

해설 | He believed that paintings should be of things that were in the present ~ every day.에서 Courbet가 현재 존재하는 것들을 그림으로 그려 내야 한다고 믿었음을 알 수 있다. 따라서 ⑤는 글의 내용과 일치하지 않는다.

구문풀이 | · He believed **that** paintings should be [of

본문 48쪽

UNIT **07** 실용문

EXAMPLE

정답 ⑤

소재 | 무료 가족 영화의 밤 행사

직독직해

L9 Students must be accompanied /
학생은 동행되어야 합니다 /
by their parents or guardian / for the entire evening.
부모나 보호자에 의해 / 저녁 시간 내내

해석 |

> **가족 영화의 밤**
> 5월 12일 목요일 오후 6시 30분에 Bluebird 초등학교 체육관에서 진행되는 '무료' 가족 영화의 밤 행사에 우리와 함께하십시오.
>
> 영화: SNOW PRINCE
>
> 모든 분께 무료 팝콘 제공!
> 피자와 청량음료가 판매됩니다.
> ■ 조각 피자: $1.50
> ■ 청량음료: $1.00
>
> 학생은 저녁 시간 내내 부모나 보호자가 동행해야 합니다.
>
> 각자의 담요나 베개를 가져오셔서 안락하게 지내시기 바랍니다!

구문풀이 | · [Bring your own blanket or pillow] **and** [get comfortable]!
명령문인 두 개의 [ ]가 and로 이어지고 있다.

PRACTICE

01 ④	02 ⑤	03 ②	04 ④

01

정답 ④

소재 | 아빠와 딸을 위한 춤 파티

직독직해

L9 Reservations can also be made by phone /
예약은 전화로도 하실 수 있는데 /
with payment mailed or dropped off at the LYC.
입장료는 우편으로 보내시거나 LYC 사무실로 가져다주실 수 있습니다

L10 Tickets can be picked up / at the door at the night of the event.
입장권은 수령하실 수 있습니다 / 행사 당일 저녁에 문에서

L12 Space is limited /
공간이 한정되어 있습니다 /
so reservations must be confirmed /
그러므로 예약을 확인하셔야 합니다! /
with payment by Friday, March 10!
3월 10일 금요일까지 금액을 지불하시고

해석 |

아빠와 딸의 춤
아빠와 그의 공주님의 데이트
3월 25일 토요일 오후 7시 ~ 9시
Oakwood Resort Hilltop Conference 센터

이 행사는 항상 딸들이 아빠와 시간을 보낼 수 있는 아주 특별한 저녁 시간입니다. 아름다운 Oakwood 리조트에 있는 Hilltop Conference 센터에서 전채 요리, 디저트 그리고 춤이 있을 것입니다.

입장권은 화요일부터 목요일까지 오전 9시부터 오후 2시까지 LYC 사무실에서 구하실 수 있습니다. 예약은 전화로도 하실 수 있는데 입장료는 우편으로 보내시거나 LYC 사무실로 가져다주실 수 있습니다. 입장권은 행사 당일 저녁에 문에서 수령하실 수 있습니다.

공간이 한정되어 있으므로, 3월 10일 금요일까지 금액을 지불하시고 예약을 확인하셔야 합니다!

입장권은 커플당 25달러이며 추가되는 딸 한 명당 10달러입니다. 추가로 비용을 내시면 Frederick 사진관에서 찍는 사진을 구입하실 수 있습니다.
전채 요리(저녁 식사는 미포함)와 디저트(아이스크림 뷔페)가 제공될 것입니다.

해설 | 추가되는 딸 한 명당 10달러라는 문구가 있으므로 ④는 안내문의 내용과 일치한다.

구문풀이 | • This is always a very special evening **for daughters** [to spend time with their dads].
for daughters는 [ ]의 의미상의 주어를 나타내며, [ ]는 to부정사의 형용사적 용법으로서 a very special evening을 수식한다.
• Reservations can also be made by phone [with payment mailed or dropped off at the LYC].
[ ]는 「with+목적어+과거분사」의 구조로서 부수적인 상황을 표현한다.

02

정답 ⑤

소재 | 젊은이들을 위한 취업 박람회

직독직해

L5 If you are looking for a summer job /
여러분이 여름 일자리를 찾고 있다면
and are interested in one of the positions listed below, /
그리고 아래에 나열된 자리 중 한 곳에 관심이 있다면 /
come out to our job fair.
저희 취업 박람회에 오십시오

L10 When you arrive, /
여러분이 도착하면 /
you will be given a number /
번호를 받게 될 것입니다 /
and be interviewed on a first-come, first-served basis.
그리고 선착순으로 면접을 하게 될 것입니다

해석 |

젊은이들을 위한 취업 박람회

2월 18일 토요일 오전 9시부터 오후 5시

Yonge Street 931번지

(Rosedale 지하철역에서 남쪽)

Toronto Community Housing은 젊은이들이 여름 일자리를 찾는 것을 돕고 있습니다. 여러분이 여름 일자리를 찾고 있고 아래에 나열된 자리 중 한 곳에 관심이 있다면 저희 취업 박람회에 오십시오. 그곳에서 여러분을 만나고 싶습니다!

관심이 있는 지원자들을 위한 중요한 정보:

최대 300명의 지원자들이 오전 9시부터 오후 5시까지 면접을 보게 될 것입니다.

여러분이 도착하면 번호를 받게 되고, 선착순으로 면접을 하게 될 것입니다.

저희는 다음과 같은 일자리에 대한 면접을 할 예정입니다.

JUNIOR ROOKIE LEAGUE 프로그램 지도자

(90개 일자리)

SENIOR ROOKIE LEAGUE 프로그램 지도자

(45개 일자리)

이러한 일자리는 어린이들과 젊은이들을 위한 Jays Care 재단 Rookie League 프로그램을 지도하고 지원하게 될 것입니다.

이력서와 추천서 두 장을 가져오세요.

취업 박람회에서 만나요!

해설 | 지원자는 이력서와 추천서 2부를 가져와 달라는 진술이 있으므로 ⑤는 안내문의 내용과 일치하지 않는다.

구문풀이 | · Toronto Community Housing is **helping** youth **find** summer jobs.

「help+목적어+동사원형」의 형식이 사용되었다. 이때 동사원형은 to부정사로 바꾸어 쓸 수 있다.

· If you are looking for a summer job and are interested in one of the positions [listed below], come out to our job fair.

[ ]는 the positions를 수식하는 과거분사구이다.

03

정답 ②

소재 | 요리 강좌

직독직해

L7 Recipes / subject to change / depending on

ingredient availability.

요리법 / 달라질 수 있음 / 재료의 입수 여부에 따라

L16 To register, / contact Johanna Waters /

등록하시려면 / Johanna Waters에게 연락하세요 /

at 808-214-0129 / or info@johannawaters.com.

808-214-0129번으로 / 또는 info@johannawaters.com으로

해석 |

채식 요리 교실

여러분의 건강과 환경의 건강을 위해

10월 6일 금요일

오전 10시 ~ 오후 1시

· **요리법:** Raw Lasagna, Raw Pasta Puttanesca, Zucchini Tartare, Raw Cacao Truffles

요리 재료의 입수 여부에 따라 요리법이 달라질 수 있음.

· **위치:** Upper Kula

최소 등록 인원이 충족되지 않으면 수업이 취소될 수 있음.

· **세부사항:**

– 각자 본인의 칼과 앞치마를 가져오세요.

– 시범 및 직접 해보는 수업

– 점심과 간식 포함

– 1인당 수강료 75달러

– 수업은 여섯 명으로 제한됨, 수강료 사전 납부 요망.

등록하시려면, 808-214-0129번으로 Johanna Waters 에게, 또는 info@johannawaters.com으로 연락하세요.

해설 | 요리 재료의 입수 여부에 따라 요리법이 달라질 수 있다고 했으므로 ②는 안내문의 내용과 일치한다.

① 10월 6일 오전 10시에 시작한다.

③ 칼과 앞치마를 수강생이 가져와야 한다.

④ 점심과 간식이 포함되어 있다.

⑤ 수강료를 미리 납부해야 한다.

구문풀이 | · Class [subject to cancellation] **if** minimum enrollment is not met.

형용사인 subject가 이끄는 [ ]는 앞에 있는 Class를 수식하는 형태이고, Class 다음에 is가 생략된 것으로 이해할 수 있다. if는 '~라면'이라는 의미로 조건 부사절을 이끈다.

04

정답 ④

소재 | 일산화탄소 포스터 대회 안내

직독직해

L2 The U.S. Consumer Product Safety Commission (CPSC) is sponsoring / a safety poster contest /

미국 소비자 제품 안전 위원회(CPSC)는 후원하고 있습니다 / 안전 포스터 대회를 /

that teaches and warns / about the dangers of carbon monoxide (CO).

깨닫게 하고 경고하는 / 일산화탄소(CO)의 위험을

해석 |

2017 일산화탄소 포스터 대회

미국 소비자 제품 안전 위원회(CPSC)는 일산화탄소(CO)의 위험을 깨닫게 하고 경고하는 안전 포스터 대회를 후원하고 있습니다.

일산화탄소의 위험에 대한 포스터를 만드십시오.

• **누가 참여할 수 있나?**
대회는 6, 7, 8학년 학생들이 참여할 수 있습니다.
• **중요!** 포스터를 대회에 출품하기 위해서는 부모나 보호자가 부모 동의서를 작성하여 제출해야 합니다.
• **제출 마감:** 포스터와 부모 동의서를 2월 28일까지 온라인 www.cpsc.gov/COcontest로 제출하십시오.
• **시상!**
각 학년별 우승자 3명: 각 500달러
공개 투표 우승자 1명: 500달러
대상 1명: 추가 1,000달러 (전체 우승자 중에서 선발함)

포스터는 CPSC 웹사이트에 게시될 것입니다. 여러분이 가장 좋아하는 작품에 투표하십시오!

해설 | 각 학년별로 우승자 3명(총 9명)과 공개 투표 우승자 1명을 선발하고, 대상은 전체 우승자 중에서 1명을 선발한다고 했으므로 상을 받게 될 총 참가자는 9~10명이다. 따라서 ④는 안내문의 내용과 일치하지 않는다.

구문풀이 | • The U.S. Consumer Product Safety Commission (CPSC) is sponsoring a safety poster contest [that teaches and warns about the dangers of carbon monoxide (CO)].

[ ]는 a safety poster contest를 수식하는 관계절이다.

UNIT 08 도표 읽기

EXAMPLE
본문 54쪽

정답 ④

소재 | 뉴질랜드를 방문한 한국인들의 여행 목적

직독직해

L1 The graph above shows /
위 도표는 보여 준다 /
the number of Korean visitors to New Zealand /
뉴질랜드를 방문한 한국인들의 수를 /
according to their travel purpose /
그들의 여행 목적별로 /
in October of 2013, 2014, and 2015.
2013, 2014, 그리고 2015년 10월에

L6 The number of Korean visitors /
방문한 한국인들의 수는 /
with business interests in 2014 /
2014년에 사업의 이해관계로 /
dropped / compared with that in the previous year.
감소했다 / 이전 해의 그것과 비교하여

해석 |
2013, 2014, 2015년 10월
한국인 방문객들의 뉴질랜드 여행 목적

위 도표는 2013, 2014, 그리고 2015년 10월에 뉴질랜드를 방문한 한국인들의 수를 그들의 여행 목적별로 보여 준다. 주어진 기간 동안 뉴질랜드를 방문한 가장 인기 있는 목적은 친구와 친척 방문이었다. 교육 목적으로 방문한 사람들의 수는 2013년부터 2014년까지 감소했지만, 그다음 해에는 증가했다. 2014년에 사업의 이해관계로 방문한 한국인들의 수는 이전 해의 그것과 비교하여 감소했다. 교육은 이 3년 내내 가장 적은 여행 목적이었다. 2013년에 친구와 친척을 방문한 사람들의 수는 2013년에 사업 목적으로 방문한 사람들의 수의 두 배보다 많았다.

구문풀이 | • **The number of** Korean visitors with business interests in 2014 dropped **compared with that** in the previous year.

「the number of+복수명사」는 '~의 수'라는 뜻으로 뒤에 단수동사를 취한다. compared with는 '~와 비교하여'의 뜻이다. that은 지시대명사로 the number를 대신한다.

• The number of people [visiting friends and relatives in 2013] was more than double the number of those [visiting for business purposes in 2013].

두 개의 [ ]는 모두 현재분사구로 각각 앞에 있는 people과 those를 수식한다.

PRACTICE
본문 56~59쪽

01 ③　　**02** ③　　**03** ⑤　　**04** ④

01

정답 ③

소재 | 온실 가스의 주요 원인

직독직해

L4 The source /
원인은 /
that gave off the second largest percentage of greenhouse gases /
두 번째로 가장 큰 비율의 온실 가스를 내뿜은 /
in the earth's atmosphere / was deforestation.
지구의 대기에 / 벌채였다

L6 The percentage of greenhouse gases / caused by road transport /
온실 가스의 비율은 / 도로 수송에 의해 야기된 /
was slightly larger than that /
비율보다 약간 더 컸다 /
caused by oil and gas production and fertilizer combined.
석유 및 가스 생산, 그리고 비료에 의한 온실 가스를 합친 것이 야기한

해석 |　　　**2015년 지구 대기 온실 가스의 주요 원인**
위 도표는 2015년에 지구의 대기에 있는 온실 가스의 주요 원인의 비율을 보여 준다. 발전(發電)이 지구의 대기에 가장 큰 비율, 즉 4분의 1의 온실 가스를 배출했다. 지구의 대기에 두 번째로 가장 큰 비율의 온실 가스를 내뿜은 원인은 벌채였다. <u>도로 수송에 의해 야기된 온실 가스의 비율은 석유 및 가스 생산, 그리고 비료에 의한 온실 가스를 합친 것이 야기한 비율보다 약간 더 적었다.</u> 가축에 의해 만들어진 온실 가스의 비율은 시멘트 생산에 의해 만들어진 비율보다 더 컸다. 비행기 여행, 철 및 강철 생산, 그리고 쓰레기와 폐기물은 똑같은 비율의 온실 가스를 생산했다.

해설 | 도로 교통에 의해 야기된 온실 가스의 비율은 13%로, 석유 및 가스 생산에 의해 생산된 온실 가스(6%)와 비료에 의해 생산된 온실 가스(6%)를 합친 것보다 비율이 약간 더 컸으므로 ③은

도표의 내용과 일치하지 않는다.

구문풀이 |　• The source [that gave off the second largest percentage of greenhouse gases in the earth's atmosphere] was deforestation.
　[ ]는 관계절로 주어인 The source를 수식하고 술어동사는 was이다.
　• The percentage of greenhouse gases [caused by road transport] was slightly larger than **that** [caused by oil and gas production and fertilizer combined].
　첫 번째와 두 번째 [ ]는 모두 과거분사구로 각각 greenhouse gases와 that을 수식한다. that은 지시대명사로 the percentage를 대신한다.

02

정답 ③

소재 | 2014년 유럽의 고등학교에서 2개 이상의 외국어를 배우는 학생의 비율

직독직해

L4 Of the seven countries cited above, / Luxembourg showed the highest proportion, /
위에 든 7개국 중에서 / 룩셈부르크가 가장 높은 비율을 보였고 /
while France the second largest.
프랑스는 2번째였다

해석 |　　　**2014년 유럽의 고등학교에서**
　　2개 이상의 외국어를 배우는 학생의 비율
위 그래프는 2014년에 유럽의 고등학교에서 2개 이상의 외국어를 배우는 학생들의 비율을 보여 준다. EU 국가 전체에서 절반을 조금 넘는 고등학교 학생들이 2014년에 2개 이상의 언어를 공부했다. 위에 든 7개국 중에서, 룩셈부르크가 가장 높은 비율을 보였고, 프랑스는 2번째였다. <u>2개 이상의 언어를 배우는 독일 학생들의 비율은 이탈리아 학생들의 비율보다 2배 높았다.</u> 2개 이상의 외국어를 배우는 고등학교 학생들의 최저 비율은 그리스에서 기록되었다. 아일랜드와 영국에서는 모두 2014년에 10% 미만의 고등학교 학생들이 2개 이상의 언어를 배웠다.

해설 | 2개 이상의 외국어를 배우는 고등학교 학생들의 비율이 독일은 64%이고 이탈리아는 23%로, 독일 학생들의 비율이 이탈리아 학생들의 비율보다 3배 가까이 높았으므로 ③은 도표의 내용과 일치하지 않는다.

구문풀이 |　• The proportion of students learning two or more languages in Germany was twice as large as in Italy.

as와 in Italy 사이에는 that(= the proportion of students learning two or more languages)이 반복을 피하기 위해 생략되어 있다.

03

정답 ⑤

소재 | 애완동물에 대한 연평균 지출액

직독직해

L4 The whole expenditure /
전체 지출액이 /

spent on pets in 2008 / was the most, /
2008년에 애완동물에게 사용한 / 가장 많았으며 /

while that in 2007 was the least.
반면에 2007년의 전체 지출액은 가장 적었다

L5 In the case of veterinarian services, /
수의사 치료의 경우 /

U.S. households spent the most amount of money /
미국의 가정은 가장 많은 금액을 사용했다 /

in 2008, /
2008년에 /

followed by the expenditure in 2009.
그다음에는 2009년의 지출액이 뒤따랐다

L8 Each year / between 2007 and 2010, /
매년 / 2007년과 2010년 사이에 /

U.S. households spent more than $100 /
미국의 가정은 100달러 이상을 사용했다 /

on pet purchase, supplies, and medicine, /
애완동물 구입, 용품 및 약에 /

while they spent more than $100 on pet food just for three years.
반면에 애완동물의 먹이에 100달러 이상을 사용한 것은 3년 동안뿐이었다

해석 | 2007년에서 2010년까지의 애완동물에 사용한 연평균 지출액
위의 그래프는 2007년부터 2010년까지 미국의 가정이 네 개의 다른 부문에서 애완동물에게 사용한 연간 평균 지출액을 보여 준다. 미국의 가정은 해당 기간 동안 매년 애완동물에게 400달러 이상을 사용했다. 2008년에 애완동물에게 사용한 전체 지출액이 가장 많았으며, 반면에 2007년의 전체 지출액은 가장 적었다. 수의사 치료의 경우, 미국의 가정은 2008년에 가장 많은 금액을 사용했으며, 그다음에는 2009년의 지출액이 뒤따랐다. 2007년과 2010년 사이에 애완동물 관리 서비스에 대한 지출액이 네 개의

부문 중에서 가장 적었다. 2007년과 2010년 사이에 매년 미국의 가정은 애완동물 구입, 용품 및 약에 100달러 이상을 사용한 반면에 애완동물의 먹이에 100달러 이상을 사용한 것은 3년 동안뿐이었다.

해설 | 2007년과 2010년 사이에 3년 동안만 애완동물의 먹이에 100달러 이상을 사용했다고 진술되어 있지만, 도표에서는 그 기간 동안 매년 애완동물의 먹이에 100달러 이상을 사용했다고 표시되어 있으므로 ⑤는 도표의 내용과 일치하지 않는다.

구문풀이 | • The whole expenditure [spent on pets in 2008] was the most, while **that** in 2007 was the least.
[ ]는 과거분사구로 The whole expenditure를 수식한다. that은 지시대명사로 the whole expenditure spent on pets를 가리킨다.

• In the case of veterinarian services, U.S. households spent the most amount of money in 2008, [followed by the expenditure in 2009].
[ ]는 분사구문으로 which was followed ~의 의미로 이해할 수 있다.

04

정답 ④

소재 | 십 대들이 선호하는 연락 방법

직독직해

L1 The graph above shows / the percentages of teens /
위 그래프는 보여 준다 / 십 대의 백분율을 /

who counted the given platforms / as one of the three most common ways /
주어진 플랫폼을 꼽은 / 가장 흔히 사용하는 세 가지 방법 중 하나로 /

they get in touch with their closest friends.
자기의 가장 친한 친구들과 연락하는

L3 For both girls and boys, /
소녀와 소년 모두에게 /

text messaging was the most preferred way /
문자 메시지 보내기가 가장 선호되는 방법이었다 /

to get in touch with their friends.
친구들과 연락하는

해석 | 십 대들이 선호하는 연락을 주고받는 방법
위 그래프는 자기의 가장 친한 친구들과 연락하는 가장 흔히 사용하는 세 가지 방법 중 하나로 주어진 플랫폼을 꼽은 십 대의 백분

율을 보여 준다. 소녀와 소년 모두에게 문자 메시지 보내기가 친구들과 연락하는 가장 선호되는 방법이었다. 문자 메시지 보내기, 전화하기, 소셜 네트워크 사이트, 동영상 공유 사이트, 블로그 사이트의 백분율에서 소녀가 소년보다 더 컸다. 게임 사이트나 서버 그리고 토론 사이트를 사용하는 백분율에 있어서는 소년이 소녀보다 더 컸다. <u>소녀와 소년의 백분율 차이는 동영상 공유 사이트에서 가장 컸다.</u> 소녀의 경우 게임 사이트나 서버를 사용하는 백분율은 토론 사이트를 사용하는 백분율과 같았다.

해설 | 도표를 보면 소녀와 소년의 백분율 차이는 게임 사이트나 서버에서 가장 컸으므로 ④는 도표의 내용과 일치하지 않는다.

구문풀이 | • As for girls, the percentage of using game sites or servers was the same as **that** of using discussion sites.

that은 앞에 있는 단수명사인 the percentage를 대신한다.

CHAPTER REVIEW
본문 60~63쪽

01 ④　　**02** ⑤　　**03** ④　　**04** ④

01

정답 ④

소재 | Halley와 Newton의 일화

직독직해

L6　After this initial meeting, / Halley visited Newton frequently; /
이 첫 만남 이후 / Halley는 자주 Newton을 찾아갔으며 /
over the course of these visits /
이러한 방문을 하는 동안
Newton showed Halley his proof /
Newton은 Halley에게 자신의 증명도 보여 주었다 /
as well as many other unpublished papers.
많은 다른 출판되지 않은 논문뿐만 아니라

해석 | Edmond Halley는 중력의 문제에 관심이 있었다. 그의 주의를 끈 한 가지 문제는 Kepler의 행성 운동 법칙의 증명이었다. 1684년 8월, 그는 Isaac Newton과 이것을 논의하러 Cambridge에 갔으나, Newton이 이미 그 문제를 풀었다는 것을 알게 되었다. 그는 계산 결과를 보겠다고 청했는데, Newton

---

으로부터 그것들을 찾을 수 없다는 말을 들었다. Newton은 다시 해서 나중에 보내 주겠다고 약속했다. 얼마 안 있어, 그는 정말로 그의 계산 결과를 Halley에게 보내 주었다. 이 첫 만남 이후, Halley는 자주 Newton을 찾아갔으며, 이러한 방문을 하는 동안 Newton은 Halley에게 많은 다른 출판되지 않은 논문뿐만 아니라 자신(그)의 증명도 보여 주었다. Halley는 그 연구의 중요성을 알아차렸다. 그는 Newton이 출판하기를 원했으나 Newton은 주저했다. Halley로부터 많은 격려를 받은 끝에, 1687년 Newton의 걸작이 Halley의 비용으로 출판되었다.

해설 | Newton이 Halley에게 자신의 증명과 출판되지 않은 논문들을 보여 준 것이므로 ④의 his는 Newton을 가리킨다. 나머지는 모두 Halley를 가리킨다.

구문풀이 | • In August 1684, he **went** to Cambridge to discuss this with Isaac Newton, [only to find that Newton **had solved** the problem already].

[ ]는 '결과'를 나타내는 부사적 용법의 to부정사구이다. had solved는 과거완료형으로서 주절의 시제인 과거보다 더 먼저 일어난 일을 나타낸다.

Words & Phrases

gravity 중력	attract 끌다
proof 증명	planetary 행성의
calculation 계산 (결과)	redo 다시 하다
eventually 얼마 안 있어, 마침내	submit 제출하다
initial 처음의	frequently 자주
reluctant 주저하는	encouragement 격려, 지지
masterpiece 걸작	

02

정답 ⑤

소재 | Cephas Giovanni Thompson의 삶

직독직해

L4　He subsequently worked /
그는 이어서 일을 했다 /
in Boston, where he studied with David Claypoole Johnston, / in Philadelphia, and elsewhere /
David Claypoole Johnston과 함께 연구했던 Boston과 / Philadelphia 및 다른 곳에서 /
before arriving in New York in 1837.
1837년 뉴욕에 도착하기 전에

L7　*Spring* (Metropolitan Museum, 1838), /
'Spring'(Metropolitan 박물관, 1838)은 /

a softly romantic, idealized portrait of a young woman, /

부드럽게 낭만적이며 이상화된 젊은 여성의 초상화인 /

exemplifies his most appealing strengths.

그의 가장 매력적인 강점의 전형적인 예이다

L10 In 1859 / he returned permanently to New York /

1859년에 / 그는 뉴욕으로 영구적으로 돌아왔다 /

but continued to produce Italian subjects /

하지만 계속하여 이탈리아를 소재로 하는 그림을 제작했다 /

during the remainder of his career.

화가 생활의 나머지 시간 동안에

해석 | Cephas Giovanni Thompson(1809~88)은 특히 초상화와 이탈리아의 풍경화로 알려져 있었지만, 풍속화와 역사적 주제에 대한 그림을 그리기도 했다. 그는 Middleborough에서 태어났으며, 처음에는 그의 아버지에게서 훈련을 받았다. 18세 때 그는 Massachusetts 주의 Plymouth에서 초상화를 그려주는 가게를 세웠다. 그는 이어서 David Claypoole Johnston과 함께 연구했던 Boston과 Philadelphia 및 다른 곳에서 일을 하고, 그 후 1837년에 뉴욕으로 갔다. 거기서 그는 상류 사교계의 초상화 화가로서 10년 동안 활약했다. 부드럽게 낭만적이며 이상화된 젊은 여성의 초상화인 'Spring'(Metropolitan 박물관, 1838)은 그의 가장 매력적인 강점의 전형적인 예이다. 1847년에 그는 New Bedford로 이주하여 2년간 살았으며, 그 후에는 Boston에서 거주하다가 유럽으로 배를 타고 갔다. 그는 1850년대의 대부분을 로마에서 거주했다. 1859년에 그는 뉴욕으로 영구적으로 돌아왔지만, 화가 생활의 나머지 시간 동안에 계속하여 이탈리아를 소재로 하는 그림을 제작했다.

해설 | 뉴욕에 돌아와서도 이탈리아를 소재로 하는 그림을 계속 제작했다는 내용이 진술되어 있으므로 ⑤는 일치하지 않는다.

구문풀이 | • He subsequently worked [in Boston, {where he studied with David Claypoole Johnston}], [in Philadelphia], **and** [elsewhere] before arriving in New York in 1837.

세 개의 [ ]가 and에 의해 병렬되어 있다. { }는 Boston을 부연하여 설명하는 관계절이다.

• *Spring* (Metropolitan Museum, 1838), [a softly romantic, idealized portrait of a young woman], **exemplifies** his most appealing strengths.

[ ]는 *Spring*(작품 이름)을 부연하여 설명하는 동격어구이며, exemplifies가 술어동사이다.

Words & Phrases

particularly 특히   portrait 초상화

scene 풍경화   subject 주제, 소재, 대상

initially 처음에   establish 설립하다

practice 가게, 영업장   subsequently 이어서

flourish 번창하다   fashionable 상류 사교계의

romantic 낭만적인   idealized 이상화된

exemplify ~의 전형적인 예이다   appealing 매력적인

reside 거주하다   permanently 영구적으로

remainder 나머지

03

정답 ④

소재 | 뮤지컬 오디션 참가 안내

직독직해

L12 Those wishing to be considered for singing roles /

노래하는 배역에 선정되기를 원하는 사람들은 /

will need to come / prepared to perform the following songs:

오셔야 할 것입니다 / 다음 곡들을 부를 준비를 하고

해석 |

Rose Garden 극장 '그리스' 오디션

'그리스' 제작 팀은 오디션을 공고하게 되어 기쁩니다!

언제

• 10월 28일 토요일 오후 12:30부터 오후 3:30까지

• 10월 29일 일요일 오후 6시부터 오후 9시까지

• 등록은 오디션 시작 30분 전에 시작됩니다.

• 이틀 모두 오디션에 참가할 필요는 없습니다.

세부 내용

• 오디션에 나이 범위나 제한은 없습니다. 적정 연령으로 보이는 한 십 대와 성인이 참여하기를 권장합니다.

• 오디션은 춤과 노래를 포함할 것입니다.

• 노래하는 배역에 선정되기를 원하는 사람은 다음 곡들을 부를 준비를 하고 오셔야 합니다.

  – 여자: 'Hopelessly Devoted to You'와 'There Are Worse Things I Could Do'

  – 남자: 'Sandy'와 'Greased Lighting'

추가 정보를 원하시면, rosegardentheater.org를 참조하시기 바랍니다.

해설 | There is no age range/limit for auditions로 보아 안내문의 내용과 일치하는 것은 ④이다.

① 10월 28일에는 오후 12시 30분부터 3시 30분까지 실시됨

② 오디션 시작 30분 전에 등록이 시작됨

③ 이틀 모두 오디션에 참가할 필요는 없음

⑤ 노래하는 배역에 선정되기를 원하는 참가자는 2곡의 지정곡을 불러야 함

구문풀이 | •Those [wishing to be considered for singing roles] will need to come **prepared** to perform ~.

[   ]는 현재분사구로 Those를 수식하고 있다. prepared 이하는 분사구문으로 부수적인 상황을 나타낸다.

Words & Phrases

announce 공고하다, 발표하다   registration 등록

range 범위   limit 제한

appropriate 적절한, 적당한

04

정답 ④

소재 | 미국의 산모 연령별 쌍둥이 출산율

직독직해

L2 Twin birth rates increased / for women of all ages / over the three decades, /

쌍둥이 출산율은 증가했다 / 전 연령의 여성들에게 있어서 / 30년에 걸쳐 /

with the largest increase / among women aged 40 and over.

가장 큰 증가는 / 40세 이상의 여성들이었다

해석 | **1980년과 2009년 미국의 산모 연령별 쌍둥이 출산율**

위 그래프는 1980년과 2009년 미국의 산모 연령에 따른 쌍둥이 출산율을 보여 준다. 쌍둥이 출산율은 30년에 걸쳐 전 연령의 여성들에게 있어서 증가했는데, 가장 큰 증가는 40세 이상 여성들이었다. 1980년에는 나이가 들어감에 따라 쌍둥이 출산율이 증가해서, 35~39세에서 최고조에 달했다가 그 후에 감소했다. 하지만 2009년에는 40세 이상 여성들의 쌍둥이 출산율이 가장 높은 반면에, 20세 미만의 여성들이 가장 낮았다. 1980년과 2009년 모두 30~34세 여성들의 쌍둥이 출산율이 세 번째로 높았다. 1980년에서 2009년까지 쌍둥이 출산율이 35~39세 여성들의 경우에는 거의 2배가 되었고, 40세 이상 여성들의 경우에는 3배가 넘게 늘었다.

해설 | 1980년에는 30~34세 여성의 출산율이 두 번째로 높았으므로 ④는 도표의 내용과 일치하지 않는다.

구문풀이 | •In 1980, twin birth rates rose with advancing age, [**peaking** at 35-39 years **and declining** thereafter].

[   ]는 분사구문으로 peaking ~과 declining ~이 and에 의해 병렬구조를 이루고 있다.

Words & Phrases

twin 쌍둥이의 한 사람

birth rate 출산율

with advancing age 나이가 들어감에 따라

peak 최고조에 달하다

Grammar POWER

영어 문법 학습의 새로운 패러다임
무조건 외우지 말고 문장 구조의 원리를 스스로 터득하자.

CHAPTER 03
추론적 이해

UNIT 09 빈칸 추론 (1)

EXAMPLE
본문 66쪽

정답 ②

소재 | 한 항공사를 계속 이용한 고객

직독직해

L1 Recently on a flight to Asia, / I met Debbie, /

최근에 아시아로 가는 비행기에서 / 나는 Debbie를 만났는데 /

who was warmly greeted / by all of the flight attendants /

그녀는 따뜻한 인사를 받았다 / 승무원 모두로부터 /

and was even welcomed aboard the plane by the pilot.

그리고 심지어 기장으로부터 비행기 탑승에 대한 환영을 받았다

L6 During the flight / I learned /

비행하는 동안에 / 나는 알게 되었다 /

that the airline's CEO personally called her /

그 항공사의 최고경영자가 그녀에게 직접 전화를 걸어 /

to thank her for using their service for a long time /

그녀가 오랫동안 그들의 서비스를 이용한 것에 감사했으며 /

and she received a catalogue of fine luxury gifts to choose from.

그녀가 선택할 멋진 고급 선물 목록을 받았다는 것을

해석 | 최근에 아시아로 가는 비행기에서 나는 Debbie를 만났는데, 그녀는 승무원 모두로부터 따뜻한 인사를 받았으며 심지어 기장으로부터 비행기 탑승에 대한 환영을 받았다. 그녀에게 쏟아지고 있는 그 모든 관심에 놀라서 나는 그녀가 그 항공사에 근무하는지 물어보았다. 그녀는 그렇지는 않았지만, 그 관심을 받을 자격이 있었는데, 이 비행이 그녀가 이 동일한 항공사로 400만 마일 넘게 비행하는 획기적인 기록을 세웠기 때문이다. 비행하는 동안에 나는 그 항공사의 최고경영자가 그녀에게 직접 전화를 걸어 그녀가 오랫동안 그들의 서비스를 이용한 것에 감사했으며, 그녀가 선택할 멋진 고급 선물 목록을 받았다는 것을 알게 되었다. Debbie는 한 가지 매우 중요한 이유 때문에 이러한 특별대우를 받을 수 있었는데, 그녀는 그 한 항공사에 충실한 고객이었기 때문이다.

구문풀이 | • **Amazed** at all the attention being paid to her, I asked [**if** she worked with the airline].

분사구문을 이끄는 과거분사 Amazed의 의미상 주어는 주절의 주어인 I이고, 주어와 수동의 의미관계이므로 과거분사를 썼다. [ ]는 asked의 목적어 역할을 하고, if는 '~인지'라는 의미이다.

PRACTICE
본문 68~71쪽

| 01 ⑤ | 02 ② | 03 ① | 04 ④ |

01

정답 ⑤

소재 | 전문화의 출현 배경

직독직해

L8 Climates and soils differ, /

기후와 토양은 다 다르다 /

so why drink ordinary wine from your backyard /

그렇다면 어째서 자신의 뒤뜰에서 나온 평범한 와인을 마셔야 한단 말인가 /

if you can buy a smoother variety /

더 부드러운 품종을 살 수 있다면 /

from a place whose soil and climate is much better suited /

토양과 기후가 훨씬 더 적합한 곳에서 나온 /

to grape vines?

포도나무에

해석 | 도시의 출현과 운송 기반 시설의 개선은 전문화를 위한 새로운 기회를 가져왔다. 인구가 조밀한 도시는 목수, 성직자, 군인 및 법률가에게 전일제 고용을 제공했다. 정말로 품질 좋은 와인, 올리브유, 혹은 도자기를 만드는 것으로 명성을 얻은 마을은 거의 전적으로 해당 상품에 집중하고, 필요한 다른 모든 상품을 얻기 위해서는 그것을 다른 촌락과 교환하는 것이 시간을 들일 만한 가치가 있다는 것을 알아차렸다. 이것은 아주 타당한 일이었다. 기후와 토양은 다 다른 법인데, 토양과 기후가 포도나무에 훨씬 더 적합한 곳에서 나온 더 부드러운 품종을 살 수 있다면 어째서 자신의 뒤뜰에서 나온 평범한 와인을 마셔야 한단 말인가? 만약 자기 집 뒤뜰의 점토로 좀 더 단단하고 예쁜 단지를 만들 수 있다면 다른 것과 교환할 수 있다.

해설 | 도시가 출현하고 운송 방식이 개선되면서, 사람들은 한 가지 일에 전문적으로 종사하게 되었고 특정 상품을 잘 만드는 마을은 전문적으로 그 상품의 생산에 주력하게 되었다는 내용의 글이다. 따라서 빈칸에 들어갈 말로는 ⑤ '전문화'가 가장 적절하다.

① 여행 ② 교육 ③ 협동 ④ 독립

구문풀이 | • Villages [that gained a reputation for producing really good wine, olive oil or ceramics] discovered [that **it** was **worth their while** {**to concentrate** nearly exclusively on that product **and trade** it with other settlements for all the other goods they needed}].

첫 번째 [ ]는 Villages를 수식하는 관계절이고 두 번째 [ ]는 discovered의 목적어 역할을 하는 명사절이다. that절 안에서 it은 형식상의 주어이고 { }가 내용상의 주어이며 worth their while은 '그들의 시간을 들일 만한 가치가 있는'이라는 의미이다. { } 안에서 concentrate와 trade는 and로 이어져 to부정사구를 이루는 동사원형이다.

02

정답 ②

소재 | 고독의 힘

직독직해 ──────

L1 The modern world is so interconnected /
현대 세계는 서로 아주 많이 연결되어 있고 /
and constantly plugged in /
끊임없이 관계를 맺고 있어서 /
that finding the time and space to think /
생각할 시간과 장소를 찾는 것이 /
can be difficult.
어려울 수 있다

L2 However, / without freedom from the influence and distractions of the world, /
그러나 / 세상의 영향력과 주의를 산만하게 하는 것들로부터 자유로워지지 않으면 /
it is virtually impossible /
거의 불가능하다 /
to develop well-reasoned opinions, ideas, and values.
논리 정연한 의견, 생각 및 가치관을 발전시키는 것은

L9 Find your own mountaintop / and don't come down /
자신의 산꼭대기를 찾아서 / 내려오지 말라 /
without your own thoughts, opinions, and values.
자신의 생각, 의견 및 가치관을 찾지 않고는

해석 | 현대 세계는 서로 아주 많이 연결되어 있고 끊임없이 관계를 맺고 있어서, 생각할 시간과 장소를 찾는 것이 어려울 수 있다. 그러나 세상의 영향력과 주의를 산만하게 하는 것들로부터 자유로워지지 않으면, 논리 정연한 의견, 생각 및 가치관을 발전시키는 것은 거의 불가능하다. 역사는 고독의 초월적인 힘을 보여 주는 예들로 가득하다. 다윈은 동행 없이 긴 산책을 했고 저녁 파티 초대를 단호하게 거절했다. 모세는 사막에서 혼자 시간을 보냈다. 예수는 광야를 방랑했다. 모하메드는 동굴에 앉아 있었다. 붓다는 산꼭대기로 갔다. 자신의 산꼭대기를 찾아서 자신의 생각, 의견 및 가치관을 찾지 않고는 내려오지 말라.

해설 | 현대 세계는 상호 연관되어 있어 혼자 있으면서 자기 자신의 생각, 의견, 가치관을 발전시킬 시간과 장소를 찾는 것이 어려울 수 있지만, 역사에는 혼자 있음을 통해 고독의 초월적인 힘을 보여 준 위인들이 많이 있었다는 내용의 글이다. 따라서 빈칸에 들어갈 말로는 ② '고독'이 가장 적절하다.

① 정직 ③ 창조 ④ 관용 ⑤ 관찰

구문풀이 | • The modern world is **so** interconnected and constantly plugged in **that** [finding the time and space to think] can be difficult.

「so ~ that ...」(매우 ~해서 …하다) 구문이 쓰였다. [ ]는 동명사구로 that절 안에서 주어 역할을 한다.

• However, without freedom from the influence and distractions of the world, **it** is virtually impossible [to develop well-reasoned opinions, ideas, and values].

it은 형식상의 주어이고 [ ]가 내용상의 주어이다.

03

정답 ①

소재 | 사라져가는 유형(有形)의 창조

직독직해 ──────

L4 For many of us, /
우리 중 많은 사람들에게 /
the shift / from working with our hands to working with our minds /
변화는 / 수작업에서 정신 작업으로의 /
has created an unfulfilled need /
충족되지 않은 욕구를 만들어 냈다 /
for connection with the physical world / we live in.
물리적 세계와의 연결에 대한 / 우리가 사는

L9 Creating is a primal need, /

창조하는 것은 근본적인 욕구이지만 /

but without an institutional directive to create, /

창조하라는 제도상의 지시가 없으면 /

the internal fire to do so / can flicker and die, /

그렇게 하고자 하는 내적인 불꽃은 / 깜빡거리다가 사라질 수 있으며 /

or worse yet, / we may start to believe /

혹은 훨씬 더 나쁘게는 / 우리가 믿기 시작할지도 모른다 /

that making things / is only for certain types of people, /

물건을 만드는 것이 / 단지 특정한 종류의 사람들이 할 일이라고 /

not for us.

우리가 아니라

해석 | 이전 세대들과 달리, 직장에서 유형(有形)의 창조가 주는 만족감을 경험하는 현대인들의 수는 점점 더 적어지고 있다. 우리는 화면 위에서 숫자를 이동시키거나, 다른 사람들을 관리하는 사람들을 관리하거나, 또는 조언, 아이디어, 또는 다른 어떤 사람의 창조물을 판다. 우리 중 많은 사람들에게, 수작업에서 정신 작업으로의 변화는 우리가 사는 물리적 세계와의 연결에 대한 충족되지 않은 욕구를 만들어 냈다. (더 추상적인 '창의성'을 넘어선) 물리적인 창조가 그런 연결을 제공한다. 그것은 사람이 세상 사람들에게, 간단하게, "나는 존재한다."라고 선언할 수 있는 방법이다. 창조하는 것은 근본적인 욕구이지만, 창조라는 제도상의 지시가 없으면, 그렇게 하고자 하는 내적인 불꽃은 깜빡거리다가 사라지거나, 혹은 훨씬 더 나쁘게는, 물건을 만드는 것이 우리가 아니라 단지 특정한 종류의 사람들이 할 일이라고 믿기 시작할지도 모른다.

해설 | 이전 세대들은 직접 손으로 물건을 만들면서 창조의 욕구를 해소했지만, 현대의 직장인은 컴퓨터 작업이나 아이디어 제공 등과 같은 정신적 작업만을 하는 경우가 많으므로 창조의 욕구가 충족되지 않는다는 내용의 글이다. 따라서 창조라는 제도상의 지시가 없으면 창조의 욕구가 사라질 수도 있고, 훨씬 더 나쁘게는 물건을 만드는 물리적인 창조 작업은 우리가 할 일이 아니라고 믿기 시작할지도 모른다는 내용이 글의 흐름에 맞으므로, 빈칸에 들어갈 말로는 ① '물건을 만드는 것'이 가장 적절하다.

② 마음을 읽는 것   ③ 진실을 추구하는 것
④ 미래를 예측하는 것   ⑤ 아이디어를 생각해 내는 것

구문풀이 | • For many of us, the shift [**from** working with our hands **to** working with our minds] has created an unfulfilled need for connection with the physical world [we live in].

첫 번째 [ ]는 「from A to B」의 형태로 이루어진 어구로서 주

어 the shift를 수식하며, 주어 the shift에 상응하는 술어동사는 has created이다. 두 번째 [ ]는 관계절로 the physical world를 수식한다.

• Creating is a primal need, but without an institutional directive to create, the internal fire to **do so** can flicker and die, or worse yet, we may start to believe [that making things is only for certain types of people, not for us].

do so는 create를 대신하는 표현이다. [ ]는 명사절로 believe의 목적어 역할을 한다.

04

정답 ④

소재 | 지속 가능한 토지 관리

직독직해

L2 They decided / to stop burning crop residues /

그들은 결정했다 / 농작물 찌꺼기를 태우는 것을 중단하고 /

and protect their community forest /

자신들의 마을 숲을 보호하기로 /

to reduce the risk of wildfires / that cause widespread land damage.

산불의 위험을 줄이기 위해서 / 광범위한 토지의 피해를 초래하는

L7 The innovative blend of traditional and modern decision-making by committees /

위원회에 의한 전통적이고 현대적인 의사 결정의 혁신적인 융합이 /

that reflect traditional leadership /

전통적인 통솔력을 보여 주는 /

makes this a successful social, economic and environmental initiative.

이것을 성공적인 사회적, 경제적, 그리고 환경적 계획으로 만든다

해석 | 북부 가나의 Tamale 인근의 작은 마을 Zorborgu는 주로 농부들로 이루어져 있다. 그들은 광범위한 토지의 피해를 초래하는 산불의 위험을 줄이기 위해 농작물 찌꺼기를 태우는 것을 중단하고 자신들의 마을 숲을 보호하기로 결정했다. 그 결과, 농작물 수확량이 늘었고 신성한 숲 근처에 있는 연못의 물이 농사용, 가축 급수용, 가정용으로 일 년 내내 사용할 수 있게 되었다. 마을 숲은 또한 약초를 공급한다. 전통적인 통솔력을 보여 주는 위원회에 의한, 전통적이고 현대적인 의사 결정의 혁신적인 융합이 이것을 성공적인 사회적, 경제적, 그리고 환경적 계획으로 만든다. 이것은 어떻게 마을 단위의 행동과 혁신이 아프리카에서 지속 가능한 토지 관리의 열쇠가 되는지에 대한 한 가지 예이다.

해설 | 아프리카 북부 가나의 작은 마을에서 토지의 피해를 줄이기 위해 마을 숲을 보호하는 등 환경친화적인 방안을 실천하여 효과가 좋았다는 앞의 내용으로 보아 빈칸에 들어갈 말로는 ④ '지속 가능한 토지 관리'가 가장 적절하다.

① 미래 지도자를 가르치는 것
② 다양성을 향한 변화
③ 아이들의 읽고 쓰는 능력을 향상시키는 것
⑤ 인종 차별을 줄이는 것

구문풀이 | • They decided to stop burning crop residues and protect their community forest **to reduce** the risk of wildfires [that cause widespread land damage].

to reduce는 목적의 의미를 나타내는 to부정사이다. [ ]는 wildfires를 수식하는 관계절이다.

• [The innovative **blend** of traditional and modern decision-making by committees {that reflect traditional leadership}] **makes** this a successful social, economic and environmental initiative.

[ ]가 주어인데, 주어의 핵인 (The innovative) blend에 맞추어 단수동사 makes가 쓰였다. { }는 committees를 수식하는 관계절이다.

UNIT 10 빈칸 추론 (2)

EXAMPLE
본문 72쪽

정답 ③

소재 | 신생아가 있을 때 먹는 일의 어려움

직독직해

L1 It can seem like / you do not have time /
것처럼 보일 수 있다 / 시간이 없는 /

to prepare tasty nutritious meals /
맛있고 영양가 있는 식사를 준비할 /

or even to eat them.
또는 심지어 그것을 먹을

L4 When you have a newborn baby, /
신생아가 있을 때는 /

preparing food / will probably take longer /
음식을 준비하는 일이 / 아마도 시간이 더 오래 걸릴 것이다 /

than usual.
평상시보다

해석 | 신생아가 있을 때는 잘 먹는 것이 항상 쉬운 것은 아니다. 맛있고 영양가 있는 식사를 준비할 시간이나 심지어 그것을 먹을 시간조차 없는 것처럼 보일 수 있다. 다음과 같은 요령을 배울 필요가 있을 것이다. 먹고 싶은 생각이 들 정도로 정말 배고파질 때까지 기다리지 않도록 하라. 신생아가 있을 때는 음식을 준비하는 일이 아마도 평상시보다 시간이 더 오래 걸릴 것이다. 이미 배고픔을 느낄 때 (음식 준비를) 시작하게 되면, 음식이 준비되기 전에 매우 몹시 배가 고플 것이다. 배가 몹시 고프고 피곤할 때는 건강에 이롭게 먹는 것이 어렵다. 기름진 패스트푸드, 초콜릿, 쿠키 혹은 감자튀김을 먹고 싶어질 수도 있다. 이런 종류의 음식은 가끔은 괜찮지만, 매일 그렇지는 않다.

구문풀이 | • **It** is **not always** easy [to eat well when you have a newborn baby].

It은 형식상의 주어이고 [ ]가 내용상의 주어이다. not always는 부분 부정으로 '항상 ~인 것은 아니다'의 뜻이다.

• When you are starving and tired, [eating healthy] is difficult.

[ ]는 동명사구로 주절의 주어 역할을 한다.

PRACTICE
본문 74~77쪽

01 ②   **02** ②   **03** ②   **04** ①

01

정답 ②

소재 | 지적 능력의 변화 가능성

직독직해

L1 Many people believe /
많은 사람들은 믿는다 /

that their intellectual ability is hardwired from birth, /
자신들의 지적 능력이 태어날 때부터 정해져 있고 /

and that failure to meet a learning challenge /
학업의 어려움에 대처하지 못하는 것은 /

shows / how bad their native ability is.
보여 준다고 / 자신들의 타고난 능력이 얼마나 좋지 않은가를

L4 It's true / that we start life /
사실이다 / 우리가 삶을 시작하는 것은 /

with the gift of our genes, /
유전자라는 선물을 가지고 /

but it's also true / that we become capable /
그러나 또한 사실이다 / 우리가 할 수 있게 된다는 것도 /

그러나 역시 사실이다 / 우리가 유능해진다는 것도 /

through the learning and development of mental models /

정신적 모델의 학습과 개발을 통해 /

that enable us to reason, solve, and create.

우리로 하여금 추론하고, 해결하고, 창조할 수 있게 하는

L9 Understanding that this is so /

이것이 그렇다는 것을 이해하면 /

enables you to see failure / as a badge of effort /

실패를 간주할 수 있게 된다 / 노력의 상징으로 /

and a source of useful information—/

그리고 유용한 정보의 원천으로 /

the need to dig deeper / or to try a different strategy.

즉 더 깊이 탐구할 필요성 / 또는 다른 전략을 시도해 볼

해석 | 많은 사람들은 자신들의 지적 능력이 태어날 때부터 정해져 있고, 학업의 어려움에 대처하지 못하는 것은 자신들의 타고난 능력이 얼마나 좋지 않은가를 보여 준다고 믿는다. 그러나 새로운 것을 배울 때마다 여러분은 '뇌를 변화시킨다'. 즉 여러분이 겪는 경험의 잔여물이 저장되는 것이다. 우리가 유전자라는 선물을 가지고 삶을 시작하는 것은 사실이지만, 우리로 하여금 추론하고, 해결하고, 창조할 수 있게 하는 정신적 모델의 학습과 개발을 통해 우리가 유능해진다는 것도 역시 사실이다. 다른 말로 하면, 여러분의 지적 능력을 형성하는 요소는 놀라울 정도로 <u>여러분 자신의 통제 안에</u> 있다. 이것이 그렇다는 것을 이해하면, 실패를 노력의 상징과 유용한 정보의 원천으로, 즉 더 깊이 탐구하거나 다른 전략을 시도해 볼 필요성으로 간주할 수 있게 된다.

해설 | 지적 능력이 태어날 때부터 정해져 있다고 믿는 많은 사람들의 믿음과는 달리, 새로운 것을 배우고 문제를 해결하고 새로운 어떤 것을 창조할 때마다 우리의 뇌와 지적 능력은 변화된다는 내용의 글이다. 따라서 빈칸에 들어갈 말로는 ② '여러분 자신의 통제 안에'가 가장 적절하다.

① 여러분의 유전적 구성에

③ 많은 정보 안에

④ 여러분의 대인 관계에

⑤ 어떤 개선의 가능성도 가지고 있지 않고

구문풀이 | • Many people believe [that their intellectual ability is hardwired from birth], **and** [that failure to meet a learning challenge shows {how bad their native ability is}].

두 개의 [ ]는 and에 의해 병렬구조를 이루어 believe의 목적어 역할을 한다. { }는 명사절로 shows의 목적어 역할을 한다.

• **It**'s true [that we start life with the gift of our genes],

but **it**'s also true [that we become capable through the learning and development of mental models {that enable us to reason, solve, and create}].

두 개의 It(it)은 형식상의 주어이고, 두 개의 [ ]가 내용상의 주어이다. { }는 관계절로 mental models를 수식한다.

• [Understanding that this is so] enables you to **see** failure **as** a badge of effort and a source of useful information—the need to dig deeper or to try a different strategy.

[ ]는 동명사구로 문장의 주어 역할을 하고 술어동사는 enables이다. 「see A as B」는 'A를 B로 간주하다'의 의미이다.

02

정답 ②

소재 | 건강한 식품 섭취를 통한 정신적 웰빙 향상

직독직해

L2 The benefits of healthy eating and exercise are well documented /

건강한 식사와 운동의 이점은 문서로 잘 증명되어 있으니 /

and it is silly of us, as parents, to think /

부모로서 우리가 생각하는 것은 어리석다 /

we can feed our teens mostly junk food /

우리가 십 대 자녀에게 대부분 정크 푸드를 먹이고 /

then expect them to perform at their best.

그리고 나서 그들이 최상의 상태로 활동하기를 기대할 수 있다고

L5 In this age / of pesticides, hormone treatment additives (hence the well-built structure of today's pre-teens), etc. /

요즘 시대에 / 살충제, 호르몬 치료 첨가제(그 결과 오늘날 십 대 미만 아동의 튼튼한 체격이 만들어졌다), 기타 등등이 만연한 /

that are in foods, /

식품 속에 있는 /

both parents and teens need to understand /

부모와 십 대들 모두 이해해야 한다 /

that mental and physical well-being are aligned with what we eat.

정신적 및 신체적 웰빙은 우리가 먹는 것에 맞추어 조정된다는 것을

해석 | 우리가 먹는 것이 곧 우리의 존재라면, 여러분의 십 대 자녀는 어떤 존재일까? 치킨과 감자 칩 한 봉지? 케밥? 탄산수 몇 리터? 건강한 식사와 운동의 이점은 문서로 잘 증명되어 있으니, 부

모로서 우리가 십 대 자녀에게 대부분 정크 푸드를 먹인 다음에 그들이 최상의 상태로 활동하기를 기대할 수 있다고 생각하는 것은 어리석은 일이다. 식품 속에 살충제, 호르몬 치료 첨가제(그 결과 오늘날 십 대 미만 아동의 튼튼한 체격이 만들어졌다), 기타 등등이 만연한 요즘 시대에, 부모와 십 대들 모두 정신적 및 신체적 웰빙은 우리가 먹는 것에 맞추어 조정된다는 것을 이해해야 한다. 우울증, 공격성, 집중력 부족, 두통 그리고 훨씬 더 많은 것들이 올바른 음식으로 좋아질 수 있다. 여러분 자신과 어린 자녀를 위해 이것을 순순히 받아들이라.

해설 | 앞에서 정신적 및 신체적 웰빙이 우리가 먹는 것에 맞추어 조정된다고 했으므로, 빈칸에 들어갈 말로는 ② '올바른 음식으로 좋아질'이 가장 적절하다.

① 불충분한 휴식으로 인해 더 나빠질
③ 명상과 운동으로 완화될
④ 인생에서 성공하는 데 위협적일
⑤ 저조한 학업 성취와 관련될

구문풀이 | · ~ it is silly **of us**, as parents, **to think** [we can feed our teens mostly junk food then expect them to perform at their best].
to think 이하가 내용상의 주어이고 it은 형식상의 주어, of us 는 to think ~의 의미상의 주어를 나타낸다. [ ]는 think의 목적어로 쓰인 명사절이다.

· In this age of pesticides, hormone treatment additives (hence the well-built structure of today's pre-teens), etc. [that are in foods], both parents and teens need to understand [that mental and physical well-being are aligned with {what we eat}].
첫 번째 [ ]는 pesticides ~ etc.를 수식하는 관계절이다. 두 번째 [ ]는 understand의 목적어로 쓰인 명사절이고 그 안의 { }는 with의 목적어로 쓰인 명사절이다.

03

정답 ②

소재 | 시간이 지날수록 보편화되는 핵심 역량

직독직해

L2 For example, / in the 1970s and 1980s /
예를 들어 / 1970년대와 1980년대에 /
quality, as measured by defects per vehicle, /
차량 한 대당 결함에 의해 측정되는 품질은 /
was undoubtedly a core competence for Japanese car companies.

의심할 바 없이 일본 자동차 회사의 핵심적 역량이었다

L5 It took more than a decade / for Western car companies /
십 년 이상이 걸렸다 / 서구 자동차 회사들이 /
to close the quality gap with their Japanese competitors, /
일본의 경쟁업체들과의 품질 간극을 메우는 데는 /
but by the mid-1990s /
하지만 1990년대 중반에 이르자 /
quality, in terms of initial defects per vehicle, /
한 대당 최초 결함의 측면에서 보는 품질은 /
had become a prerequisite for every car maker.
모든 자동차 생산업체에게 선행 조건이 되어 있었다

해석 | 어느 10년 동안 핵심적인 역량이었던 것이 다른 10년 동안 에는 하나의 능력에 불과한 것이 될 수도 있다. 예를 들어 1970년 대와 1980년대에, 차량 한 대당 결함에 의해 측정되는 품질은 의 심할 바 없이 일본 자동차 회사의 핵심적 역량이었다. 뛰어난 신 뢰성은 고객들에게는 중요한 가치 요소였으며 일본의 자동차 생산 업체들에게 진정한 차별 요소였다. 서구 자동차 회사들이 일본의 경쟁업체들과의 품질 간극을 메우는 데는 10년 이상이 걸렸지만, 1990년대 중반에 이르자, 한 대당 최초 결함의 측면에서 보는 품 질은 모든 자동차 생산업체에게 선행 조건이 되어 있었다. 여기에 다른 산업에도 공통적으로 작용하는 역학이 있다. 오랜 기간에 걸 쳐, 한때는 핵심 역량이었던 것이 기본적인 능력이 될 수도 있는 것이다. 한때는 진정한 차별 요소였던 품질, 빠른 출시 속도, 빠르 게 반응하는 고객 서비스는 많은 산업에서 일상적인 이점이 되어 가고 있다.

해설 | 1970년대와 1980년대에 차량 한 대당 결함에 의해 측정 되는 자동차의 품질은 일본 자동차 생산업체를 다른 업체들과 차 별시키는 핵심적인 역량이었지만 1990년대 중반 경에는 그러 한 측면에서 측정하는 품질은 모든 자동차 생산업체들에게 선행 조건이 되었다는 내용의 글이다. 따라서 빈칸에 들어갈 말로는 ② '다른 10년 동안에는 하나의 능력에 불과한 것이 될'이 가장 적 절하다.

① 사업체들 간에 경쟁을 유발할
③ 결국 대중들에게 인정받게 될
④ 미래의 사람들에게 영감을 줄
⑤ 또 하나의 능력을 위한 토대를 만들어 낼

구문풀이 | · For example, in the 1970s and 1980s quality, [as measured by defects per vehicle], was undoubtedly a core competence for Japanese car companies.

[ ]는 as it was measured by defects per vehicle에서 it was가 생략된 구조이다.

· **It** took more than a decade **for Western car companies** [to close the quality gap with their Japanese competitors], ~.

It은 형식상의 주어이고 [ ]는 내용상의 주어이며, for Western car companies는 to부정사의 의미상의 주어를 나타낸다.

04

정답 ①

소재 | 간접적 노력의 법칙

직독직해

L2 It is not something / that is achieved by pursuing it directly; /

그것은 어떤 것이 아니라 / 직접적으로 그것을 추구함으로써 얻어지는 /

rather, it is something / that comes out through our engagement in purposeful activity.

오히려 그것은 어떤 것이다 / 목적이 있는 활동에 대한 참여를 통해 나오는

L8 But if we get busy doing something / that is important to us /

그러나 우리가 어떤 것을 하느라 바쁘다면 / 우리에게 중요한 /

and make progress in the direction of our dreams, /

그리고 우리의 꿈을 이루는 방향으로 진보한다면 /

we find ourselves feeling very happy.

우리는 아주 행복하다고 느끼게 된다

해석 | 2천 년도 더 되는 옛날에 아리스토텔레스는 '행복은 조건이다'라고 썼다. 그것은 직접적으로 그것을 추구함으로써 얻어지는 것이 아니라 오히려 목적이 있는 활동에 대한 참여를 통해 나오는 것이다. 이것이 간접적 노력의 법칙을 표현한 말이다. 이 법칙은 정서적 경험을 수반하면서 우리가 삶에서 얻는 거의 모든 것은 직접적이라기보다는 간접적으로 우리에게 온다는 것을 간단히 말하고 있다. 그것은 다른 어떤 것을 하는 것의 결과로서 우리에게 온다. 우리가 직접적으로 행복을 추구하면 그것은 우리에게서 빠져나간다. 그러나 우리가 우리에게 중요한 것을 하느라 바쁘고 우리의 꿈을 이루는 방향으로 진보한다면, 우리는 아주 행복하다고 느끼게 된다. 자신감도 간접적 노력의 법칙에 지배받는다. 우리는 훨씬 더 높은 목표와 목적을 설정하고 달성함으로써 더 높은 수준을 달성한다. 한 걸음씩 앞으로 나아가면서, 일단 삶에서 진보하

고 있다고 느끼면, 우리는 기분이 더 좋아지고 훨씬 더 많은 문제들을 더 잘 맡을 수 있다고 느낀다.

해설 | 행복과 같은 정서적 경험을 수반하는 것은 그것을 목표로 삼아 직접적으로 추구하기보다는 의미 있는 다른 목표를 추구한 결과로 간접적으로 우리에게 온다는 내용이다. 따라서 빈칸에 들어갈 말로는 ① '다른 어떤 것을 하는 것'이 가장 적절하다.

② 과거로부터 회복하는 것

③ 진지하게 또 한 번 운에 맡기고 해 보는 것

④ 가능한 한 많은 사람들에게 호소하는 것

⑤ 기대되어진 수행과 실제 수행을 비교하는 것

구문풀이 | · This law simply says [that almost anything {we get in life} involving emotional experiences comes to us indirectly rather than directly].

[ ]는 says의 목적어 역할을 한다. { }는 anything을 수식하는 관계절이다.

UNIT 11 빈칸 추론 (3)

EXAMPLE

본문 78쪽

정답 ①

소재 | 논증의 개념

직독직해

L1 In philosophy, / the best way to understand the concept of an argument /

철학에서 / 논증의 개념을 이해하는 가장 좋은 방법은 /

is to contrast it with an opinion.

의견과 대조하는 것이다

L9 Arguments are the building blocks of philosophy, /

논증은 철학을 구성하는 요소이고 /

and the good philosopher is one / who is able to create the best arguments /

훌륭한 철학자는 사람이다 / 최고의 논증을 만들어 낼 수 있는 /

based on a solid foundation.

견고한 토대에 기반을 둔

해석 | 철학에서 논증의 개념을 이해하는 가장 좋은 방법은 의견과 대조하는 것이다. 의견은 단순히 어떤 사람 혹은 사물에 대한 믿음이나 태도이다. 우리는 항상 의견을 표현한다. 우리는 특정 영

화나 다른 종류의 음식을 좋아하기도 하고 매우 싫어하기도 한다. 대개 사람들의 의견은 거의 언제나 자신의 감정에 기초한다. 사람들은 자신의 의견을 어떤 종류의 증거로도 뒷받침할 필요는 없다고 느낀다. 논증은 이것과는 좀 다르다. 이것은 자신의 주장이 사실이라는 것을 다른 사람에게 확신시키기 위하여 만들어진 것이다. 따라서 이것은 <u>주장을 뒷받침하는 논거를 제시하려는 시도이다.</u> 논증은 철학을 구성하는 요소이고, 훌륭한 철학자는 견고한 토대에 기반을 둔 최고의 논증을 만들어 낼 수 있는 사람이다.

구문풀이 | · In philosophy, the best way [to understand the concept of an argument] is to contrast it with an opinion.

[ ]는 주어 the best way를 수식하는 to부정사구이다.

· It **is made** [to convince others that one's claims are true].

[ ]는 목적을 나타내는 부사로 쓰인 to부정사구이다. 수동태 문장이므로 능동으로 표현하면 People make it to ~가 된다.

PRACTICE
본문 80~83쪽

01 ②   **02** ③   **03** ③   **04** ②

01

정답 ②

소재 | 연극을 통한 괴롭힘 문제 해소

직독직해

L2 This is seen as repeated, unprovoked abuse / by one or more children /

이것은 반복적이고 정당한 이유가 없는 학대로 간주된다 / 한 명 이상의 아이들에 의한 /

that causes physical or psychological pain / to another child.

신체적 또는 정신적 고통을 야기하는 / 다른 아이에게

해석 | 매체와 학교에서 많은 관심을 받고 있는 이슈는 괴롭힘이다. 이것은 다른 아이에게 신체적 또는 정신적 고통을 야기하는, 한 명 이상의 아이들에 의한 반복적이고 정당한 이유가 없는 학대로 간주된다. 괴롭힘은 해로우며, 교실 분위기에 부정적인 영향을 끼칠 수 있다. 사회적 시각, 감정적 공감 및 다른 사람들에 대한 동정심을 키우도록 아이들에게 연극이 사용될 수 있다. 연극에

서 등장인물들은 괴롭힘을 포함하여 여러 어려움을 헤쳐 나갈 수 있다. Tabone(2003)은 학급 연극으로 못된 고양이에 관한 이야기인 아동도서 'Rotten Ralph'를 이용한다. 그 이야기를 아이들에게 읽어 주고, 그들은 Sarah가 자신의 고양이 Ralph가 하는 일에 대해 어떻게 느끼는지에 대해 토론한다. 고양이가 하는 행동 몇 가지는 Sarah의 인형 하나를 부수기, 그녀를 놀리기, 그녀의 그네를 매달고 있는 나뭇가지를 톱으로 잘라내기 및 기타 끔찍한 일들이다. 아이들은 그들이 할 수도 있는 몇 가지 일들을 연극화할 수도 있고, 반면에 교사는 다른 선택 사항을 제공한다. 이 연극 경험은 <u>괴롭힘의 사건에 대해 그림을 그려 보는 것까지 확장될 수 있다.</u>

해설 | 학급 괴롭힘 문제를 해소하는 한 가지 방안으로 학급 연극이 이용될 수 있다는 것이 글의 내용이다. 빈칸 앞에서 교사가 다른 선택 사항을 제공한다고 했으므로, 빈칸에 들어갈 말로는 ② '괴롭힘의 사건에 대해 그림을 그려 보는 것까지 확장될 수 있다'가 가장 적절하다.

① 자신감과 집중력을 키우는 좋은 방법이다.
③ 아이들을 동물과 야생생물을 보호하는 것에 대해 생각해 보게 한다
④ 몇몇 학생들에게 연기력을 기를 수 있는 기회를 줄 수 있다
⑤ 학생들이 다독의 중요성을 아는 데 도움을 줄 수 있을 것이다

구문풀이 | · Some of his actions are [breaking one of Sarah's dolls], [making fun of her], [sawing off a limb {that holds her swing}], and [other terrible things].

네 개의 [ ]는 모두 동사 are에 연결되어 있는 어구이다. { }는 a limb을 수식하는 관계절이다.

02

정답 ③

소재 | 구조 조정 중에 있는 중간 관리자의 입장

직독직해

L2 Every pharaoh hoped to build for himself /

모든 파라오는 자신을 위해 만들기를 바랐다 /

a tomb of such intricate and deceitful design /

매우 복잡하고 사람의 눈을 속이기 쉬운 디자인의 무덤을 /

that no marauder would ever be able to enter it and steal the pharaoh's wealth.

어떠한 약탈자도 들어가서 파라오의 재산을 훔칠 수 없을 정도로

L6 All the workers knew /

모든 노동자들은 알고 있었다 /

that when the tomb was finished / they would be put
to death— /

그 무덤이 완성될 때 / 그들이 죽임을 당할 것을 /

this was how the pharaoh destroyed any memory /

이런 식으로 파라오는 어떤 기억이라도 파괴하였다 /

of how to find the wealth.

재산을 어떻게 찾아낼지에 대한

해석 | 많은 중간 관리자들과 일선의 직원들은 파라오의 무덤을 건설했던 노동자들처럼 느낄 것임에 틀림없다. 모든 파라오는 자신을 위해 어떠한 약탈자도 들어가서 파라오의 재산을 훔칠 수 없을 정도로 매우 복잡하고 사람의 눈을 속이기 쉬운 디자인의 무덤을 만들기를 희망했다. 그 노동자들을 기업의 구조 조정 중에 있는 중간 관리자로 생각해 보라. 모든 노동자들은 그 무덤이 완성될 때 죽임을 당할 것을 알고 있었는데, 이런 식으로 파라오는 재산을 어떻게 찾아낼지에 대한 어떤 기억이라도 파괴하였다. 파라오가 작업장에 나타나서 감독관에게, "어떻게 진행되고 있느냐? 이미 거의 끝나지 않았느냐?"라고 질문을 할 때 무슨 일이 일어날지 상상해 보라. "아직 아닙니다, 주인님. 공사는 몇 년 더 걸릴 것 같습니다." 당연히 파라오가 살아 있는 동안에 무덤이 끝나는 경우는 거의 없었다! 그래서 구조 조정 업무에 완전한 정서적, 지적 에너지를 투여하는 일선 및 중간급 직원들이 거의 없다는 것은 놀라운 일이 아니다.

해설 | 파라오는 무덤이 완성되면 무덤을 만들던 노동자들을 함께 죽임으로써 자신의 재산이 도난당하지 못하도록 한다는 문맥이 되어야 하므로, 빈칸에 들어갈 말로는 ③ '파라오가 살아 있는 동안에 무덤이 끝나는 경우는 거의 없었다'가 가장 적절하다.
① 파라오는 자신의 재산을 가져갈 수 없었다
② 노동자들은 기꺼이 무덤을 만드는 일에 참여했다
④ 파라오와 일반 사람들은 곧 죽을 운명이었다
⑤ 노련한 노동자들만이 무덤을 만드는 일에 참여할 수 있었다

구문풀이 | • Every pharaoh hoped to build for himself a tomb of [**such** intricate and deceitful design **that** no marauder would ever be able to enter it and steal the pharaoh's wealth].
[ ]는 a tomb을 수식한다. [ ] 안의 「such ~ that ...」은 '...할 정도로 매우 ~한'이라는 뜻이다.
• And **no wonder** so few first-level and mid-level employees bring their full emotional and intellectual energies to the task of restructuring.
no wonder는 it is no wonder that ...이 줄어든 형태로, '...하는 것은 놀라운 일이 아니다, 당연히 ...하다'라는 뜻이다.

03

정답 ③

소재 | 지도자의 자질로서의 책임감

직독직해

L4 On some level, / they generated the outcome, /
어느 정도의 수준에서 / 그들은 그 결과를 만들어 냈다 /
if not by their physical actions, /
자신의 물리적 행동이 아니라 하더라도
then by their mental actions.
정신적 행동에 의해서

L8 Maybe they were driving in the other car's blind spot, /
어쩌면 그들이 다른 차의 사각 지대에서 운전하고 있었거나 /
or they weren't paying close enough attention, /
충분히 세심하게 주의하지 않고 있었거나 /
or they didn't anticipate the lane change of a car.
혹은 어떤 차의 차선 변경을 예상하지 못했을지도 모른다

해석 | 책임감은 큰 성공을 이루는 사람들이 공통으로 가진 속성이다. 그들의 배경이나 삶의 이력이 무엇이든지, 진정한 지도자는 자신이 근원, 즉 결과를 만들어 낸 사람이라는 믿음을 공유하는 것으로 보인다. 바꾸어 말하면, 그들은 자기 행동의 결과에 책임을 진다. 어느 정도의 수준에서 그들은, 자신의 물리적 행동이 아니라 하더라도 정신적 행동에 의해서, 그 결과를 만들어 냈다. 그들은 자기 삶에서 일어나는 일이면 무엇이든지 자신이 만들어 낸다고 믿는 것 같다. 그것이 그들의 중요한 것이다. 만약 어떤 사람이 그들의 앞에 갑자기 끼어들었다면 자신들이 어떤 면에서 그 결과에 기여했던 것이다. 어쩌면 그들이 다른 차의 사각 지대에서 운전하고 있었거나, 충분히 세심하게 주의하지 않고 있었거나, 혹은 어떤 차의 차선 변경을 예상하지 못했을지도 모른다. 그것이 리더의 방식이다. 즉 그들은 완전한 책임을 진다.

해설 | 책임감을 가진 지도자는 어떤 결과에 대해서든 자기가 그런 결과를 가져오는 데 기여했다고 믿는다는 내용이므로, 빈칸에 들어갈 말로는 ③ '자기 삶에서 일어나는 일이면 무엇이든지 자신이 만들어 낸다'가 가장 적절하다.
① 자기의 의무는 최선의 정책을 선택하는 것이다
② 자기들이 영감을 통해 해답을 발견할 수 있다
④ 부담을 공유하는 것이 혼자 하는 것보다 더 낫다
⑤ 자기들이 남들이 자기들에게서 무엇을 필요로 하고 원하는지 이해한다

구문풀이 | • **No matter what** their background or life history, true leaders seem to share **the belief** [that they are the source—the creator].

No matter what은 '비록 ~이 무엇이더라도'라는 의미로 양보의 부사절을 이끈다. [ ]는 the belief와 동격 관계이다.

[ ]는 「by -ing」(~함으로써) 구문이며 { }는 the impression과 동격 관계에 있는 명사절이다.

04

정답 ②

소재 | 개인의 버블(personal bubble)

직독직해

L3 When we stand in line, / we make certain /
줄을 설 때 / 우리는 확인한다 /
there is enough space /
공간이 충분히 있는지를 /
so that we don't touch the person in front of us /
우리가 앞에 있는 사람을 접촉하지 않도록 /
and aren't touched by the person behind us.
그리고 뒤에 있는 사람에게 접촉되지 않도록

해석 | 우리는 모두 어떻게든 보호하려고 노력하는 '개인의 버블(공간)'로 우리 자신을 둘러싼다. 우리는 그 버블을 친구, 자녀, 부모 등에게는 개방하지만, 대부분의 사람들을 이 공간에 들이지 않도록 조심한다. 줄을 설 때는, 앞에 있는 사람을 접촉하지 않고 뒤에 있는 사람에게 접촉되지 않도록, 공간이 충분히 있는지 확인한다. 때로는 자신의 개인 공간을 확장한다. 예를 들면, 도서관에서 옆에 있는 의자 위에 외투를 놓을 수도 있는데—이것은 비록 그 공간을 사용하고 있지 않더라도 그것이 자신을 위한 것이라고 주장하는 것이다. 자신의 공간을 정말로 확장하고 싶으면, 심지어 나머지 의자들 앞에 책을 늘어놓아, 다른 사람들이 방금 잠깐 자리를 비웠다는 인상을 줌으로써 테이블 전체를 독점할지도 모른다.

해설 | 옆에 있는 의자 위에 외투를 걸쳐 놓거나 다른 의자들 앞의 테이블에 책을 늘어놓는 것은 개인의 버블을 넓히려는 시도이다. 따라서 빈칸에 들어갈 말로는 ② '자신의 개인 공간을 확장한다'가 가장 적절하다.
① 친구들을 위한 구역을 따로 마련한다
③ 누군가가 여러분에게 너무 가까이 접근한다
④ 사람들은 쉴 수 있는 조용한 장소를 찾는다
⑤ 개인의 버블은 사회적으로 만들어진다

구문풀이 | · If you want to really widen your space, you might even spread books in front of the other chairs, keeping the whole table to yourself [**by giving the impression** {that others have just stepped away}].

UNIT 12 연결어(구)

EXAMPLE
본문 84쪽

정답 ④

소재 | 뇌가 정보를 처리하는 방식

직독직해

L2 Our brain has channels, /
우리의 뇌에는 채널이 있어서 /
and so we're able to process / different kinds of data /
우리는 처리할 수 있다 / 다른 종류의 데이터를 /
in different parts of our brain.
뇌의 다른 부분에서

L6 If you were trying to explain / on the cell phone /
설명하려고 시도하고 있다면 / 휴대전화로 /
how to operate a complex machine, /
복잡한 기계를 작동하는 방법을 /
you'd stop walking.
여러분은 걸음을 멈출 것이다.

해석 | 우리가 실제로 두 가지 일을 동시에 하고 있을 때 무슨 일이 일어나고 있을까? 그것은 간단하다. 우리의 뇌에는 채널이 있어서 우리는 뇌의 다른 부분에서 다른 종류의 데이터를 처리할 수 있다. 그러므로, 말을 하면서 동시에 걸을 수가 있다. 채널 간섭이 전혀 없다. 하지만 두 가지 활동에 다 진정으로 집중하지는 못한다. 한 가지 활동은 (뇌의) 전면에서 일어나고 있고 또 다른 활동은 (뇌의) 후면에서 일어나고 있다. 복잡한 기계를 작동하는 방법을 휴대전화로 설명하려고 시도하고 있다면 여러분은 걸음을 멈출 것이다. 마찬가지로, 계곡 위의 밧줄 다리를 건너고 있다면 아마 말하는 것을 멈출 것이다. 두 가지 일을 동시에 할 수는 있지만, 두 가지 일에 동시에 효과적으로 집중할 수는 없다.

구문풀이 | · **One** is happening in the foreground and **the other** in the background.

두 가지를 설명할 때 사용되는 「one ~ , the other ...」 형식이 사용되었다.

· If you **were** trying to explain on the cell phone how to operate a complex machine, you'd **stop** walking.
조건절과 주절에 가정법 과거형(were, would stop)을 사용해 실제의 상황이 아닌 가상의 상황을 표현하고 있다.

PRACTICE
본문 86~89쪽

01 ⑤	02 ③	03 ①	04 ⑤

01

정답 ⑤

소재 | 규제하거나 특별한 권한을 부여하는 규칙의 기능

직독직해

L1 Our beliefs about emotions /
감정에 대한 우리의 믿음은 /
not only describe what *is*, /
무엇이 '존재하는가'를 기술할 뿐만 아니라 /
whether in fact or myth, /
사실에서든 신화에서든 /
but they also prescribe what *should*—or *should not*—be.
그것들은 무엇이 '존재해야 하는가' 또는 무엇이 '존재해서는 안 되는가'를 규정하기도 한다

L5 To illustrate with a nonemotional example, /
비감정적인 예로 설명하자면 /
rules of grammar / regulate how a person speaks "properly"; /
문법 규칙은 / 어떤 사람이 '올바르게' 말하는 방식을 규제한다 /
more fundamentally, /
더 근본적으로 /
they help constitute the language / that is spoken.
그것은 언어를 구성하는 것을 돕는다 / 말해지는

해석 | 감정에 대한 우리의 믿음은 사실에서든 신화에서든 무엇이 '존재하는가'를 기술할 뿐만 아니라, 그것들은 무엇이 '존재해야 하는가' 또는 무엇이 '존재해서는 안 되는가'를 규정하기도 한다. 예를 들어, 장례식 도중에는 웃으면 안 된다. 많은 규칙은 우리가 반

응하는 방식을 규제함과 아울러, 특별한 권한을 부여하는 기능도 가지고 있다. 비감정적인 예로 설명하자면, 문법 규칙은 어떤 사람이 '올바르게' 말하는 방식을 규제한다. 더 근본적으로 그것은 말해지는 언어를 구성하는 것을 돕는다. 그러므로 영문법의 규칙이 없다면, 영어는 없을 것이다. 비슷하게, 이를테면 분노의 규칙이 없다면 분노는 없을 것이고, 오직 격노나 좌절감의 불분명한 표현만 있을 것이다.

해설 | (A) 감정에 대한 믿음은 무엇이 존재하는가를 기술할 뿐만 아니라, 무엇이 존재해야 하는가 또는 무엇이 존재해서는 안 되는가를 규정한다는 내용 다음에 장례식 도중에 웃으면 안 된다는 예가 이어지고 있으므로, 빈칸에는 예시를 나타내는 For example(예를 들어)이 가장 적절하다.
(B) 문법 규칙은 말을 어떻게 올바르게 할 것인가를 규제하고 말해지는 언어의 구성을 돕는다는 내용 다음에 영문법의 규칙이 없다면 영어가 없을 것이라는 내용이 나오고 있으므로, 빈칸에는 인과 관계를 나타내는 Thus(그러므로)가 가장 적절하다.
① 그에 반해서 – 그러므로   ② 예를 들어 – 그러나
③ 그에 반해서 – 대신에   ④ 게다가 – 그러나

구문풀이 | · Our beliefs about emotions **not only** describe what *is*, [whether in fact or myth], **but** they **also** prescribe what *should* — or *should not* — be.
상관 접속어구 「not only A but also B」(A뿐만 아니라 B도 역시)가 쓰였고, [ ]는 「whether A or B」(A이든 B이든)의 형태로 양보의 의미를 표현한다.
· Similarly, **without** the rules of anger, say, there **would be** no anger, only unclear expressions of rage or frustration.
without은 if로 시작하는 조건절의 대용으로 '~이 없다면'의 뜻이고 but for나 if it were not for 등으로 고쳐 쓸 수 있다. would be를 통해 현재 사실의 반대를 가정하는 가정법 과거가 쓰였다는 것을 알 수 있다.

02

정답 ③

소재 | 고대인들의 예술에 대한 인식

직독직해

L2 Each was governed by its own muse, /
각각 그 자체의 뮤즈에게 지배받았고 /
each had its own rules and aims, /
각각 그 자체의 규칙과 목표를 가지고 있었다 /
but all seven were united by a common motivation: /
하지만 일곱 가지 모든 활동은 공통의 동기에 의해 통합되어 있었다 /

they were tools, / useful to describe the universe and our place in it.

그것들은 도구였다 / 우주와 그 안에서의 우리의 위치를 설명하는 데 유용한

해석| 고대인들은 일곱 가지 활동을 예술로 인식했다. 역사, 시, 희극, 비극, 가면극, 춤, 그리고 천문학이 그것이다. 각 활동은 그 자체의 뮤즈에게 지배받았고, 그 자체의 규칙과 목표를 가지고 있었지만, 일곱 가지 모든 활동은 공통의 동기에 의해 통합되어 있었다. 즉 그 활동들은 우주와 그 안에서의 우리의 위치를 설명하는 데 유용한 도구들이었던 것이다. 그것들은 존재의 신비를 이해하는 방법이었으며, 따라서 그러한 신비의 기운을 띠고 있었다. 그 결과, 그것들은 각각 종교적 활동의 모습이었다. 공연 예술은 의식을 거행했고, 역사는 종족의 이야기를 기록했으며, 천문학은 천체를 탐구했다. 이러한 각각의 일곱 가지 고전 예술에서 우리는 현대의 문화적, 과학적 범주의 뿌리를 찾을 수 있다. 예를 들어, 역사는 현대 사회 과학뿐만 아니라 소설, 단편소설, 기타 등등과 같은 산문체의 이야기로 이어진다.

해설| (A) 뒤에 이어지는 내용은 앞 문장에서 언급한 일곱 가지 고전 예술이 존재의 신비를 이해하는 방법이라는 것에 대한 결과에 해당하므로, 빈칸에는 As a result(그 결과)가 가장 적절하다. (B) 뒤에 이어지는 내용은 앞 문장에서 언급한 일곱 가지 고전 예술에서 현대의 문화적 과학적 범주의 뿌리를 찾을 수 있다고 한 것에 대한 예시에 해당하므로, 빈칸에는 for example(예를 들어)이 가장 적절하다.

① 그 결과 – 게다가
② 그럼에도 불구하고 – 또한
④ 게다가 – 그러나
⑤ 그럼에도 불구하고 – 그래서

구문풀이| • History, for example, leads **not only** to the modern social sciences **but also** to prose narrative: the novel, short stories, and so forth.

‘A뿐만 아니라 B도’의 의미를 나타내는 「not only A but also B」 구문이 쓰였다.

03

정답 ①

소재| 코치가 지녀야 할 효과적인 의사소통법

직독직해

L2 Many coaches are very good / at giving information /

많은 코치들은 매우 능숙하다 / 정보를 주는 데 /

that is high in content, / for instance, /

내용 면에서 수준이 높은 / 예를 들어 /

when introducing new tactics or technical skills.

새로운 전술이나 전문적인 기술을 소개할 때

L6 Furthermore, / when coaches continually use verbal instruction, /

더욱이 / 코치들이 계속적으로 언어적인 지시를 사용할 때 /

they become the main actors in the coaching theater /

그들은 코칭 극장의 주연배우가 되어서 /

thereby limiting or stopping the active participation of the players.

그에 의해 선수들의 적극적인 참여를 제한하거나 저지하게 된다

L11 This involves and encourages players /

이렇게 함으로써 선수들을 참여시키고 격려하게 된다 /

to take more responsibility /

더 많은 책임을 지도록 /

for their own learning and development.

자신의 학습과 발달에 대해

해석| 언어에 의한 의사소통은 내용(즉, 말해진 것)과 형태(즉, 그것이 보내지는 방식)를 둘 다 가지고 있는 메시지의 전달을 포함한다. 예를 들어, 많은 코치들은 새로운 전술이나 전문적인 기술을 소개할 때, 내용면에서 수준이 높은 정보를 주는 데 매우 능숙하다. 그러나 선수들이 너무 많은 지시를 받으면 ‘신경을 끄는’, 즉 지루해지고, 혼란스러워지며, 심지어는 좌절감을 느끼는 수가 있다. 더욱이, 계속적으로 언어적인 지시를 사용할 때, 코치들은 코칭 극장의 주연배우가 되어서, 그에 의해 선수들의 적극적인 참여를 제한하거나 저지하게 된다. 그러므로 선수들에게 질문을 하고 그들의 말을 듣는 것을 통해서 선수들을 참여시킴으로써, 코치는 그들에게 생각하고, 정보를 모으고, 평가하고, 창의적으로 행동하게 한다. 이렇게 함으로써 선수들이 자신의 학습과 발달에 대해 더 많은 책임을 지도록 참여시키고 격려하게 된다.

해설| (A)의 앞에는 코치가 내용면에서 수준 높은 정보를 주는 데 매우 능숙하다는 내용이 나오고, 뒤에는 많은 정보에 대해 선수들이 ‘신경을 끈다’는 내용이 나오므로, 빈칸에는 However(그러나)가 가장 적절하다.

(B)의 앞에는 코치가 계속해서 언어적인 지시를 사용할 때 그들이 선수들의 적극적인 참여를 제한하게 된다는 내용이 나오고, 뒤에는 그렇기 때문에 코치는 선수들에게 질문을 하거나 그들의 말을 들어야 한다는 내용이 제시되어 있으므로, 빈칸에는 Therefore(그러므로)가 가장 적절하다.

② 그러나 – 다시 말해
③ 마찬가지로 – 그렇지 않다면
④ 마찬가지로 – 그러므로

⑤ 사실 – 다시 말해

구문풀이│ • This **involves and encourages players to take** more responsibility for their own learning and development.

involves와 encourages의 뒤에 「목적어＋to부정사」가 이어진 형태로서, '~가 …하도록 참여시키고 격려하다'라는 뜻이다.

04

정답 ⑤

소재│ 문제점보다는 잘 해 온 것에 집중하기

직독직해

L1 As you assess your behaviors, attitudes, and values, /
자신의 행동, 태도, 그리고 가치관을 평가할 때 /
you may realize / that you are acting in ways /
여러분은 깨달을지도 모른다 / 여러분이 방식으로 행동하고 있다는 것을 /
that aren't as effective or appropriate as possible.
가능한 한 효과적이거나 적절하지 않은

L5 By focusing on your successes / instead of your problems, /
성공에 초점을 둠으로써 / 문제점보다는
you can more quickly accomplish the results / you desire.
결과를 더 빨리 성취할 수 있다 / 여러분이 원하는

해석│ 자신의 행동, 태도, 그리고 가치관을 평가할 때, 가능한 한 효과적이거나 적절하지 않은 방식으로 행동하고 있다는 것을 깨달을지도 모른다. 자신의 행동, 태도, 그리고 가치관을 어떻게 가장 잘 바꿀 수 있을까? 한 가지 전략이 유용하다. 현재 잘 하고 있는 것뿐만 아니라 지금까지 잘 해 오고 있는 것에 초점을 두라. 문제점보다는 성공에 초점을 둠으로써 원하는 결과를 더 빨리 성취할 수 있다. 예를 들어, Tiger Woods나 Annika Sorenstam과 같은 골프 선수들은 적대적인 관중, 힘든 날씨 상태, 그리고 자신들의 경쟁자를 무시할 수 있다. 그들은 골프공을 훌륭하게 친다는 과제를 달성하는 데 자신들의 힘을 집중한다. 이와 유사하게, 사람들이 자신들의 의사소통 능력에 대해 우울하거나 불안할 때 그들은 우울하고 불안해지지 않는 데 성공했던 상황에 집중함으로써 이런 감정들을 줄일 수 있다.

해설│ (A) 잘 하고 있는 것에 초점을 두고 성공에 초점을 둠으로써 원하는 결과를 더 빨리 얻을 수 있다는 앞의 말의 사례가 뒤에

이어지고 있으므로, 빈칸에는 For example(예를 들어)이 가장 적절하다.

(B) Tiger Woods나 Annika Sorenstam처럼 자신들이 훌륭하게 수행하는 과제를 달성하는 데 집중한 앞에 나온 사례와 유사하게 우울하거나 불안해지지 않는 데 성공한 상황에 집중하라는 내용이 뒤에 이어지므로, 빈칸에는 Similarly(이와 유사하게)가 가장 적절하다.

① 그러나 – 이와 유사하게
② 그러나 – 이와 반대로
③ 게다가 – 그러므로
④ 예를 들어 – 그러므로

구문풀이│ • Focus on [what you have done well in the past] **as well as** on [what you are currently doing well].

「A as well as B」는 'B뿐만 아니라 A'라는 의미이다. 두 개의 [ ]가 각각 A, B에 해당한다.

CHAPTER REVIEW			본문 90~91쪽
01 ①	**02** ④	**03** ①	**04** ②

01

정답 ①

소재│ 서둘러 행동하는 것의 문제점

직독직해

L4 Fast is good, / because you don't want to miss opportunities /
빠른 것은 좋은 것이다 / 기회를 놓치지 말아야 하기 때문에 /
in a world / that is so full of competitors.
세상에서 / 경쟁자가 정말 가득한

L6 When in a hurry, /
서두를 때는 /
the chance of making irrational or untimely decisions increases, /
비합리적이거나 시기에 맞지 않는 결정을 내릴 가능성이 커지고 /
and with that, / also the chance of unnecessary failure increases.
그럴 경우 / 불필요한 실패의 가능성도 커진다

해석│ 모든 일이 크게 서둘러 행동함으로써 이루어지는 것은 아니

다. 전혀 방심하지 않고 재빨리 생각하여 반응해야 할 때도 가끔 있지만, 많은 경우 어떤 프로젝트나 관계에 가입하기 전에 문제를 주의 깊게 고려하고 시간을 들여 모든 측면을 분석해야 한다. 그것이 거북이가 우리에게 가르치고 있는 것이다. 경쟁자가 정말 가득한 세상에서 기회를 놓치지 말아야 하기 때문에 빠른 것은 좋은 것이다. 하지만 느린 것도 좋은 것인데, 많은 경우 돌다리도 두드려보고 건너야 하기 때문이다. 서두를 때는 비합리적이거나 시기에 맞지 않는 결정을 내릴 가능성이 커지고, 그럴 경우, 불필요한 실패의 가능성도 커진다. 모든 일의 경우에서처럼, 여기서도 절제와 균형이 행동의 기본 원리이다. 신속하게 움직여야 할 때가 있지만, 물이 좋아 보일 때, 아직 수영하는 법을 모른다면 물에 뛰어들어서는 안 된다. 그저 기다려야 할 경우가 있다.

해설 | 주로 서둘러 행동하는 것의 문제점을 언급하면서 신중하게 행동해야 한다는 것을 강조하는 내용이고, 빈칸 바로 앞에서도 물이 좋아 보일 때 자기가 수영을 할 줄 모른다면 물에 뛰어들어서는 안 된다고 했으므로, 빈칸에 들어갈 말로는 ① '기다려야'가 가장 적절하다.
② 일해야 ③ 싸워야
④ 시작해야 ⑤ 공유해야

구문풀이 | • There are times [when you have to move rapidly], but when the water looks good, you should not dive in it [if you don't know {how to swim yet}].
첫 번째 [ ]는 times를 수식하는 관계절이고 when은 관계부사이다. 두 번째 [ ]는 조건의 부사절이고 { }는 know의 목적어 역할을 한다.

Words & Phrases
with haste 서둘러
think on one's feet 재빨리 생각하여 반응하다
analyze 분석하다   aspect 측면
sign up for ~에 가입 신청하다   turtle 거북이
competitor 경쟁자   instance 경우, 사례
look before you leap 돌다리도 두드려보고 건너다
irrational 비합리적인   untimely 시기에 맞지 않는
moderation 절제   golden rule 행동의 기본 원리
rapidly 신속하게

02

정답 ④

소재 | 긍정 심리학이 추구하는 것

직독직해

L1 Until recently /
최근까지 /
psychology has mainly been working /
심리학은 주로 연구를 해 왔다 /
within a disease model: /
주로 질병 모델 안에서 /
a strong emphasis has been placed /
즉 강한 강조를 두어 왔다 /
on discovering deficits in human behaviour /
인간의 행동 속에 있는 약점을 발견하는 데 /
and finding ways to repair this damage.
그리고 이러한 손상을 고치는 방법을 발견하는 데

L7 This situation has been changing now /
이러한 상황은 현재 변해 오고 있다 /
since the rise of positive psychology / a few years ago.
긍정 심리학이 대두한 이후로 / 몇 년 전에

L9 It is a new movement in psychology, /
그것은 심리학의 새로운 운동이다 /
originated by Martin Seligman and a few other prominent psychologists.
Martin Seligman과 다른 몇 명의 저명한 심리학자들에 의해 시작된

해석 | 최근까지 심리학은 주로 질병 모델 안에서 연구를 해 왔다. 즉 인간의 행동 속에 있는 약점을 발견하고 이러한 손상을 고치는 방법을 발견하는 데 강한 강조를 두어 왔다. 심리학자들은 건강하게 기능하는 것에 대한 지식을 획득하고 강점을 만드는 것에 대한 연구를 하는 일에는 거의 초점을 맞추지 않았다. 바꾸어 말하면, 그들은 긍정적인 것을 더하는(정신과 행동의 건강을 증진시키는) 대신에 부정적인 것(기능을 제대로 하지 못하는 것)을 없애는 것에만 초점을 맞추어 왔다. 결과적으로 심리학자들은 건강하고 행복하게 기능을 하는 것에 대해서는 거의 아무것도 모른다. 이러한 상황은 몇 년 전에 긍정 심리학이 대두한 이후로 현재 변해 오고 있다. '긍정 심리학'은 무엇인가? 그것은 Martin Seligman과 다른 몇 명의 저명한 심리학자들에 의해 시작된 심리학의 새로운 운동이다. 그것은 인생의 가장 좋은 것들에 관한 심리 과학이 되는 것을 목표로 한다.

해설 | 최근까지 심리학은 약점을 발견하고 그것을 고치는 방법을 발견하는 것에만 초점을 맞추어 왔지만 긍정의 심리학은 그 반대로 긍정적인 것, 즉 정신과 행동의 건강을 증진시키고 인생의 가장 좋은 것에 관한 심리 과학이 되는 것을 목표로 하고 있다는 내용의 글이다. 따라서 빈칸에 들어갈 말로는 ④ '건강하게 기능하는 것에 대한 지식을 획득하고 강점을 만드는 것에 대한'이 가장 적절

하다.
① 연구자들의 상호 협력을 강조하는
② 인간의 타고난 약점에 대한 용인 노력을 연구하는
③ 인간들이 기술을 받아들이도록 격려하는 방법을 조사하는
⑤ 효과적인 문제 해결에 이를 수 있는 다양한 방법을 분석하는

구문풀이 | · This situation **has been changing** now since the rise of positive psychology a few years ago.
has been changing은 현재완료진행형으로서, 과거부터 현재까지의 진행 중인 동작을 표현한다.

· It is a new movement in psychology, [originated by Martin Seligman and a few other prominent psychologists].
[ ]는 과거분사구로 a new movement in psychology를 부가적으로 수식한다.

Words & Phrases

damage 손상	solely 오로지
take away 제거하다	
dysfunction 기능을 제대로 하지 못하다	
originate 시작하다	prominent 저명한, 두드러진
aim 목표로 하다	emphasize 강조하다
inborn 타고난	method 방법

03

정답 ①

소재 | 각인에 의해 왜곡되는 자아상

직독직해

L1 There are several ways /
방식은 여러 가지가 있다
in which your self image has become distorted.
자아상이 왜곡된

L7 And the information will readily pop up, /
그리고 정보가 즉시 튀어나올 것이다 /
with the authority of the mother's voice: /
어머니 목소리의 권위와 함께 /
"You are someone who always behaves badly /
너는 항상 나쁘게 행동하는 사람이야 /
when you are with me!"
나와 함께 있을 때

해석 | 자아상이 왜곡된 방식은 여러 가지이다. 예를 들면, 그 중 한 가지는 각인이다. 내가 상점에 있었는데 유모차에 탄 아이와

함께 한 어머니가 들어왔다. 그 아이는 끔찍했다. 그 아이는 울고 소리를 질렀다. 그래서 어머니가 "너는 나와 상점에 있을 때 왜 항상 그렇게 나쁘게 행동하니?"라고 말했다. 자, 그것은 어리석은 말이지만 어떤 부모에게서든 쉽게 나올 수 있는 말이다. 하지만 그 아이의 잠재의식 속에서, 그 메시지는 아주 분명하게 받아들여진다. 다음번에 엄마와 쇼핑을 갈 때, 그 아이는 "내가 엄마와 쇼핑을 갈 때 나는 누구인가?" 하고 궁금해할 것이다. 그리고 어머니 목소리의 권위와 함께, "너는 나와 함께 있을 때 항상 나쁘게 행동하는 사람이야!"라는 정보가 즉시 튀어나올 것이다. 따라서, 당연히 그 아이는 다시 나쁘게 행동할 것이다.

해설 | 엄마로부터 들은 자신에 대한 부정적인 정보는 아이의 잠재의식 속에 각인되고 아이는 그 정보에 맞게 행동하게 된다는 내용의 글이다. 따라서 빈칸에 들어갈 말로는 ① '다시 나쁘게 행동할'이 가장 적절하다.
② 자신의 엄마의 습관을 모방할   ③ 즉시 울음을 멈출
④ 사람들의 관심을 받을   ⑤ 값비싼 교훈을 얻을

구문풀이 | · Now, that's a stupid remark, but **one** [which can easily slip out of any parent].
[ ]는 관계절로 one을 수식한다. 이때 one은 a remark를 대신하는 대명사이다.

· And **the information** will readily pop up, with the authority of the mother's voice: ["You are someone {who always behaves badly when you are with me}!"]
[ ]는 the information과 의미상 동격 관계를 이루고 있다.
{ }는 관계절로 someone을 수식한다.

Words & Phrases

become distorted 왜곡되다, 뒤틀리다	
imprinting 각인	stupid 어리석은
remark 말, 발언	slip 입 밖으로 나오다
subconscious 잠재의식의	readily 즉시
authority 권위	

04

정답 ②

소재 | 관광 산업과 환경의 관계

직독직해

L3 Many of these impacts are linked with the construction /
이러한 영향 중 많은 부분은 건설과 연관되어 있다 /
of general infrastructure such as roads and airports, /
도로와 공항과 같은 일반적인 기반 시설과 /

and of tourism facilities, including resorts, hotels, restaurants and shops.

리조트, 호텔, 음식점 및 상점을 포함하는 관광 편의 시설의

L9 It is a way / to raise awareness of environmental values /

그것은 방법이다 / 환경적 가치에 대한 인식을 높이는 /

and it can serve as a tool / to finance the protection of natural areas /

그것은 도구로 역할을 할 수 있다 / 자연 지역의 보호에 자금을 지원하고 /

and increase their economic importance.

그곳의 경제적 중요성을 키우는

해석 | 자연적인 환경과 인공적인 환경 모두, 그 질은 관광 산업에 필수적이다. <u>그러나</u>, 관광 산업과 환경의 관계는 복잡하다. 관광 산업은 환경에 해로운 영향을 끼칠 수 있는 많은 활동을 포함하고 있다. 이러한 영향 중 많은 부분이 도로와 공항과 같은 일반적인 기반 시설과, 리조트, 호텔, 음식점 및 상점을 포함하는 관광 편의 시설의 건설과 연관되어 있다. 관광 산업 발전의 부정적인 영향은 그것이 의존하고 있는 환경 자원들을 점차적으로 파괴할 수 있다는 것이다. <u>다른 한편으로</u>, 관광 산업은 환경 보호와 보전에 기여함으로써 환경에 이로운 영향을 창출할 수 있는 잠재력을 가지고 있다. 그것은 환경적 가치에 대한 인식을 높이는 방법이고, 자연 지역의 보호에 자금을 지원하고 그곳의 경제적 중요성을 키우는 도구로 역할을 할 수 있다.

해설 | (A) 뒤에 이어지는 내용은 앞 문장에서 언급한 환경의 질이 관광 산업에 필수적이라는 것과는 다소 상반되는 논리이므로, 빈칸에는 However(그러나)가 가장 적절하다.
(B) 뒤에 언급되는 내용이 앞 문장에서 언급된 관광 산업의 부정적인 영향과 상반되는 측면에 관한 내용이므로, 빈칸에는 On the other hand(다른 한편으로)가 가장 적절하다.
① 그러나 - 따라서
③ 그러므로 - 요약하면
④ 그러므로 - 반대로
⑤ 마찬가지로 - 예를 들어

구문풀이 | • Many of these impacts are linked with the construction [of general infrastructure such as roads and airports,] **and** [of tourism facilities, including resorts, hotels, restaurants and shops].

두 개의 [ ]는 and에 의해 병렬되어 있다.

• The negative impacts of tourism development can gradually destroy the environmental resources [on which **it** depends].

[ ]는 the environmental resources를 수식하는 관계절로 it은 tourism을 가리킨다.

Words & Phrases

quality 질, 품질	man-made 인공적인
essential 필수적인	complex 복잡한
involve 포함하다	adverse 해로운, 불리한
construction 건설	infrastructure 기반 시설
facility 시설	gradually 점차적으로
depend on ~에 의존하다	potential 잠재력
beneficial 이로운, 유익한	contribute to ~에 기여하다
protection 보호	conservation 보존, 보호
awareness 인식	finance 자금을 지원하다

신간

Reading POWER

• 〈유형편 기본〉, 〈유형편 완성〉, 〈구문편〉
• 하루 10분 영어읽기의 힘
  〈속독속해〉, 〈주제별독해 I〉, 〈주제별독해 II〉

CHAPTER 04
간접 글쓰기

UNIT 13 무관한 문장 찾기

EXAMPLE
본문 94쪽

정답 ④

소재 | 나이 든 사람들의 시간 인식

직독직해

L1 In an experiment, / when people were asked /
한 실험에서 / 사람들이 요구받았을 때 /

to count three minutes in their heads,/
머릿속으로 3분을 세도록 /

25-year-olds were quite accurate, /
25세의 사람들은 꽤 정확했지만 /

but 65-year-olds went over on average by 40 seconds.
65세의 사람들은 평균적으로 40초가 더 걸렸다.

L11 So, / if you want to use your energy / to work longer, /
그래서 / 만약 여러분이 자신의 에너지를 사용하고 싶다면 / 더 오래 일하는 데 /

just change your perception / of how long you have been working.
인식을 바꾸기만 하면 된다 / 얼마나 오래 일했는지에 대한

해석 | 한 실험에서, 사람들이 머릿속으로 3분을 세도록 요구받았을 때 25세의 사람들은 꽤 정확했지만, 65세의 사람들은 평균적으로 40초가 더 걸렸다. 시간은 나이가 더 많은 사람들에게는 더 빨리 가는 것 같았다. 이것이 무의미해 보일 수도 있지만, 65세의 사람들처럼 시간을 인식하는 것에는 많은 이점이 있다. 예를 들어, 만약 여러분이 8시간 동안 프로젝트 작업을 하고 있지만 그것을 단지 6시간처럼 느낀다면, 여러분은 일을 계속할 수 있는 더 많은 에너지를 얻게 될 것이다. 만약 여러분이 20분 동안 달리기를 하고 있는데 그것을 단지 13분이라고 인식한다면, 여러분은 7분의 추가적인 에너지를 얻을 가능성이 더 클 것이다. (나이 드는 것의 가장 큰 장점 가운데 하나는 열정의 식음, 즉 성급하게 행동으로 옮기지 않는 것이다.) 그래서 만약 여러분이 더 오래 일하는 데 자신의 에너지를 사용하고 싶다면, 얼마나 오래 일했는지에 대한 인식을 바꾸기만 하면 된다.

구문풀이 | • This may seem meaningless, but there are a lot of benefits **to perceiving** time like 65-year-olds.
to가 전치사이므로 뒤에 동명사 perceiving이 쓰였다.

• **One** of the greatest benefits of getting older **is** the cooling of passion — not rushing to quick action.
주어부의 핵이 One이므로 단수동사 is가 쓰였다.

PRACTICE
본문 96~99쪽

01 ④	**02** ④	**03** ③	**04** ④

01

정답 ④

소재 | 재원의 확대를 통한 갈등 해결

직독직해

L3 However, / by talking the finance people /
그러나 / 재무 부서 사람들을 설득해서 /

into delaying the purchase of other equipment, /
다른 장비의 구매를 미루게 함으로써 /

there will be more money left /
돈이 더 많이 남을 것이다 /

for departmental computers.
부서의 컴퓨터에 쓰일

L5 Alternatively, / the company may be reorganized /
그렇지 않으면, 그 회사가 재조직될 수도 있고 /

and some people given early retirement, /
몇 사람이 조기 퇴직을 할 수도 있고 /

thus freeing up funds for computer equipment.
그렇게 해서 컴퓨터 장비를 위한 자금을 쓸 수 있게 해 줄 수도 있다

L9 An expansion of resources /
재원의 확대는 /

involves a reworking of the budget /
예산의 재작업을 포함한다 /

for the purpose of determining /
결정하기 위해 /

how additional funds can be found.
추가적인 자금을 어떻게 찾을 수 있는가를

해석 | 가끔씩 갈등은 재원의 확대를 통해 해결될 수 있다. 예를 들어, 어떤 부서는 컴퓨터 다섯 대가 필요할 수도 있지만 오직 컴퓨터 세 대의 예산밖에 없다. 그러나 재무 부서 사람들을 설득해서 다른 장비의 구매를 미루게 함으로써 부서의 컴퓨터에 쓰일 돈이

더 많이 남을 것이다. 그렇지 않으면, 그 회사가 재조직되어 몇 사람이 조기 퇴직을 할 수도 있고, 그렇게 해서 컴퓨터 장비를 위한 자금을 쓸 수 있게 해 줄 수도 있다. (비디오 게임이나 컴퓨터 게임에 대한 중독은 어떤 다른 중독과 거의 같은 방식으로 치료해야 한다.) 재원의 확대는 추가적인 자금을 어떻게 찾을 수 있는가를 결정하기 위해 예산의 재작업을 포함한다.

해설 | 갈등은 재원의 확대를 통해 해결될 수 있다는 첫 문장이 주제문으로, 비디오 게임이나 컴퓨터 게임 중독 역시 다른 중독과 같은 방식으로 치료를 해야 한다는 내용의 ④는 글의 흐름과 무관한 문장이다.

구문풀이 | • Alternatively, the company **may be** reorganized and some people given early retirement, [thus freeing up funds for computer equipment].
given 앞에는 may be가 생략되어 있다. [ ]는 분사구문으로 연속동작을 나타낸다.
• An expansion of resources involves a reworking of the budget for the purpose of [determining {how additional funds can be found}].
[ ]는 동명사구로 전치사 of의 목적어 역할을 하고 { }는 의문사절로 determining의 목적어 역할을 한다.

02

정답 ④

소재 | 자녀의 위험한 행동에 대해 올바르게 경고하는 법

직독직해

L1 A child / who hears a stern warning /
아이는 / 엄중한 경고를 듣는
about the dangers of running in the street /
거리에서 뛰는 것의 위험성에 대해 /
will have better self-esteem / than a child /
더 나은 자존감을 가질 것이다 / 아이보다 /
who only hears that he's a "bad boy" /
'나쁜 아이'라는 말만 듣는 /
when he runs into the street.
거리로 달려 나갈 때

L3 The child / who's a "bad boy" /
아이는 / '나쁜 아이'인 /
is getting the message /
메시지를 받고 있는 것이다 /
that he and his behavior are not okay.
그와 그의 행동이 좋지 않다는

L8 Parents / who carefully distinguish /
부모들이 / 조심스럽게 구별하는
between inappropriate behavior and the basic goodness of the child /
부적절한 행동과 아이의 근본적인 선함 사이를 /
raise children / who feel better about themselves /
자녀를 키운다 / 자신들을 더 낫게 느끼며 /
and have a far gentler inner critic.
그리고 훨씬 더 온화한 내면의 비판자를 갖는

해석 | 거리에서 뛰는 것의 위험성에 대해 엄중한 경고를 듣는 아이는, 거리로 달려 나갈 때 '나쁜 아이'라는 말만 듣는 아이보다 더 나은 자존감을 가질 것이다. '나쁜 아이'인 아이는 자신과 자신의 행동이 좋지 않다는 메시지를 받고 있는 것이다. 그는 자신이 하는 일과 자신의 본 모습 사이의 차이에 대해 배우지 못한다. 어른이 되었을 때 그의 내부에 있는 비판자는 자신의 행동과 자신의 가치 둘 다를 공격할 것이다. (부모와 자녀들이 일상의 문제에 대해 빈번한 의사소통을 하는 것이 훨씬 더 중요하다.) 부적절한 행동과 아이의 근본적인 선함을 조심스럽게 구별하는 부모들이 자신들을 더 낫게 느끼며 훨씬 더 온화한 내면의 비판자를 갖는 자녀를 키운다.

해설 | 자녀가 위험한 행동을 할 때 그 행동과 자녀의 가치를 구분해서 경고를 해야 한다는 내용의 글이다. 따라서 부모와 자녀가 일상적인 일에 대해 빈번한 의사소통을 하는 것이 중요하다는 내용의 ④는 글의 흐름과 무관한 문장이다.

구문풀이 | • The child who's a "bad boy" is getting **the message** [that he and his behavior are not okay].
[ ]는 the message를 구체적으로 설명하는 동격절이다.
• **Parents** [who carefully distinguish between inappropriate behavior and the basic goodness of the child] **raise** children [who feel better about themselves and have a far gentler inner critic].
첫 번째 [ ]는 주어인 Parents를 수식하는 관계절이며, Parents의 술어동사는 raise이다. 두 번째 [ ]는 목적어인 children을 수식하는 관계절이다.

03

정답 ③

소재 | 건강의 비결이 될 수 있는 조상들의 생활방식

직독직해

L3 Not unlike most other mammals, /
대부분의 다른 포유동물과 다르지 않게 /
humans had to expend much energy /

인간은 많은 에너지를 써야 했다 /

in order to acquire food and water.

식량과 물을 얻기 위해

L7 As descendants of these nomadic people, /

이 떠돌이 생활을 하는 사람들의 후손으로서 /

our physiology is based on abundant movement /

우리의 생리적 기능은 많은 움직임에 기반을 두고 있다 /

and a diet of vegetables, fruits, nuts, fish, and infrequent, small portions of meat.

그리고 채소, 과일, 견과류, 생선 그리고 이따금씩 소량의 육류로 된 식단에

해석 | 엘리베이터, 에스컬레이터, 자동차, 그리고 말조차도 있기 전의 먼 옛날, 우리 조상의 시대로 돌아가 보자. 이때가 우리 인간의 생리적 기능이 발전하고 있던 때이다. 우리 조상들은 생존하기 위해 몸을 움직여야 했다. 대부분의 다른 포유동물과 다르지 않게 인간은 식량과 물을 얻기 위해 많은 에너지를 써야 했다. 우리의 생리적 기능 대부분을 공유하고 있는 이 초기 인간은 떠돌이 생활을 했으므로, 움직이는 것이 그들의 생활의 주요한 일부였다. 이 떠돌이 생활을 하는 사람들의 후손으로서, 우리의 생리적 기능은 많은 움직임과 채소, 과일, 견과류, 생선, 그리고 이따금씩 소량의 육류로 된 식단에 기반을 두고 있다. (우리는 이런 전통적인 음식과 약의 부작용이 예측 불가능할 수 있다는 것을 기억해야 한다.) 우리가 그것을 가지면 우리는 건강해질 가능성이 더 많다. 우리가 그것을 가지지 못하면 문제가 생긴다.

해설 | 떠돌이 생활을 했던 우리 조상들처럼 몸을 계속 움직이는 것과 조상들이 먹었던 것과 같은 식단으로 먹는 것이 건강의 비결이 될 수 있다는 내용의 글이다. 따라서 전통적인 음식과 약이 부작용이 있을 수 있다는 ③은 글의 흐름과 무관한 문장이다.

구문풀이 | · These early humans, [with whom we share most of our physiology], were nomadic, and therefore **moving was** an essential part of their lives.

[ ]는 These early humans를 설명하는 관계절이다. and 다음의 문장에서는 동명사인 moving이 주어이고 was가 술어동사이다.

04

정답 ④

소재 | 여행사에게 사전에 문의할 사항들

직독직해

L6 Some tour operators don't commit to specific hotels /

일부 여행업자들은 특정한 호텔을 약속하는 것이 아니라 /

but simply promise three- or four-star properties, /

단지 3성 혹은 4성 건물을 약속할 뿐이다 /

so if you're particular about lodging, /

그러므로 만약 여러분이 숙소에 대해 까다롭다면 /

ask where the group stayed on past trips.

지난 여행에서 단체 관광객이 어디에서 묵었는지 물어보라

해석 | 일부 여행사는 관광 여행을 위해 제시된 가격에 무엇이 포함되는지에 대하여 매우 구체적이지만, 다른 경우에는 상세한 내용을 문의해야 한다. '몇 차례의 식사'가 저녁 식사는 의미하지만 아침 식사나 점심 식사는 아닐 수도 있으며, '관광'은 관광 안내인과 현지 교통편은 의미하지만 입장료나 팁은 아닐 수도 있다. 조사하기에 적절한 또 다른 주제는 숙박 시설이다. 일부 여행업자들은 특정한 호텔을 약속하는 것이 아니라 단지 3성 혹은 4성 건물을 약속할 뿐이므로, 만약 여러분이 숙소에 대해 까다롭다면, 지난 여행에서 단체 관광객이 어디에서 묵었는지 물어보라. (예를 들어, 여행자들이 짧은 여행을 더 많이 함에 따라, 출판사들은 한 도시에 초점을 맞춘 미니 관광 안내 책자를 더 많이 만들어 냈다.) 그리고 만약 여러분과 여러분의 여행 동반자가 두 개의 독립된 침대를 원한다면 미리 그것을 확인하라.

해설 | 관광 여행 가격에 포함되어 있다고 표시되어 있는 식사나 숙소 등에 대하여 구체적인 사항을 미리 확인해야 한다는 내용의 글이다. 따라서 여행자의 새로운 변화에 맞추어 출판사가 미니 관광 안내 책자를 더 많이 만들어 냈다는 ④는 글의 흐름과 무관한 문장이다.

구문풀이 | For instance, [**with travelers taking** more short trips], publishers have created more mini-guides [that focus on one city].

첫 번째 [ ]에는 「with+명사(구)+분사」 구문이 사용되어 '~이 …하면서'라는 의미를 나타내고 있다. 두 번째 [ ]는 관계절로 mini-guides를 수식한다.

UNIT 14 문장 삽입

EXAMPLE

본문 100쪽

정답 ⑤

소재 | 유명 인사를 사전에 실을 때의 기준

L3 The editors must make difficult decisions /

편집자들은 어려운 결정을 해야 한다 /

about whom to include / and whom to exclude.

누구를 포함하고 / 누구를 제외할지에 대해서

L8 Executive editor Michael Agnes explains /

편집국장 Michael Agnes는 설명한다 /

that names are chosen / based on their frequency of use /

이름이 선택된다고 / 이름의 사용 빈도에 근거하여 /

and their usefulness to the reader.

그리고 독자에 대한 유용성에 (근거하여)

L10 For that very reason, / Elton John and Paul McCartney /

바로 그런 이유로 / Elton John과 Paul McCartney는 /

aren't in the dictionary, /

그 사전에 없다 /

but both Marilyn Monroe and Elvis Presley, /

그러나 Marilyn Monroe와 Elvis Presley는 둘 다 /

who died decades ago, / are.

수십 년 전에 사망한 / (사전에) 있다

해석 | 대부분의 사전은 유명한 사람들의 이름을 싣는다. 편집자들은 누구를 포함하고 누구를 제외할지에 대해서 어려운 결정을 해야 한다. 예를 들어 'Webster's New World Dictionary'는 Audrey Hepburn은 포함하지만 Spencer Tracy는 뺀다. 그것은 Bing Crosby는 싣고 Bob Hope는 싣고 있지 않으며, Willie Mays는 싣고 Micky Mantle은 싣고 있지 않다. 편집국장 Michael Agnes는 이름의 사용 빈도와 독자에 대한 유용성에 근거하여 이름이 선택된다고 설명한다. 하지만 그에 따르면 살아 있는 예능인은 포함되지 않는다. 바로 그런 이유로, Elton John과 Paul McCartney는 그 사전에 없지만, 수십 년 전에 사망한 Marilyn Monroe와 Elvis Presley는 둘 다 사전에 있다.

구문풀이 | • The editors must make difficult decisions about **whom to include and whom to exclude**.

and에 의해 병렬되어 있는 두 개의 「의문사+to부정사」 형식이 사용되었다. 각각 whom they should include와 whom they should exclude로 이해할 수 있다.

• For that very reason, Elton John and Paul McCartney aren't in the dictionary, but both Marilyn Monroe and Elvis Presley, who died decades ago, **are**.

문장의 마지막에 있는 are의 뒤에 in the dictionary가 생략되어 있는 것으로 이해할 수 있다.

PRACTICE

01 ③	**02** ④	**03** ③	**04** ④

01

정답 ③

소재 | 자연에 관한 진리 추구로서의 과학

직독직해

L3 When one obtains a new insight /

사람은 새로운 통찰을 얻을 때 /

into the working of nature, /

자연의 작용에 대한 /

one is as much thrilled as, / say, /

만큼이나 감격한다 / 이를테면 /

a painter or a sculptor / when he creates a masterpiece.

화가나 조각가가 / 대작을 만들 때

L6 In science, / every newly established fact, /

과학에서는 / 새롭게 정립된 모든 사실과 /

however insignificant it may appear to be at the time, /

당시에 아무리 사소하게 보일지 모른다고 해도 /

and every new idea, / however small, /

새로운 모든 생각은 / 아무리 작게 보일지 모른다고 해도 /

is bound sooner or later to contribute to /

머지않아 틀림없이 기여할 것이다 /

major advances in our understanding of nature.

자연에 대한 우리의 이해의 주요한 발전에

해석 | 자연에 관한 진리의 추구가 과학이다. 그것은 창의적인 활동이다. 사람은 자연의 작용에 대한 새로운 통찰을 얻을 때, 이를테면 화가나 조각가가 대작을 만들 때만큼이나 감격한다. 그러나 과학과 예술 사이에는 한 가지 큰 차이가 있다. 과학적인 노력은 누적적이고 협력적인 반면에 각각의 예술적인 창조물은 그 자체로 온전하다. 과학에서는, 당시에 아무리 사소하게 보일지 모른다고 해도 새롭게 정립된 모든 사실과, 아무리 작게 보일지 모른다고 해도 새로운 모든 생각은, 머지않아 자연에 대한 우리의 이해의 주요한 발전에 틀림없이 기여할 것이다. Newton과 같은 훌륭한 물리학자조차도 다음과 같이 썼다. "내가 조금 더 먼 곳을 볼 수 있다면, 그것은 거인의 어깨에 올라섬으로써 가능하다."

해설 | 주어진 문장은 과학과 예술 사이에 한 가지 큰 차이가 있다

는 내용이므로, 과학과 예술의 차이점을 서술하기 시작하는 문장 앞인 ③이 가장 적절한 위치이다.

구문풀이 | · When one obtains a new insight into the working of nature, one is **as much** thrilled **as**, say, a painter or a sculptor when he creates a masterpiece. 「as much ~ as ...」는 '…만큼 ~하다'의 뜻이다.

· In science, every newly established fact, [however insignificant it may appear to be at the time], and every new idea, [however small], is bound sooner or later to contribute to major advances in our understanding of nature.

두 개의 [ ]에 사용된 however는 '아무리 ~일지라도'의 의미를 나타내며, 두 번째 [ ]에서는 small 다음에 it may appear to be at the time이 생략된 것으로 이해할 수 있다.

02

정답 ④

소재 | 세계화가 미술에 끼친 영향

직독직해

L5 Aided by the Internet and mass media, /
인터넷과 대중 매체의 도움을 받아 /
awareness of the vitality of contemporary art in localities around the globe /
전 세계적으로 여러 지역에서 현대 미술의 활력에 대한 인식이 /
has grown tremendously.
엄청나게 커졌다

L11 Her collaged images of women are informed /
그녀의 여성 콜라주 이미지들은 정보를 얻은 것이다 /
by African tribal arts, 20th-century European and American collage artists, and the latest illustrations from fashion, and medical sources, etc.
아프리카 부족 미술, 20세기 유럽과 미국 콜라주 미술가, 그리고 패션, 의학 자료, 기타 등등의 최신 삽화에 의해

해석 | 21세기의 미술 무대에서 중요한 특징은 세계화의 영향, 곧 인간의 활동과 정보가 점점 더 빠르게 시간과 공간을 가로질러서 상호 연결되고 있는 현상이다. 인터넷과 대중 매체의 도움을 받아, 전 세계적으로 여러 지역에서 현대 미술의 활력에 대한 인식이 엄청나게 커졌다. 인터넷에 접근이 가능한 사람은 누구든지 상하이, 시드니, 상파울루, 또는 나이로비에서의 발전을 따라갈 수

있다. 동시에, 미술가들이 국경과 바다를 가로질러 이동하는 것이 늘어난 것이 영향력과 미술 표현법의 혼합을 증가시켰다. 예를 들어, 원래 케냐 출신인 Wangechi Mutu는 남 웨일스에서 그리고 그 후에는 미국에서 공부했다. 그녀의 여성 콜라주 이미지들은 아프리카 부족 미술, 20세기 유럽과 미국 콜라주 미술가, 그리고 패션, 의학 자료, 기타 등등의 최신 삽화에서 정보를 얻은 것이다. Mutu는 많은 사람들에게 최근에 가장 중요한 현대 아프리카 예술가 중의 한 사람이라고 여겨지며, 그녀의 작품은 많은 세계적인 갈채를 받아 왔다.

해설 | 주어진 문장은 여러 국가들에서 교육을 받은 미술가의 예로 제시되었는데 ④ 다음 문장의 Her가 Wangechi Mutu를 가리키므로 주어진 문장의 가장 적절한 위치는 ④이다.

구문풀이 | · [Aided by the Internet and mass media], awareness of the vitality of contemporary art in localities around the globe has grown tremendously.
[ ]는 분사구문으로 주어 awareness of ~ the globe를 부가적으로 설명한다.

03

정답 ③

소재 | 컴퓨터의 교육적 활용

직독직해

L2 Despite all the spending, /
모든 지출에도 불구하고 /
computers are not often used to do anything /
컴퓨터는 어떤 것을 하는 데 자주 사용되지는 않는다 /
that couldn't be done as easily /
그만큼 쉽게 이루어질 수 없는 /
—and more cheaply and effectively— /
그리고 더 저렴하고 효과적으로 /
with old-fashioned books, pencils, paper, and chalk.
구식의 책, 연필, 종이 및 분필로

L4 "Interactive" whiteboards are too frequently used /
'전자' 칠판은 너무도 자주 사용되는데 /
merely for displaying text or pictures /
단지 글이나 그림을 보여 주기 위해 /
to a dutifully seated class, / not much different from /
의무적으로 앉아 있는 학급 학생들에게 / 별로 다르지 않다 /
what you can do with an overhead projector or chalkboard.
오버헤드 프로젝터나 칠판으로 할 수 있는 것과

해석 | 모든 지출에도 불구하고 컴퓨터는, 구식의 책, 연필, 종이 및 분필로, 그만큼 쉽게, 그리고 더 저렴하고 효과적으로, 이루어질 수 없는 것을 하는 데 자주 사용되지는 않는다. '전자' 칠판은 의무적으로 앉아 있는 학급 학생들에게 단지 글이나 그림을 보여 주기 위해 너무도 자주 사용되는데, 오버헤드 프로젝터나 칠판으로 할 수 있는 것과 별로 다르지 않다. 컴퓨터는 그저 문서 작업용으로나, 파워포인트와 같이 인지적인 면에서 황량한 상업적 소프트웨어 패키지를 보여 주거나, 혹은 장점이 불확실한 지루한 교육용 게임을 하는 데 사용된다. 컴퓨터 '미술' 패키지는 물감과 종이를 사용하는 미술에 대한 재미없는 대체물로 사용된다. 그러나 일부 교육자들은 이것이 막다른 지경이라는 것을 깨닫고 있다. 그들은 교실에서 과학기술로 다른 어떤 일을 하고 있다. 이 교사들은, 중요한 것은 종이, 연필, 그리고 책으로 이미 잘 하고 있는 것을 그저 더 비싸게 되풀이하는 것이 아니라는 것을 깨달았다. 중요한 것은 그들이 현재 할 수 없는 새로운 것을 하는 것이다.

해설 | ③ 다음에 있는 They가 가리키는 것이 주어진 문장에 있는 some educators이므로 주어진 문장의 가장 적절한 위치는 ③이다.

구문풀이 | · These teachers have realized [that the point isn't to simply repeat more expensively {**what** they're already doing quite well with paper, pencils, and books}].
[ ]는 have realized의 목적어 역할을 한다. { }는 repeat의 목적어 역할을 하고, what은 선행사를 포함한 관계사이다.

04

정답 ④

소재 | 자기 이해에 대한 상반된 철학적 입장

직독직해

L6 What the work of Freud, Jung and others indicates is /
Freud, Jung 등의 연구가 보여 주는 것은 /
that we may not be able to arrive at full self-knowledge /
우리가 완전한 자기 이해에 도달할 수 없을지도 모른다는 것이다 /
unaided.
도움을 받지 않고서는

L8 We may need others to help us /
우리는 다른 사람들이 우리를 도와주어야 하는지도 모른다 /
see what and who we are.
우리가 무엇이고 누구인지를 알도록

해석 | Sigmund Freud와 Carl Jung과 같은 사람들이 꿈의 연구에 관심을 가지게 된 이유는 그것들을 자기 이해의 원천이라고 보았기 때문이다. 꿈속에서는, 우리의 의식이 부인하는 것을 잠재의식이 우리에게 드러내 보일 수도 있다. Freud, Jung 등의 연구가 보여 주는 것은 우리가 도움을 받지 않고서는 완전한 자기 이해에 도달할 수 없을지도 모른다는 것이다. 우리가 무엇이며 누구인지를 알도록 다른 사람들이 우리를 도와주어야 하는지도 모른다. 한 가지 매우 다른 접근법이 실존주의 철학자들에 의해 채택되고 있는데, 그들은 '인간의 본성'과 같은 것이 있다는 바로 그런 생각을 거부한다. 그들에 의하면, 우리는 자신이 누구인지를 알아낼 필요가 없는데, 그 이유는 우리가 되기로 선택하는 사람이 우리이기 때문이다. 개개인은 특정 선택을 하는 것을 통해서 자신의 본성을 만들며, 우리가 만들 수 있는 것은 우리가 바꿀 수도 있다.

해설 | ④ 뒤의 According to them에서의 them은 ④ 이전의 Freud나 Jung과 상반되는 주장을 하는 주어진 문장의 Existentialist philosophers(실존주의 철학자들)를 가리킨다. 따라서 주어진 문장의 가장 적절한 위치는 ④이다.

구문풀이 | · A very different approach is taken by Existentialist philosophers, [who reject the very idea {that there is such a thing as 'human nature'}].
[ ]는 계속적 용법의 관계절로 Existentialist philosophers를 부연 설명한다. { }는 the very idea와 의미상 동격 관계를 이루는 명사절이다.

· The reason [why people like Sigmund Freud and Carl Jung became interested in the study of dreams] is [that they saw them as a source of self-knowledge].
첫 번째 [ ]는 관계부사 why가 이끄는 관계절로 The reason을 수식한다. 두 번째 [ ]는 보어 역할을 하는 명사절이다.

UNIT 15 글의 순서 배열

EXAMPLE
본문 106쪽

정답 ④

소재 | 인간이 무엇인지에 대한 정의의 어려움

직독직해

L8 This curious story from the history of early philosophy /
초기 철학의 역사에서 나오는 이 흥미로운 이야기는 /

shows the kinds of difficulties /

어려움의 종류들을 보여 준다 /

philosophers have sometimes been faced with /

철학자들이 때때로 직면했던 /

when attempting to give abstract, general definitions /
of what it is to be human.

추상적이고 일반적인 정의를 내리려고 할 때 / 인간이라는 것이
무엇인가에 대한

L13 Everybody seemed content with this definition /

모든 사람들은 이 정의에 만족하는 것처럼 보였다 /

until a philosopher burst into the lecture hall / with a
live featherless chicken.

한 철학자가 강연장으로 불쑥 들어올 때까지는 / 살아 있는 깃털
없는 닭을 가지고

해석 | 고대 아테네에서 플라톤의 추종자들이 어느 날 모여서 다음과 같은 질문을 스스로에게 했다고 한다. "인간이란 무엇인가?" (C) 많은 생각을 한 후에 그들은 다음과 같은 답을 생각해 냈다. "인간은 깃털 없는 두 발 동물이다." 모든 사람은 한 철학자가 살아 있는 깃털 없는 닭을 가지고 강당으로 불쑥 들어올 때까지는 이 정의에 만족하는 것처럼 보였다. (A) 그것을 손에 들고, 그는 "보시오! 내가 여러분들에게 인간을 보여 주겠소."라고 외쳤다. 소란이 잠잠해진 후에, 철학자들은 다시 모여서 그들의 정의를 개선했다. 그들은 인간이 넓은 발톱을 가진 깃털 없는 두 발 동물이라고 말했다. (B) 초기 철학의 역사에서 나오는 이 흥미로운 이야기는 인간이라는 것이 무엇인가에 대한 추상적이고 일반적인 정의를 내리려고 할 때 철학자들이 때때로 직면했던 어려움의 종류들을 보여 준다.

구문풀이 | · **It is said** [that in ancient Athens the followers of Plato gathered one day to ask themselves the following question]: ~

It이 형식상의 주어이고 [ ]가 내용상의 주어인 수동태 문장이다.

· This curious story from the history of early philosophy shows the kinds of difficulties [philosophers have sometimes been faced with {when attempting to give abstract, general definitions of what it is to be human}].

[ ]는 the kinds of difficulties를 수식하는 관계절로 with의 목적어에 해당하는 관계사 which(that)가 앞에 생략되어 있다. { }는 '~할 때'라는 의미의 「when -ing」 구문으로 attempting의 의미상의 주어는 philosophers이다.

01 ④	**02** ④	**03** ⑤	**04** ④

01

정답 ④

소재 | Barbie 인형의 기원

직독직해

L4 She took her idea to the board of Mattel, /

그녀가 자신의 생각을 Mattel의 이사회에 가져갔다 /

the company that she and her husband established, /

자신과 남편이 설립한 회사 /

but it was rejected /

하지만 그것은 거부당했다 /

as being too risky and expensive.

너무 위험하고 비용이 많이 드는 것으로

L6 The executives only decided to back Ruth's hunch /

중역들은 Ruth의 예감을 지지하기로 겨우 결정했다 /

when she returned from a trip to Switzerland /

그녀가 스위스 여행에서 돌아왔을 때 /

with an adult doll called Lilli.

Lilli라고 불리는 성인 인형을 가지고

L11 Unfortunately, / the only grown-up dolls /

유감스럽게도 / 유일한 성인 인형은 /

available at the time / were made of cardboard.

그 당시에 구할 수 있는 / 마분지로 만들어져 있었다

해석 | Ruth Handler가 1950년대에 자신의 딸 Barbara가 성장하는 것을 지켜보고 있을 때 그녀는 딸과 그 친구들이 전통적인 아기 인형보다는 성인 인형을 가지고 노는 것에 더 관심이 있는 것처럼 보인다는 것을 알아차렸다. (C) 유감스럽게도 그 당시에 구할 수 있는 유일한 성인 인형은 마분지로 만들어져 있었다. Ruth는 입체적인 형태의 대체품이 상업적인 성공을 거둘 것이라고 확신하게 되었다. (A) 그녀가 자신의 생각을 자신과 남편이 설립한 회사인 Mattel의 이사회에 가져갔지만, 그것은 너무 위험하고 비용이 많이 드는 것으로 거부당했다. 중역들은 Ruth가 Lilli라고 불리는 성인 인형을 가지고 스위스 여행에서 돌아왔을 때 그녀의 예감을 지지하기로 겨우 결정했다. (B) Ruth의 인형은 생산에 들어갔으며 그녀의 딸을 기념해서 'Barbie'라고 이름을 붙였다. Barbie는 1959년 뉴욕에서 열린 미국 장난감 박람회에서 모습이 공개되었다. Mattel은 첫 해에 35만 1천 개의 Barbie 인형을 팔았다.

해설 | 주어진 글은 Ruth Handler가 자신의 딸과 그 친구들이 아

기 인형보다 성인 인형에 관심이 더 있다는 것을 발견했다는 내용이다. 이것을 통해 Ruth가 성인 인형을 만드는 것이 상업적 성공을 거둘 것이라고 생각했다는 (C)가 온 다음, 자신의 생각을 이사회에 가져갔지만 거부당했다가 스위스 여행에서 성인 인형을 가지고 온 뒤에야 지지를 얻어 냈다는 내용의 (A)가 오고, Ruth의 생각대로 상업적 성공을 거두었다는 내용의 (B)가 와야 가장 자연스러운 흐름이 된다. 따라서 적절한 글의 순서는 (C)-(A)-(B)이다.

구문풀이 | · She took her idea to the board of Mattel, [the company that she and her husband established], but it was rejected as being too risky and expensive.
[ ]는 Mattel을 부연하여 설명하는 동격어구이다.
· Unfortunately, the only grown-up dolls [available at the time] were made of cardboard.
[ ]는 the only grown-up dolls를 수식하는 형용사구이다.

02

정답 ④

소재 | 자기 행동과 남의 행동을 평가하는 기준의 차이

직독직해

L4 Yet, when we are a hospital patient, / and others don't visit, /
그러나 우리가 병원에 입원한 환자이고 / 남들이 병문안하지 않을 때 /
most of us don't spend time /
우리 대부분은 시간을 보내지 않는다 /
devising explanations for the non-visitors' behavior.
병문안하지 않는 사람들의 행동에 대한 해명을 궁리하면서

L8 Therefore, in the future, / make an effort to judge others /
그러므로 앞으로는 / 남들을 판단하려고 노력하라 /
by their intentions / when their actions upset you, /
그들의 의도로 / 그들의 행동이 여러분을 화나게 했을 때 /
in the same way / most of us judge ourselves /
같은 방식으로 / 우리 대부분이 스스로를 판단하는 것과 /
when we have done something that has upset another.
우리가 다른 사람을 화나게 한 어떤 일을 했을 때

해석 | 우리 중 많은 사람들이 남들의 인격보다 자신의 인격을 더 높이 평가하는 한 가지 이유는, 우리 자신은 우리의 의도로 판단하고 남들은 그들의 행동, 특히 짜증스럽다고 생각하는 행동으로

판단하기 때문이다. (C) 예를 들어, 우리가 입원한 친구나 친척을 병문안하지 않는다 하더라도, 보통 자신이 잘못된 행동을 했다고 생각하지 않는다. 그 대신 우리는 "나는 정말 병문안할 생각이었는데 다만 시간이 충분치 않았을 따름이야. 그런데 나는 가고 싶었거든."하고 합리화한다. (A) 그러나 우리가 병원에 입원한 환자이고 남들이 병문안하지 않을 때 우리 대부분은 병문안하지 않는 사람들의 행동에 대한 해명을 궁리하면서 시간을 보내지 않는다. 그 대신 우리는 그들을 이기적이라거나 '좋을 때만' 친구라고 일축하는 경향이 있다. (B) 그러므로 앞으로는 우리가 다른 사람을 화나게 한 어떤 일을 했을 때 우리 대부분이 스스로를 판단하는 것과 같은 방식으로, 남들의 행동이 여러분을 화나게 할 때 그들의 의도로 그들을 판단하려고 노력하라.

해설 | 자신의 행동은 의도로 판단하고 남들은 그들의 행동으로 판단한다는 주어진 문장 다음에 그 사례로 입원한 친구나 친척을 자기가 병문안하지 않을 때는 그럴 의도가 있었다고 합리화한다는 (C)가 이어지고, 이와 반대로 자기가 입원했을 때 병문안오지 않는 친구는 그의 행동으로만 판단한다는 (A)가 그다음에 이어지며, 마지막으로 남을 판단할 때도 자기를 판단할 때와 같은 기준으로 판단하라는 (B)가 이어지는 것이 자연스럽다. 따라서 적절한 글의 순서는 (C)-(A)-(B)이다.

구문풀이 | · One reason [many of us have a higher regard for our own character than **that** of others] is that we judge ourselves by our intentions and others by their acts, especially those acts [we find annoying].
첫 번째 [ ]는 One reason을 수식하는 관계절이다. that은 character를 대신하는 대명사이다. 두 번째 [ ]는 those acts를 수식하는 관계절이다.

03

정답 ⑤

소재 | 학생이 공부를 안 하는 주된 이유

직독직해

L4 He will most likely find it more difficult /
그는 필시 더 어렵다는 것을 알게 될 것이다 /
to fit a three-hour block of study time /
3시간 단위의 공부 시간 하나를 끼워 넣는 것이 /
into his schedule /
자신의 스케줄에 /
than several 15-minute blocks.
15분 단위 시간 몇 개보다

해석 | 학생들이 공부를 하지 않는 주된 이유는 그들에게 충분

한 시간이 없어서가 아니다. 그것은 그들이 차라리 다른 것을 하고 싶어 하기 때문이다. (C) 2주 후에 프랑스어 시험이 있는 학생을 생각해 보자. 우리는 그 학생이 시험공부를 더 일찍 시작할수록 매일 끝마쳐야 할 과제가 더 적을 것이라는 것을 알고 있다. (B) 반면에 프랑스어를 공부하는 그 학생은, 그 시험이 멀리 있기 때문에 그것의 우선순위를 낮게 여긴다. 그는 시험공부를 하기 위해 15분을 쓰기보다, 차라리 TV를 보거나 책을 읽고 싶어 한다. 1주일 반이 지난 후, 그 시험은 더 중요해진다. (A) 그때가 되면, 그 학생은 시험 준비를 위해 몇 시간이 필요할 것이다. 그는 필시 자신의 스케줄에 15분 단위 시간 몇 개보다 3시간 단위의 공부 시간 하나를 끼워 넣기가 더 어렵다는 것을 알게 될 것이다.

해설 | 주어진 문장은 학생들이 시간이 충분하지 않아서가 아니라 다른 것을 하고 싶어 하기 때문에 공부를 하지 않는다는 내용인데, 그 내용의 예시가 시작되는 (C)가 제일 앞에 나와야 한다. 시험공부를 일찍 시작할수록 매일 해야 할 일이 적어진다는 (C)의 언급과 상반되는 학생의 모습이 나타나 있는 (B)가 그다음에 이어져야 한다. (B)의 마지막에 언급된 시험이 임박해진 상황에서 공부할 시간이 부족하다는 것을 그 학생이 깨닫게 되는 (A)가 제일 마지막에 와야 한다. 따라서 적절한 글의 순서는 (C)−(B)−(A)이다.

구문풀이 | • He will most likely find **it** more difficult **to fit** a three-hour block of study time into his schedule than **several 15-minute blocks**.

it은 형식상의 목적어이며 to부정사가 이끄는 어구가 내용상의 목적어이다. than 다음의 several 15-minute blocks는 to fit several 15-minute blocks into his schedule을 간단히 줄여 쓴 것으로 볼 수 있다.

• We know that **the earlier** the student starts studying for the test, **the fewer** tasks will need **to be completed** each day.

「the+비교급, the+비교급」 구문이 쓰여 '~하면 할수록 더 …한'이라는 의미를 나타낸다. to be completed는 to부정사의 수동태이다.

04

정답 ④

소재 | 재치 있는 민족주의 연설가 Satyamurti

직독직해

L1 Satyamurti looked in the general direction of the crowd /
Satyamurti는 군중들의 대략적인 방향 쪽으로 눈길을 돌렸다 /
from where the question had come /

질문이 들려왔던 /
and smiled.
그리고 미소를 지었다

L14 At one meeting, / while he was presenting India's case for freedom, /
어느 모임에서 / 그가 자유에 대한 인도의 주장을 발표하고 있는 도중에 /
a heckler asked, /
어떤 야유꾼이 물었다 /
"Do you know / that the sun never sets on the British Empire?"
아시나요 / 대영 제국 위에서는 해가 절대 지지 않는다는 것을?

해석 | Satyamurti는 인도의 지도적인 민족주의자였다. 그는 훌륭한 연설로 유명했다. 그의 말은 논리와 이성, 위트와 지혜를 지니고 있었다. 그래서 그는 대개 논쟁에서 다른 사람들을 이겼다. (C) 언젠가 그는 인도의 자유에 대한 주장을 발표하기 위해 잉글랜드에 갔다. 그는 영국의 지도적인 정치가들을 만났다. 그는 인도에 자치 정부를 재건해 주도록 그들에게 간청했다. 어느 모임에서 그가 자유에 대한 인도의 주장을 발표하고 있는 도중에, 어떤 야유꾼이 "대영 제국 위에서는 해가 절대 지지 않는다는 것을 아시나요?"라고 물었다. (A) 그것은 사실이었다. 영국은 전 세계적으로 식민지를 가지고 있었기 때문이었다. 그리고 항상 대영 제국의 어떤 지역이나 다른 지역에서는 낮이었다. Satyamurti는 질문이 들려왔던 군중들의 대략적인 방향 쪽으로 눈길을 돌리며 미소를 지었다. (B) 그 야유꾼은 Satyamurti를 초조하게 했다고 생각했다. 그는 Satyamurti가 설득력 있는 답변을 하지 못할 것이라고 생각했다. 이 점에서 그가 틀렸다. 왜냐하면 Satyamurti는 "왠지 아십니까? 어둠 속에서는 태양조차도 영국인을 믿지 못하기 때문이죠."라고 답변했기 때문이다.

해설 | Satyamurti가 논쟁에서 다른 사람들을 이긴다는 주어진 문장 뒤에 그와 관련된 일화를 소개하는 내용의 첫 부분에 해당하는 (C)가 이어지고, (A)의 첫 문장의 That은 (C)의 야유꾼이 질문한 내용을 가리키므로 (C) 뒤에 (A)가 와야 한다. (A)의 뒷부분에서 Satyamurti가 소리 난 쪽을 향해 미소를 지었다고 했으므로 그 뒤에는 Satyamurti가 어떤 말을 했는지를 설명하는 (B)가 이어지는 것이 자연스럽다. 따라서 적절한 글의 순서는 (C)−(A)−(B)이다.

구문풀이 | • Satyamurti looked in the general direction of the crowd [from where the question had come] and smiled.

[ ]는 the general direction of the crowd를 수식하는 관계절이다.

EXAMPLE

본문 112쪽

정답 ⑤

소재 | 자신의 소유물을 지키려 하는 어린아이들의 성향

직독직해

L8 There was no word / I heard more frequently /
말은 없었다 / 내가 더 자주 들었던 /
than "Mine!" / from my daughters /
"내 거야!"라는 말보다 / 내 딸들로부터 /
when they were still in diapers. /
그들이 아직 기저귀를 차고 있을 때 /

해석 | 아이들은 다른 사람을 돕는 것보다는 무언가를 그들에게 주는 것에 훨씬 더 저항한다. 우리는 아주 어린 아이들에게서 이러한 차이점을 확실히 관찰할 수 있다. 1년 6개월 된 아기들은 어려운 상황에서는 서로 도와주려 하지만, 그들 자신의 장난감은 다른 아기들과 기꺼이 공유하려 하지 않는다. 그 어린 아기들은 심지어 소리를 지르면서 필요하면 주먹을 날리며 자신의 소유물을 지킨다. 이것은 (걸음마를 배우는) 아기들 사이의 끊임없는 싸움으로 문제를 겪고 있는 부모들의 일상적인 경험이다. 내 딸들이 아직 기저귀를 차고 있을 때 그들에게서 "내 거야!"라는 말보다 더 자주 들었던 말은 없었다.
→ 아주 어린 아이들은 어려운 상황에서 서로를 <u>도와주려고는</u> 하지만, 그들은 자신의 소유물은 기꺼이 공유하려 하지 않는다.

구문풀이 | Children are **much more resistant** [to giving something to someone else] **than** [to helping **them**].
비교급 「more ~ than ...」 구문에서 resistant에 이어지는 두 개의 [ ]가 비교되고 있다. much는 비교급을 강조하는 부사로 '훨씬'이라는 의미이다. them은 someone else를 받는 대명사이다. 성별을 알 수 없는 someone, anyone, a person 등은 최근에 they, them, their로 받는 경향이 있다.

PRACTICE

본문 114~117쪽

01 ②	**02** ⑤	**03** ④	**04** ②

01

정답 ②

소재 | 신뢰를 얻을 수 있는 증인의 말하기 태도

직독직해

L1 In a mock jury study, /
모의 배심원단 연구에서 /
researcher Bonnie Erickson and her colleagues /
연구자 Bonnie Erickson과 그녀의 동료들은 /
had people listen to a witness answer questions /
사람들로 하여금 한 증인이 질문에 대답하는 것을 듣게 했다 /
about a supposed accident / —for example, /
가상의 사고에 관한 / 예컨대 /
"Approximately how long did you stay there /
"그곳에 대략 얼마나 오래 있었습니까? /
before the ambulance arrived?"
구급차가 도착하기 전에"

L9 What the witnesses said /
증인들이 무슨 말을 했는지는 /
turned out to be less important / than how they said it: /
덜 중요한 것으로 드러났다 / 그 말을 어떻게 했는지보다 /
the straightforward, confident witnesses /
분명하고 자신감 있는 증인이 /
were rated significantly more credible.
훨씬 더 신뢰할 만한 사람으로 평가되었다.

해석 | 모의 배심원단 연구에서, 연구자 Bonnie Erickson과 그녀의 동료들은 사람들로 하여금 한 증인이 어떤 가상의 사고에 관한 질문, 예컨대 "구급차가 도착하기 전에 그곳에 대략 얼마나 오래 있었습니까?"와 같은 질문에 대답하는 것을 듣게 했다. 일부 배심원은 그 증인이 분명하게 대답하는 것을 들었다. "20분입니다. David 부인의 일이 해결되도록 돕기에 충분히 긴 시간이었죠." 다른 배심원들은 그 증인이 더듬거리는 것을 들었다. "오, 그건, 음, 20분 정도였던 것 같아요. 아시겠지만, 제 친구인 David 부인의 일이 해결되도록 돕기에 충분히 긴 시간이었죠." 증인들이 무슨 말을 했는지는 그 말을 어떻게 했는지보다 덜 중요한 것으로 드러났다. 분명하고 자신감 있는 증인이 훨씬 더 신뢰할 만한 사람으로 평가되었다.
→ 위의 연구에 따르면, 사람들은 명확성과 <u>자신감</u>을 가지고 말을 할 때 더 <u>신뢰성이 있는</u> 것으로 여겨진다.

해설 | 모의 배심원단 연구는 가상의 사고에 관한 질문에 증인이 분명하고 자신감 있게 대답했을 때가 더듬거리며 말을 했을 때보

다 더 신뢰할 만한 사람으로 평가되었다는 것을 보여 주었다는 내용의 글이다. 따라서 요약문의 빈칸 (A)에는 reliable(신뢰성이 있는), (B)에는 confidence(자신감)가 가장 적절하다.

① 신뢰성이 있는 – 인내심   ③ 지적인 – 자신감
④ 시간을 잘 지키는 – 인내심   ⑤ 시간을 잘 지키는 – 목적

구문풀이| · In a mock jury study, researcher Bonnie Erickson and her colleagues **had** people **listen to** a witness **answer** questions about a supposed accident—for example, "Approximately how long did you stay there before the ambulance arrived?"

사역동사 have는 「have＋목적어＋동사원형」의 형태로 쓰여 '~가 …하도록 시키다'의 의미를 가지며, 지각동사 listen to 역시 「listen to＋목적어＋동사원형」의 형태로 쓰여 '~가 …하는 것을 듣다'의 의미를 가진다.

· [What the witnesses said] turned out to be **less** important **than** [how they said it]: the straightforward, confident witnesses were rated significantly more credible.

두 개의 [ ]는 모두 의문사절로 비교급(less ~ than)에 의해 비교 대상이 되고 있다.

02

정답 ⑤

소재| 다중 업무의 비효율성

직독직해

L2 The rules for surfing include /
검색을 하는 규칙은 포함한다 /

using the mouse to move the cursor, / double clicking screen choices, /
커서를 움직이기 위해 마우스를 사용하기 / 화면 선택을 더블 클릭하기 /

clicking the "back" key to return to a previous screen, /
이전 화면으로 돌아가기 위해 'back' 키 클릭하기 /

pushing another button once to bookmark a page, / and so on.
페이지를 북마크하기 위해 다른 버튼을 한 번 누르기 / 기타 등등을

L5 The rules for proofreading are different /
교정하는 방식은 달라서 /

and might include / first skimming a page for obvious mistakes, /
포함할 수 있다 / 처음에는 분명한 오류를 찾기 위해 페이지를 훑어 읽기 /

reading the report one word at a time to check for spelling, /
철자를 확인하기 위해 한 번에 한 단어씩 그 보고서를 읽기 /

and then rereading the report paragraph by paragraph / to see if one's points are clear.
그런 다음에는 문단 단위로 그 보고서를 다시 읽기를 / 요지가 분명한지 확인하기 위해

해석| 웹 검색을 하는 것과 보고서의 오류를 교정하는 업무를 생각해 보자. 검색을 하는 규칙에는 커서를 움직이기 위해 마우스를 사용하기, 화면 선택을 더블 클릭하기, 이전 화면으로 돌아가기 위해 'back' 키 클릭하기, 페이지를 북마크하기 위해 다른 버튼을 한 번 누르기 및 기타 등등이 포함되어 있다. 교정하는 방식은 달라서, 처음에는 분명한 오류를 찾기 위해 페이지를 훑어 읽기, 철자를 확인하기 위해 한 번에 한 단어씩 그 보고서를 읽기, 그런 다음에는 요지가 분명한지 확인하기 위해 문단 단위로 그 보고서를 다시 읽기가 포함될 수 있다. 검색과 교정을 한꺼번에 하는 사람은 사실상 한 가지 과제에서 다른 과제로 전환하고 있는 것이다. 이를테면 교정을 멈추고 검색을 시작할 시간이라는 결정은 1초의 몇 분의 1(아주 짧은 시간)을 요한다. 그리고 그 후에, 검색의 '마음가짐으로 들어가서' 어떻게 검색을 하는지 기억해 내는 결정은 또 1초의 몇 분의 1(아주 짧은 시간)을 요한다. 비록 각 전환이 겨우 1초 정도 소요되기는 하지만, 다중 업무를 하는 사람은 많은 전환을 하여 많은 시간을 낭비한다. 무엇이 더 효율적일까? 우선순위를 매겨서 시간을 계획하는 것이 그렇다.

→ 두 가지 이상의 업무를 동시에 하는 것은 업무를 처리하는 비경제적인 방법일 듯하다.

해설| 다중 업무를 하는 사람은 업무 전환이 짧은 시간 동안에 이루어지기는 하지만 많은 전환을 하게 되므로 시간 낭비가 많고 비효율적이라는 내용의 글이다. 따라서 요약문의 빈칸 (A)에는 simultaneously(동시에), (B)에는 uneconomical(비경제적인)이 가장 적절하다.

① 연속적으로 – 비효율적인   ② 동시에 – 효율적인
③ 협력하여 – 생산적인   ④ 연속적으로 – 시대에 뒤떨어진

구문 풀이| · Someone [who surfs and proofreads at the same time] actually is switching from one task to another.

[ ]는 Someone을 수식하는 관계절이다.

· The decision [that it is time to stop, say, proofreading and begin surfing] takes a fraction of a second.

[ ]는 문장의 주어 The decision과 동격의 접속사절이다. [ ] 에서 to stop 이하가 내용상의 주어이고 it은 형식상의 주어이다.

· And then, the decision [to "get in the mind-set" of surfing, **and** bring to mind {how one surfs}] takes another fraction of a section.

[ ]는 문장의 주어 the decision을 수식하는 to부정사구로 get ~과 bring ~이 and에 의해 병렬구조를 이루고 있다. { }는 bring의 목적어로 쓰인 명사절이다.

03

소재 | 역사의 경로를 바꾸는 힘

직독직해

L3 It wasn't Dr. King / who changed America; /
King 박사가 아니었다 / 미국을 변화시킨 것은 /

it was the movement of millions of others whom he inspired /
그가 고무시켰던 수백만의 다른 사람들의 움직임이었다 /

that changed the course of history.
역사의 경로를 바꾸어 놓은 것은

L8 Trusting their guts and their intuition, /
자신들의 본능과 직감을 신뢰하면서 /

these people will make the greatest sacrifices /
이러한 사람들은 가장 위대한 희생을 할 것이다 /

to help see the vision become a reality.
그 비전이 현실이 되는 것을 보도록 돕기 위해서

L10 With each success, / with every tangible demonstration /
각각의 성공이 있다면 / 모든 확실한 증거가 있다면 /

that the vision can in fact become more reality, /
그 비전이 사실상 현실이 될 수 있다는 /

the more practical-minded majority starts to take interest.
더 실천적인 정신을 가진 대다수가 관심을 갖기 시작한다

해석 | King 박사는 혼자서 미국을 변화시키지 않았다. 예를 들어, 그는 입법가가 아니었지만 피부색에 상관없이 미국 내의 모든 사람들에게 동등한 권리를 주는 법률이 만들어졌다. 미국을 변화시킨 것은 King 박사가 아니었으며, 역사의 경로를 바꾸어 놓은 것은 그가 고무시켰던 수백만의 다른 사람들의 움직임이었다. 하지만 수백만의 사람들을 어떻게 조직하는가? 수백만은 고사하고, 수백 혹은 수십 명의 사람들을 어떻게 조직하는가? 훌륭한 지도자의 비전과 카리스마는 먼저 혁신가들과 얼리 어답터들을 매료시킨다. 자신들의 본능과 직감을 신뢰하면서 이러한 사람들은 그 비전이 현실이 되는 것을 보도록 돕기 위해서 가장 위대한 희생을 할 것이다. 각각의 성공과, 그 비전이 사실상 현실이 될 수 있다는 모

든 확실한 증거가 있다면 더 실천적인 정신을 가진 대다수가 관심을 갖기 시작한다. 이전에는 단지 꿈이었던 것이 이내 증명할 수 있는 확실한 현실이 되는 것이다.

→ 일단 지도자가 비전을 <u>소개한</u> 후에는 그 비전을 <u>성취하는</u> 것은 혁신가들과 얼리 어답터들이다.

해설 | 지도자는 사람들을 매료시킬 수 있는 비전을 소개하는 일을 하며 그 비전을 현실로 만드는 것은 혁신가들과 얼리 어답터들의 몫이라는 내용의 글이다. 따라서 요약문의 빈칸 (A)에는 introduce(소개하다), (B)에는 fulfill(성취하다)이 가장 적절하다.
① 단순화시키다 - 성취하다 ② 단순화시키다 - 상상하다
③ 평가하다 - 분석하다 ⑤ 소개하다 - 분석하다

구문풀이 | • **It wasn't** Dr. King **who** changed America; **it was** the movement of millions of others whom he inspired **that** changed the course of history.
「It was ~ who ....」와 「it was ~ that ....」 강조구문이 사용되었다. 각각 Dr. King과 the movement of millions of others whom he inspired가 강조되었다.

• [Trusting their guts and their intuition], these people will make the greatest sacrifices to help see the vision become a reality.
[ ]는 분사구문으로 의미상의 주어는 주절의 주어인 these people이다.

04

소재 | 문화적 차이

직독직해

L1 While medical anthropologist Jennifer Roberts /
의학인류학자 Jennifer Roberts가 /

conducted urban fieldwork in Kuala Lumpur, Malaysia, /
말레이시아 쿠알라룸푸르에서 도시 현지 조사를 수행하는 동안 /

her research assistant introduced Roberts to a woman /
그녀의 연구 조수가 Roberts를 어느 여인에게 소개했다 /

who was accompanied by her five-year-old daughter.
다섯 살 난 딸을 데리고 있는

L6 Much to Roberts's surprise, / the mother responded /
Roberts가 아주 놀랍게도 / 그 엄마는 응답했다 /

by saying that the girl was not pretty at all / and then abruptly left.

자기 딸은 전혀 예쁘지 않다고 말하고는 / 갑자기 자리를 떴다

해석 | 의학인류학자 Jennifer Roberts가 말레이시아 쿠알라룸 푸르에서 도시 현지 조사를 수행하는 동안, 그녀의 연구 조수가 Roberts를 다섯 살 난 딸을 데리고 있는 어느 여인에게 소개했다. Roberts는 그 여자아이의 아름다움에 아주 많이 끌린 나머지, 정말 예쁜 아이를 가졌다고 그 엄마에게 말하면서 그 여자아이의 머리를 쓰다듬었다. 그 엄마가 자기 딸은 전혀 예쁘지 않다고 응답하고는 갑자기 자리를 떴으므로 Roberts는 깜짝 놀랐다. Roberts가 무슨 일을 했던 것일까? 그녀는 그저 그 여자와 그녀의 딸에게 찬사를 하려고 했을 따름이었다. 사실 Roberts는 의도치 않게 두 가지 문화적 실수를 저질렀던 것이다. 우선, 세상의 이 지역에서는 아이의 머리를 쓰다듬는 것은 몸의 가장 신성한 부위를 침범하는 것으로 여겨진다. 둘째로, 아름다움이나 건강에 대해 아이에게 찬사를 보이는 것은 말레이시아에서는 아이에게 불운을 부르는 것으로 여겨진다.
→ 호의를 보이려고 의도한 어떤 행동과 말이 다른 문화에서는 부적절한 것으로 여겨질 수 있다.

해설 | 의학인류학자인 Roberts가 말레이시아에서 한 아이의 머리를 만지며 예쁘다고 찬사를 했더니, 아이의 엄마가 아니라고 말하면서 갑자기 자리를 떴는데, 말레이시아에서는 아이의 머리를 쓰다듬는 것이 몸의 신성한 부위를 침범하는 것으로 여겨지고 아이가 예쁘다고 말하는 것이 아이에게 불운을 가져온다고 믿는다는 내용의 글이다. 따라서 요약문의 빈칸 (A)에는 goodwill(호의), (B)에는 inappropriate(부적절한)가 가장 적절하다.
① 호의 – 중요한 ③ 인내심 – 부적절한
④ 우월함 – 중요한 ⑤ 우월함 – 위험한

구문풀이 | • Roberts was **so** taken by the girl's beauty **that** she patted the girl on the head **while commenting** to the mother what a gorgeous child she had.
「so ~ that ...은 '너무 ~해서 …하다'라는 의미이다. 「while -ing」는 '~하면서, ~하는 동안'의 의미를 나타낸다.

CHAPTER REVIEW
본문 118~119쪽

| **01** ④ | **02** ④ | **03** ④ | **04** ⑤ |

01

정답 ④

소재 | 피드포워드

직독직해
L5 Then gather with a small group of trusted friends /

그런 다음 작은 집단의 신뢰하는 친구들과 함께 모여서 /
and ask for suggestions / about ways to accomplish your goal.
제안을 해 달라고 요청하라 / 여러분의 목적을 이루는 방법에 관한

L7 Examine the past closely / because your actions in the past /
과거를 면밀하게 검토하라 / 왜냐하면 과거의 행동은 /
are a pretty good indicator / of how you might act in the future.
아주 훌륭한 지표이기 때문이다 / 미래에 어떻게 행동할지에 대한

해석 | 사람들에게 그들의 이전 성과에 관한 피드백(의견)을 주는 것은 그들이 배우도록 돕는 강력한 방법이 될 수 있다. '피드포워드(사전 방책)'는 똑같이 유용한데, 그것은 미래를 위해 새로운 선택들을 탐색하는 것을 의미한다. 경영 컨설턴트인 Marshall Goldsmith는 이것을 하는 한 방법을 제안한다. 먼저, 예를 들어 "나는 더 잘 듣는 사람이 되고 싶다."와 같이, 바꾸고 싶은 구체적이며 강한 영향을 미치는 행동에 대해 말하라. 그런 다음 작은 집단의 신뢰하는 친구들과 함께 모여서 여러분의 목적을 이루는 방법에 관한 제안을 해 달라고 요청하라. 이 과정이 효과를 발휘하게 하려면, 지금까지 일어났던 것에 관한 어떠한 대화도 피하라. (과거의 행동은 미래에 어떻게 행동할지에 대한 아주 훌륭한 지표이기 때문에, 과거를 면밀히 검토하라.) 그 대신 여러분이 취하고자 하는 다음 조치에 초점을 두라.

해설 | 미래를 위한 새로운 선택을 탐색해 보는 피드포워드를 하는 방법을 설명하면서 지금까지 일어났던 것에 대한 대화를 피하고 다음에 할 조치에 초점을 두라고 했는데, ④는 반대로 과거에 대해 면밀히 조사하라는 내용이므로 글의 흐름과 무관하다.

구문풀이 | • To **make** this process **work**, avoid any conversation about [**what**'s happened in the past].
사역동사 make의 영향으로 목적보어 자리에 원형부정사가 사용되고 있다. [ ]는 about의 목적어 역할을 하고 what은 선행사를 포함한 관계사이다.

[Words & Phrases]

performance 성과	explore 탐색하다
option 선택	
management consultant 경영 컨설턴트	
specific 구체적인	high-impact 강한 영향을 미치는
suggestion 제안	process 과정
work 효과를 내다	avoid 피하다
closely 면밀하게	indicator 지표
intend 의도하다	

02

정답 ④

소재 | 하루 일과 후 작성하는 근무 일지의 효과

직독직해

L1 Harvard Business School professor Francesca Gino and her colleagues asked workers /

하버드 경영대학원 교수 Francesca Gino와 그녀의 동료들은 근로자들에게 요청했다 /

to spend 15 minutes at the end of their workdays /

하루의 근무가 끝날 때 15분을 시용하도록 /

writing about what went well that day, /

그날 무슨 일이 잘 되었는지에 대하여 쓰는 데 /

and they found /

그리고 그들은 발견했다 /

that the journaling employees had 22.8% higher performance /

일지를 작성한 근로자들이 22.8% 더 높은 성과를 낸다는 것을 /

than those who didn't ponder on their workday.

자신의 근무일에 대해 생각하지 않은 사람들보다

L9 "It's very easy / to deceive yourself / if you're just thinking about it," /

매우 쉽다 / 자신을 속이는 것이 / 그것에 대해 단지 생각만 한다면 /

Gino explains, / "but when you write things down on paper, /

Gino는 설명한다 / 하지만 종이에 어떤 것을 쓰면 /

it's easier / to identify what's helpful."

더 쉽다 / 무엇이 도움이 되는지 파악하는 것이

해석 | 하버드 경영대학원 교수 Francesca Gino와 그녀의 동료들은 근로자들에게, 하루의 근무가 끝날 때 15분을 시용하여 그날 무슨 일이 잘 되었는지에 대하여 써 달라고 요청했는데, 일지를 작성한 근로자들이 자신의 근무일에 대해 생각하지 않은 사람들보다 22.8% 더 높은 성과를 낸다는 것을 발견했다. 'Tech Insider'의 전직 기자 Drake Baer가 지적하듯이, 그날의 성공에 대해 숙고하는 것은 그러한 교훈을 다음 날로 통합하는 데 도움을 줄 수 있다. "자극을 도입하고, 경험한 자료를 수집하며, 그런 다음 그것으로부터 향상되는 것이다."라고 그는 쓰고 있다. 연구 참가자들이 무슨 일이 잘 되었는지에 대해 단지 생각만 한 것이 아니라, 자신들의 대답을 썼다는 것에 주목할 가치가 있다. "그것에 대해 단지 생각만 한다면 자신을 속이기가 매우 쉽지만, 종이에 어떤 것을 쓰면 무엇이 도움이 되는지 파악하기가 더 쉽다."라고 Gino는 설명한다.

→ 매일 자신의 일을 써 봄으로써 되새기면, 그것은 여러분이 더

나은 생산성을 갖도록 도와줄 것이다.

해설 | 업무 일지를 작성하면서 그날그날의 업무에 대해 깊이 성찰하게 되면 더 높은 성과를 내게 된다는 연구 결과를 설명하는 글이다. 따라서 요약문의 빈칸 (A)에는 review(되새기다), (B)에는 productivity(생산성)가 가장 적절하다.

① 체계화하다 - 결과 ② 체계화하다 - 창의성
③ 집중하다 - 피드백 ⑤ (지나간 일을) 되새기다 - 집중력

구문풀이 | • Harvard Business School professor Francesca Gino and her colleagues **asked** workers **to spend 15 minutes at the end of their workdays writing** about [what went well that day], and they found [that the journaling employees had 22.8% higher performance than those {who didn't ponder on their workday}].

ask는 뒤에 「목적어＋to부정사」 구문과 함께 쓰여 '~에게 …을 요청하다'는 의미를 나타내고, to부정사구에서 '~하는 데 (시간)을 보내다'의 뜻을 표현하는 「spend＋시간＋-ing」가 쓰였다. 첫 번째 [ ]는 about의 목적어, 두 번째 [ ]는 found의 목적어로 쓰인 명사절이다. { }는 those를 수식하는 관계절이다.

• As former *Tech Insider* reporter Drake Baer points out, [reflecting on the day's successes] can **help** you **incorporate** those lessons into the next day.

[ ]는 주어로 쓰인 동명사구이다. help는 뒤에 「목적어＋(to)부정사」의 구문이 쓰인다.

• It's **worth noting that** study participants didn't simply think about what went well, but wrote their responses down.

It은 형식적인 주어이고 that 이하가 내용상의 주어이다. 「worth -ing」는 '~할 만한 가치가 있는'의 의미를 나타낸다.

Words & Phrases

colleague 동료	journal 일지를 쓰다; 일지, 잡지, 신문
ponder (깊이) 생각하다	reflect 숙고하다
incorporate 통합하다	stimulus 자극 (*pl.* stimuli)
participant 참가자	deceive 속이다
identify 파악하다, 확인하다	

03

정답 ④

소재 | 직장을 선택할 때의 직감의 중요성

직독직해

L1 At one point in my career in business, /

직장 생활의 어느 시점에서 /

I applied for a job / that looked perfect on paper.

나는 일자리에 지원을 했다 / 서류상으로는 완벽하게 보이는

L5 Less than two years later, / I left that job, /

이후 2년도 안 되어 / 나는 그 일을 그만두었다 /

having been miserable / for almost every minute I
was there.

비참했기 때문에 / 내가 일자리에 있었던 거의 모든 순간에

L10 It was a job / with lots of budget and personnel
responsibility, /

그것은 일자리였다 / 많은 예산과 인사상의 책임이 있는 /

doing work that I knew and liked.

내가 알고 있으며 좋아하는 일을 하는

해석 | 직장 생활의 어느 시점에서 나는 서류상으로는 완벽하게 보이는 일자리에 지원을 했다. 그 일의 보수는 내가 당시에 벌고 있었던 것보다 연간 약 3만 달러 더 많았다. **(C)** 그것은 내가 알고 있으며 좋아하는 일을 하는, 많은 예산과 인사상의 책임이 있는 일자리였다. 그러나 그 일자리 제안을 하는 전화를 받은 날, 나는 전화를 끊고 앉아서 울기 시작했다. 내 직감에 따른 본능은 나에게 무언가 잘못되었다는 것을 말하고 있었다. **(A)** 그러나 나는 듣지 않았다. 그 일의 보수가 아주 좋고, 내 머리는 계속해서 그것이 해야 할 옳은 일이라고 말하고 있었기 때문에, 나는 그 일을 받아들였다. 이후 2년도 안 되어, 나는 그 일자리에 있었던 거의 모든 순간에 비참했기 때문에, 그 일을 그만두었다. **(B)** 내 직감은 내가 그 일자리를 택하지 말았어야 했다는 것을 알고 있었지만, 나는 그것을 택하도록 자신을 설득했던 것이다. 그런 것이 잘 되는 경우는 거의 없다. 자신의 본능의 목소리를 들으라. 어떤 일이 잘못된 것처럼 보인다면, 시간을 내서 그것이 무엇인지를 파악하라.

해설 | 주어진 글은 글쓴이가 보수가 좋은 일자리에 지원을 했다는 내용이다. 그 일자리에 대한 설명을 제시하면서 그 일자리의 제안을 받고 직감적으로 무언가가 잘못되었다고 느꼈다는 내용의 (C)가 온 다음, 자신의 직감을 무시하고 그 일자리를 받아들였다가 2년도 안 되어 그 일자리를 떠났다는 내용의 (A)가 오고, 자신의 경험에 비추어 직감의 소리를 들어야 된다고 주장하는 내용의 (B)가 와야 문맥상 가장 적절한 흐름이 된다. 따라서 적절한 글의 순서는 (C)-(A)-(B)이다.

구문풀이 | • Less than two years later, I left that job, [having been miserable for almost every minute I was there].

[ ]는 이유를 표현하는 분사구문으로, as I had been miserable ~로 이해할 수 있다.

• It was a job with lots of budget and personnel responsibility, [doing work that I knew and liked].

[ ]는 분사구로 a job을 부가적으로 수식한다.

Words & Phrases

on paper 서류상으로, 이론상으로 currently 현재

miserable 비참한 gut 직감; 직감에 따른

talk ~ into ... ~를 설득하여 ...하게 하다

figure out ~을 파악(이해)하다 budget 예산

personnel 인사의, 직원의 instinct 본능

04

정답 ⑤

소재 | 천문학을 이용한 미술의 기원 찾기

직독직해

L6 Because of Donald Olson, /

Donald Olson 덕분이다 /

a Texas State University astrophysicist /

텍사스 주립 대학의 천체물리학자인 /

who uses astronomy /

천문학을 이용하는 /

to solve art and literary mysteries.

미술과 문학의 수수께끼를 풀기 위해

L12 Those findings /

그러한 발견들은 /

—plus the "72" by Monet's signature— /

Monet의 서명에 의한 '72'라는 숫자와 함께 /

closed the case /

사안을 종결했다 /

and put a precise time stamp /

그리고 정확한 시간 도장을 찍었다 /

on a timeless work of art.

시간을 초월하는 예술작품에

해석 | 1872년 11월 13일 오전 7시 35분, 프랑스의 항구 도시 Le Havre에서 Claude Monet가 호텔 창문 밖을 응시하며 보이는 것을 그리기 시작했다. 그것의 결과는 'Impression, Soleil Levant'('인상, 일출')과 한 운동의 탄생이었다. 인상주의가 정확히 언제 시작되었는지를 우리는 어떻게 아는가? 미술과 문학의 수수께끼를 풀기 위해 천문학을 이용하는 텍사스 주립 대학의 천체물리학자 Donald Olson 덕분이다. 그 그림의 기원을 규명하는 것을 도와달라는 요청을 받았을 때, Olson은 Monet가 묵었던 호텔과 방을 확인하기 위해 지도와 사진을 매우 세심하게 살펴봄

으로써 작업을 시작했다. 그다음에 그는—그날의 조수, 계절, 하루 중 시간을 규명하기 위해 떠오르는 해와 달을 이용하면서—천문학에 의지하고, 디지털화된 19세기의 기상 관측을 참고했다. 마지막 단서는 그림 속의 연기 기둥들이었는데, 그것들은 바람이 동쪽에서 서쪽으로 부는 것을 보여 주었다. 그러한 발견들은 Monet의 서명에 의한 '72'라는 숫자와 함께 사안을 종결하고 시간을 초월하는 예술작품에 정확한 시간 도장을 찍었다.

해설 | 주어진 문장의 The final clues는 Monet 그림의 기원을 밝히기 위해 Olson이 사용한 마지막 단서를 의미하므로 주어진 문장은 첫 번째 단서인 지도와 사진, 두 번째 단서인 천문학적 정보와 기상 관측 자료가 언급된 이후인 ⑤에 위치해야 한다.

구문풀이 | • **When asked** to help determine the painting's provenance, Olson began by examining maps and photos very carefully [to identify Monet's hotel and room].
접속사 When과 과거분사 asked 사이에 he(=Olson) was를 첨가할 수 있다. [ ]는 '~하기 위해서'라는 의미를 나타내는 to부정사구이다.

Words & Phrases

clue 단서	port 항구
gaze 응시하다	impression 인상
astrophysicist 천체물리학자	astronomy 천문학
literary 문학의	identify 확인하다
turn to ~에 의지하다	tide 조수
consult 참고하다, 찾아보다	digitize (데이터를) 디지털화하다
observation 관측	signature 서명
precise 정확한	stamp 도장
timeless 시간을 초월한	

CHAPTER 05
어법·어휘

UNIT 17 **어법 (1)**

EXAMPLE 본문 122쪽

정답 ③

소재 | 용돈 관리

직독직해

L2 You may make some foolish spending choices, /
여러분이 돈을 쓰는 데 몇 가지 어리석은 선택을 할 수도 있지만 /
but if you do, /
만일 여러분이 그렇게 한다면 /
the decision to do so / is your own /
그렇게 하는 결정은 / 여러분 자신의 결정이다 /
and hopefully you will learn from your mistakes.
그리고 바라건대 여러분은 자신의 실수로부터 배울 것이다

L5 Explain / to your parents /
설명하라 / 부모에게 /
that money is something /
돈은 어떤 것임을 /
you will have to deal with /
여러분이 다루어야 할 /
for the rest of your life.
남은 생애 동안

L6 It is better / that you make your mistakes /
더 낫다 / 실수를 저지르는 것이 /
early on / rather than later in life.
이른 시기에 / 삶에서 나중보다는

해석 | 여러분의 부모는 여러분이 용돈을 현명하게 쓰지 않을 것을 걱정할 수도 있다. 돈을 쓰는 데 몇 가지 어리석은 선택을 할 수도 있지만, 만일 그렇게 한다면 그렇게 하는 결정은 여러분 자신의 결정이고 바라건대 여러분은 자신의 실수로부터 배울 것이다. 배움의 많은 부분은 시행착오를 거쳐서 일어난다. 돈은 여러분이 남은 생애 동안 다루어야 할 것임을 부모에게 설명하라. 삶에서 나중보다는 이른 시기에 실수를 저지르는 것이 더 낫다. 여러분이 언젠가 가정을 꾸릴 것이라는 것과 자신의 돈을 관리하는 법을 알 필요가 있다는 것을 설명하라. 모든 것을 다 학교에서 가르쳐 주는 것은 아니다!

구문풀이| • **Explain** to your parents [that money is something {you will have to deal with for the rest of your life}].

[ ]는 명사절로 동사 Explain의 목적어 역할을 하는데, explain은 목적어 하나만을 취하므로, 수여동사와 달리 '~에게'에 해당하는 대상 your parents 앞에 전치사 to를 붙여야 한다는 것에 주의해야 한다. { }는 관계대명사 that이 생략된 관계절로 something을 수식한다.

PRACTICE
본문 124~127쪽

01 ③	**02** ③	**03** ②	**04** ⑤

01

정답 ③

소재| 사라진 친절의 즐거움

직독직해

L5 An image of the self / has been created /
자아상이 / 형성되어 왔다 /

that is utterly lacking in natural generosity.
타고난 관대함이 완전히 결핍되어 있는

L6 Most people appear to believe /
대부분의 사람들은 믿는 것 같다 /

that deep down they (and other people) are mad, bad, and dangerous to know; /
마음속 깊은 곳에서 자신들(그리고 다른 사람들)이 미쳤고, 사악하며, 알고 지내기가 위험한 사람이라고 /

that as a species—apparently unlike other species of animals—/
즉 하나의 종으로서의—겉보기에는 다른 동물 종들과는 다르게—/

we are deeply and fundamentally hostile to each other, /
우리는 서로에게 몹시, 그리고 근본적으로 적대적이고 /

that our motives are utterly self-seeking, /
우리의 동기는 완전히 이기적이며 /

and that our sympathies are forms of self-protection.
그리고 우리의 동정심은 자기 보호의 형태라고

해석| 친절의 즐거움은 과거에 잘 알려져 있었다. 로마의 철학자이자 황제였던 Marcus Aurelius는, 친절은 인류의 '가장 큰 기쁨'이라고 선언했으며, 사상가들과 작가들은 여러 세기에 걸쳐 그

의 말을 따라 해 왔다. 그러나 오늘날 많은 사람들은 이런 즐거움이 말 그대로 믿을 수 없거나 최소한 대단히 의심스럽다는 것을 알고 있다. 타고난 관대함이 완전히 결핍되어 있는 자아상이 형성되어 왔다. 대부분의 사람들은 마음속 깊은 곳에서 자신들(그리고 다른 사람들)이 미쳤고, 사악하며, 알고 지내기가 위험한 사람이라고, 즉 하나의 종으로서의 우리는—겉보기에는 다른 동물 종들과는 다르게—서로에게 몹시, 그리고 근본적으로 적대적이고, 우리의 동기는 완전히 이기적이며, 그리고 우리의 동정심은 자기 보호의 형태라고 믿는 것 같다.

해설| ③ 주어 An image of the self 뒤에 완료수동태 has been created가 이어지므로 선행사를 포함한 관계절 what 이하가 create의 목적어로 쓰일 수 없고, 문맥상 the self를 수식하는 관계절로 쓰여야 한다. 따라서 what은 관계대명사 that으로 고쳐야 한다.

① of kindness가 전치사구로 The pleasures를 수식하고 있으므로 The pleasures의 수에 맞춘 were는 올바른 표현이다.

② 동사 find의 목적어 these pleasures를 보충 설명하는 목적보어로 쓰였으므로 형용사 incredible은 올바른 표현이다.

④ appear 다음에는 to부정사가 오므로 to believe는 어법상 올바른 표현이다.

⑤ 세미콜론(;) 뒤에 이어지는 세 개의 that절이 and에 의해 연결되어 병렬구조를 이루면서 동사 believe의 목적어 역할을 하고 있으므로 that은 올바른 표현이다.

구문풀이| • Most people appear to believe [that deep down they (and other people) are mad, bad, and dangerous to know]; [that as a species—apparently unlike other species of animals—we are deeply and fundamentally hostile to each other], [that our motives are utterly self-seeking], and [that our sympathies are forms of self-protection].

네 개의 that절이 [ ]로 표시되어 있다. 첫 번째 [ ]는 believe의 목적어이다. 세미콜론 뒤에 이어지는 세 개의 [ ]는 맨 앞에 있는 [ ]의 내용을 구체적으로 설명한다.

02

정답 ③

소재| 프러시아의 왕 Frederick의 단호함

직독직해

L1 On a campaign in Silesia, / Frederick, King of Prussia, /
Silesia 전투에서 / 프러시아의 왕 Frederick은 /

gave orders one day /

어느 날 명령을 내렸다 /

that all fires and lights were to be extinguished in his camp by a certain hour.

특정한 시간까지 자신의 주둔지에서 모든 모닥불과 등불이 꺼져야 한다는

L4 Passing by the tent of a certain Captain Zietern, /

Zietern 대위라고 하는 사람의 막사를 지나치다가 /

he noticed the glimmer of a candle, / and upon entering /

그는 희미한 촛불 빛을 발견했고 / 들어가자마자 /

found the officer sealing a letter to his wife.

그 장교가 자신의 아내에게 보내는 편지를 봉하고 있는 것을 발견했다

L7 The captain threw himself / at the king's feet, /

그 대위는 몸을 던지며 엎드렸다 / 왕의 발 앞에 /

unable to deny or excuse his disobedience.

자신의 불복종을 부인하거나 변명할 수 없었기 때문에

해석 | Silesia 전투에서 프러시아(프로이센)의 왕 Frederick이 하루는 어떤 특정 시간까지 자신의 주둔지에서 모든 모닥불과 등불이 꺼져야 한다는 명령을 내렸다. 자신의 명령이 복종되고 있는지 확인하기 위해 왕은 직접 순찰을 돌았다. Zietern 대위라고 하는 어떤 사람의 막사를 지나치다가 그는 희미한 촛불 빛을 발견했고, 들어가자마자 그 장교가 자신의 아내에게 보내는 편지를 봉하고 있는 것을 발견했다. Frederick은 Zietern이 무슨 일을 하고 있다고 생각하는지 알기 위해 다그쳤다. 그가 그 명령을 몰랐는가? 그 대위는 자신의 불복종을 부인하거나 변명할 수 없었기 때문에 왕의 발 앞에 몸을 던지며 엎드렸다. Frederick은 그에게 앉아서 그 편지에 추신을 덧붙이라고 지시했는데, Frederick이 그것을 직접 구술했다. "내일 나는 처형대에서 죽게 될 것이오." Zietern은 그가 들은 것을 적었으며 다음 날 예상대로 처형되었다.

해설 | ③ that 이하에서 doing의 목적어가 없으므로 that은 목적어 역할을 할 수 있는 의문사 what이 되어야 옳다.
① To make는 '~하기 위해서'로 해석되는 to부정사의 부사적 용법으로 사용되었다.
② Passing ~ Captain Zietern은 분사구문으로 As he passed ~ Captain Zietern으로 이해할 수 있다.
④ 하나의 절에서 주어와 목적어가 동일 인물일 때 목적어는 재귀대명사가 되어야 옳다.
⑤ add는 문맥상 sit과 병렬을 이루어야 한다. instructed와 병렬을 이루는 것으로 오해하지 않도록 주의한다.

구문풀이 | · On a campaign in Silesia, Frederick, King of Prussia, gave **orders** one day [that all fires and lights were to be extinguished in his camp by a certain hour].
[ ]는 orders를 부연하여 설명하는 동격절이다.
· The captain threw himself at the king's feet, [unable to deny or excuse his disobedience].
[ ]는 being이 생략된 분사구문으로서 as he was unable to ~로 이해할 수 있다.

03

정답 ②

소재 | 아이에게 책임을 가르치기

직독직해

L1 Before you begin teaching your children responsibility, /

아이들에게 책임을 가르치기 시작하기 전에 /

be certain / you have the concept clear / in your own mind.

확실하게 하라 / 그 개념을 분명하게 하는 것을 / 여러분 자신의 마음속에서

L6 When our children become students /

아이들이 학생이 되면 /

we want them to meet the requirements of being a learner /

우리는 그들이 학습자가 되는 것의 요건들을 충족시키기를 원한다 /

and to do their homework religiously.

그리고 자기 숙제를 충실히 하기를

해석 | 아이들에게 책임을 가르치기 시작하기 전에, 반드시 여러분 자신의 마음속에서 그 개념을 분명하게 하라. 책임은 여러분에게 무엇을 의미하는가? 아이들이 어떤 책임을 몇 살 때 가져야 한다고 생각하는가? 대부분의 부모는 깨끗한 방을 유지하고, 집의 다른 방에서 어질러 놓은 것은 모두 정리하는 것이 기본적인 책임에 포함된다고 생각한다. 아이들이 학생이 되면, 우리는 그들이 학습자가 되는 것의 요건들을 충족시키고 자기 숙제를 충실히 하기를 원한다. 또 다른 책임은 개인위생, 즉 목욕을 하고, 빗질을 하며, 옷을 갖춰 입는 데 대한 것이다. 재정적 책임도 있는데, 거기서 아이들은 예산을 세우고 자기 용돈이나 시간제 일자리에서 번 수입을 현명하게 쓰는 것을 배운다. 아이들은 종이 울리기 전에 등교하고, 귀가 시간을 지키며, 자신의 모든 활동을 일정에 짜 넣고도 휴식 시간을 남겨 놓으며, 자기 시간에 책임을 져야 한다.

해설 | ② 앞에 있는 any mess를 수식하는 말이 되어야 하므로

makes를 과거분사인 made로 고쳐야 한다.

① 목적보어 역할을 하는 형용사로 올바른 표현이다.

③ personal hygiene을 구체적으로 설명하는 동격의 내용을 이끄는 올바른 표현이다.

④ financial responsibility를 설명하는 관계절을 이끄는 올바른 표현이다.

⑤ 앞에 있는 fit과 병렬구조를 이루는 올바른 표현이다.

구문풀이│ • Most parents feel [that basic responsibilities include {keeping a clean room} and {picking up any mess made in other rooms of the house}].

[ ]는 feel의 목적어 역할을 한다. 두 개의 { }는 include의 목적어 역할을 한다.

04

정답 ⑤

소재│ 설문 조사의 특징

직독직해

L10 Therefore, in a survey, / most of the work lies /

그러므로 설문 조사에서 / 대부분의 작업은 있다 /

in the preparation of the questions /

질문을 준비하는 데 /

so as to get the best answers.

최고의 답변을 얻기 위해서

해석│ 설문 조사는 그것을 수행하는 사람이 일련의 질문을 준비한다는 점에서 인터뷰와 다소 비슷하다. 하지만 인터뷰는 1대 1로 진행되고, 대화에는 유연성이 매우 크다. 반면에 설문 조사는 대개 미리 작성된다. 다수의 참가자가 일련의 질문에 답변을 하는 데 동의한다. 만약 그들이 자신의 답변을 글로 쓴다면, 설문 조사는 설문지의 형식을 취한다. 그들은 여러분 앞에서 설문 조사를 완료할 수도 있고 그러지 않을 수도 있다. 여러분이 얻게 되는 것은 질문에 대한 가장 간단한 답변이 될 것이고 그 이상도 이하도 아닐 것이다. 후에, 다른 질문을 했어야 했다는 것을 깨닫는다면 여러분은 분명히 난관에 봉착할 것이다. 그러므로 설문 조사에서 대부분의 작업은 최고의 답변을 얻기 위해서 질문을 준비하는 데 있다.

해설│ ⑤ 주어 most of the work의 술어동사가 있어야 하므로 현재분사형인 lying을 동사 lies로 바꾸어야 한다.

① the person을 수식하는 현재분사로 the person과 conduct는 의미상 능동의 관계를 이룬다.

② agree의 목적어 역할을 하는 명사적 용법의 to부정사이다.

③ 선행사를 포함한 관계대명사로 '~하는 것'이라는 뜻이다.

④ 「should+have+p.p.」(~했어야 했다) 구문의 일부로 과거에 하지 않은 일에 대한 유감이나 후회를 나타낸다.

구문풀이│ • [What you will get] will be the briefest answers to your questions—**no more, no less**.

[ ]는 주어의 역할을 하는 명사절이다. no more, no less는 '그 이상도 이하도 아닌'이라는 의미이다.

UNIT 18 어법 (2)

EXAMPLE

본문 128쪽

정답 ③

소재│ 광고의 효용

직독직해

L1 A lot of customers buy products / only after they are made aware /

많은 소비자들은 상품을 구매한다 / 그들이 알게 된 후에야 /

that the products are available in the market.

그 상품이 시장에서 구입될 수 있다는 것을

L7 When they are made aware of a whole range of goods, /

사람들은 전체 범위의 상품들을 알게 될 때 /

they are able to compare them / and make purchases /

그들은 상품을 비교할 수 있고 / 구매할 수 있다 /

so that they get / what they desire / with their hard-earned money.

그들이 얻도록 / 그들이 원하는 것을 / 힘들게 번 돈으로

해석│ 많은 소비자들은 상품이 시장에서 구입될 수 있다는 것을 알게 된 후에야 그 상품을 구매한다. 어떤 상품이 시장에 나온 지 한참 되었는데도 광고되지 않았다고 하자. 그러면 어떤 일이 일어날까? 상품이 존재한다는 것을 알지 못하므로, 그 제품이 그들에게 혹시 도움이 되었을지라도, 소비자들은 아마 그것을 사지 않을 것이다. 광고는 또한 사람들이 그들에게 최적의 상품을 찾을 수 있게 해 준다. 사람들은 전체 범위의 상품들을 알게 될 때, 힘들게 번 돈으로 원하는 것을 얻도록 상품을 비교하여 구매할 수 있다. 그래서 광고는 모든 사람의 일상생활에서 필수적인 것이 되었다.

구문풀이│ • **Not knowing** that the product exists, customers would probably not buy it **even if** the product may have worked for them.

Not knowing ~은 As they don't know ~를 분사구문으로 쓴 표현이다. even if는 '비록 ~일지라도'라는 의미로 양보의 부사절을 이끈다.

PRACTICE   본문 130~133쪽

01 ③   **02** ①   **03** ⑤   **04** ③

01

정답 ③

소재 | 의사소통에서 신체적인 단서를 없앨 때 생기는 일

직독직해

L1 When you remove body language and facial expressions /
몸짓 언어와 얼굴 표정을 없앨 때 /
from communication, /
의사소통에서 /
you remove many of the signals /
여러분은 신호들 중 많은 것들을 없애는 것이다 /
we use / to read other people.
우리가 사용하는 / 다른 사람들의 마음을 읽기 위해

L3 Communication over the phone /
전화로 하는 의사소통은 /
leaves you and your customer with limited insight /
여러분과 여러분의 고객에게 제한된 통찰을 전해 준다 /
into how the person on the other end of the conversation is reacting.
대화의 상대편에 있는 사람이 어떻게 반응하고 있는가에 대한

L8 The more physical cues / we remove from our interactions, /
더 많은 신체적인 단서를 / 우리의 상호작용에서 없애면 없앨수록 /
the easier / it is to have misunderstandings.
더욱더 쉽다 / 오해를 하는 것이

해석 | 의사소통에서 몸짓 언어와 얼굴 표정을 없앨 때, 여러분은 우리가 다른 사람들의 마음을 읽기 위해 사용하는 신호들 중 많은 것들을 없애는 것이다. 전화로 하는 의사소통은 여러분과 여러분의 고객에게 대화의 상대편에 있는 사람이 어떻게 반응하고 있는가에 대한 제한된 통찰을 전해 준다. 여러분이 말할 때 그가 방어적 자세를 하고 더 움츠러들고 있는가? 여러분이 그녀가 하는 일을 얼마나 소중하게 여기는지를 그녀에게 말하는 동안 그녀는 눈

을 굴리고 있는가? 그가 여러분의 말을 듣지 않고 자기 이메일을 읽고 있는가? 우리의 상호작용에서 더 많은 신체적인 단서를 없애면 없앨수록 오해를 하는 것이 더욱더 쉽다. 다행히도, 목소리 톤에서 여전히 많은 것을 알 수 있다.

해설 | (A) Communication over the phone이 주어 역할을 하고 있고 뒤에 동사 역할을 할 수 있는 표현이 없으므로 동사 leaves가 올바른 표현이다.
(B) 주어가 he인 의문문에서 동사 Is와 어울리려면 동사 gets가 아닌 진행형인 getting이 올바른 표현이다.
(C) 「the+비교급 ~, the+비교급 ...」(~하면 할수록 더욱더 …하다) 구문에서 동사 is의 보어 역할을 하는 표현이 필요하므로 easier가 올바른 표현이다. 이때 it은 형식상의 주어이고 to have misunderstandings가 내용상의 주어이다.

구문풀이 | · When you remove body language and facial expressions from communication, you remove many of the signals [we use {to read other people}].
[ ]는 관계절로 the signals를 수식하고 { }는 to부정사구로 목적의 뜻을 가진다.

· Communication over the phone leaves you and your customer with limited insight into [how the person on the other end of the conversation is reacting].
[ ]는 의문사절로 전치사 into의 목적어 역할을 한다.

02

정답 ①

소재 | 응원단의 개념

직독직해

L4 Essentially, / a pep squad is a group of individuals /
본질적으로 / 응원단은 사람들의 집단이다 /
who have the responsibility of motivating and promoting enthusiasm /
열광하도록 부추기고 선동하는 책임을 가진 /
for a particular sports team / before and during a sports competition.
특정한 스포츠 팀을 위해 / 스포츠 경기 전과 중간에

L10 This may lead to the squad being more of a dance team, /
이것은 그 부대가 오히려 댄스 팀이 되게 하여 /
performing more complicated routines /
더 복잡한 일정한 일련의 춤 동작을 공연하게 될 수도 있다 /

that are usually associated with cheerleading.
대개는 치어리딩과 연관된

해석 | 스포츠 팀에 대한 지원 부대로서의 응원단의 전통은 많은 사람들이 잘 알고 있는 것이다. 이러한 집단들은 많은 다양한 유형의 고등학교와 대학교 스포츠, 그 중에서도 가장 두드러지게 풋볼을 위해 존재한다. 본질적으로, 응원단은 스포츠 경기 전과 중간에 특정한 스포츠 팀을 위해 열광하도록 부추기고 선동하는 책임을 가진 사람들의 집단이다. 그 용어의 사용은 장소에 따라 다소 다르다. 어떤 상황에서는, 응원단은 치어리딩 단과 같은 것으로 여겨진다. 다른 곳에서는 비록 공통의 목적을 공유하더라도 그것을 치어리더들과는 별개의 존재로 본다. 이것은 그 부대가 오히려 댄스 팀이 되게 하여, 대개는 치어리딩과 연관된 더 복잡한 일정한 일련의 춤 동작을 공연하게 될 수도 있다.

해설 | (A) 주어의 핵이 The tradition이므로 술어동사로 is가 올바르다.

(B) a group of individuals를 수식하는 관계절의 주어 역할을 하는 관계사로 who가 올바르다.

(C) the squad를 의미상 주어로 취하고 lead to의 목적어에 해당하므로 동명사 being이 올바르다.

구문풀이 | · The tradition of a pep squad as a support for sports teams is one [that many people are familiar with].

[　]는 one을 수식하는 관계절이며 that은 전치사 with의 목적어 역할을 하는 목적격 관계대명사로 생략하거나 which로 바꿔 쓸 수 있다.

· This may lead to the squad being more of a dance team, [performing more complicated routines {that are usually associated with cheerleading}].

[　]는 분사구문이고, {　}는 more complicated routines를 수식하는 관계절이다.

03

정답 ⑤

소재 | 공유하는 '야만인들'의 삶

직독직해

L1 It was usual among "savages" /
　　'야만인들' 사이에서 흔한 일이었다 /
　　for the man who had food / to share it with the man who had none, /

음식을 가진 사람이 / 음식을 가지지 않은 사람과 그것을 나누고 /
for travelers to be fed at any home / they chose to stop at on their way, /
여행자가 어느 집에서든 음식을 제공받으며 / 길을 가다가 머물기로 선택한 /
and for communities harassed with drought / to be maintained by their neighbors.
가뭄에 시달리는 마을 / 이웃들에 의해 부양되는 것은

L4 If a man sat down to his meal in the woods, /
　　어떤 사람이 숲에서 음식을 먹으러 앉으면 /
　　he was expected to call loudly /
　　그는 크게 부르도록 되어 있었다 /
　　for someone to come and share it with him, /
　　와서 자기와 그것을 나누어 먹도록 누군가를 /
　　before he might justly eat alone.
　　당연하게 혼자서 먹기 전에

해석 | '야만인들' 사이에서, 음식을 가진 사람이 음식을 가지지 않은 사람과 그것을 나누고, 여행자가 길을 가다가 머물기로 선택한 어느 집에서든 음식을 제공받으며, 가뭄에 시달리는 마을이 이웃들에 의해 부양되는 것은 흔한 일이었다. 어떤 사람이 숲에서 음식을 먹으러 앉으면, 그는 당연하게 혼자서 먹기 전에, 와서 자기와 그것을 나누어 먹도록 누군가를 크게 부르도록 되어 있었다. 어느 서양인 여행자가 사모아 인에게 런던에 사는 가난한 사람들에 관해 말했을 때 그 '야만인'은 놀라서 질문했다. "어떻게 그래요? 먹을 게 없다고요? 친구가 없어요? 살 집이 없다고요? 그 사람은 어디서 자랐어요? 그의 친구가 소유한 집은 없나요?" 배고픈 인디언은 받기 위해 그저 요청만 하면 되었다. 비축량이 아무리 적더라도, 그 사람이 음식을 필요로 하면 그에게 그것이 주어졌다. "마을 어디든지 옥수수가 있는 동안에는 아무도 음식이 부족할 리가 없다."

해설 | (A) 병렬구조를 이루는 앞의 표현들처럼 for communities harassed with drought를 의미상 주어로 하는 to부정사를 쓰는 것이 올바른 표현이다.

(B) 앞에 있는 his meal을 대신하는 대명사로 it이 올바른 표현이다.

(C) 양보의 부사절을 이끄는 표현이 와야 하므로 however가 올바른 표현이다.

구문풀이 | · The hungry Indian had but to ask to receive; however small the supply was, **food was given to him** if he needed it: ~.

food was given to him은 They gave him food를 수동형으로 바꾼 문장이다.

04

정답 ③

소재 | 유일한 인간 종이 된 '호모 사피엔스'

직독직해 ─────

L3 Our lack of brothers and sisters /
우리가 형제자매가 없는 것은 /
makes it easier to imagine /
상상하는 것을 더 쉽게 한다 /
that we are the best example of creation, /
우리가 창조물의 최고 사례라고 /
and that a chasm separates us from the rest of the animal kingdom.
그리고 큰 차이가 우리를 동물계의 나머지들과 구분한다고

해석 | 지난 1만 년에 걸쳐서, '호모 사피엔스'는 유일한 인간의 종인 것에 매우 익숙해졌으므로, 다른 어떤 가능성을 생각하기는 어렵다. 우리는 형제자매가 없는 탓에 스스로가 창조물의 최고 사례이며 큰 차이가 우리와 동물계의 나머지들을 구분한다고 상상하기 더 쉬워진다. Charles Darwin이 '호모 사피엔스'는 동물의 한 종류에 불과하다는 점을 시사했을 때 사람들은 격분했다. 심지어 오늘날에도 그것을 믿기를 거부하는 사람들이 많다. 만약 네안데르탈인이 살아남았다면 그래도 우리는 스스로를 독특한 존재라고 생각할까? 어쩌면 우리 조상들이 네안데르탈인을 전멸시킨 이유가 바로 이것인지 모른다. 그들은 무시하기에는 너무 친숙하나 용인하기에는 너무 달랐다.

해설 | (A) to imagine 이하가 내용상의 목적어이므로 형식상의 목적어인 it을 써야 한다. 「make + it + 목적보어 + to부정사」 구문은 '~하는 것을 …하게 만들다'라는 의미를 나타낸다.
(B) 접속사 that이 이끄는 명사절의 주어인 *Homo sapiens*의 동사가 와야 하므로 was를 써야 한다.
(C) 뒤에 주어(our ancestors)와 목적어(the Neanderthals)가 모두 있는 완전한 절이 이어지므로 부사인 why를 써야 한다.

구문풀이 | ・Over the past 10,000 years, *Homo sapiens* has grown **so** accustomed to being the only human species **that it**'s hard **for us** [to think of any other possibility].
「so ~ that …」 구문이 쓰여 '매우 ~하므로 …하다'라는 의미를 나타낸다. it은 형식상의 주어, to부정사구인 [ ]가 내용상의 주어이며 for us는 [ ]의 의미상의 주어를 나타낸다.

EXAMPLE
본문 134쪽

정답 ④

소재 | 정기적인 리듬 공유를 통한 관계의 강화

직독직해 ─────

L5 In fact, / several organizations use regular stand-up meetings /
사실 / 몇몇 조직들은 정기 스탠딩 미팅을 이용한다 /
to maintain strong bonds / and reinforce a shared mindset.
강한 결속력을 유지하고 / 공유된 사고방식을 강화시키기 위해

L8 He explains, / "The rhythm that frequency generates /
그는 설명한다 / 빈번함이 만들어 내는 리듬은 /
allows relationships to strengthen, / personal habits to be understood, /
관계를 강화시키고 / 개인의 습관이 이해되게 하고 /
and stressors to be identified.
스트레스 원인이 확인되게 한다

해석 | 사람들이 똑같은 일간, 주간, 월간, 그리고 계절에 따른 리듬을 공유할 때, 그들 간의 관계는 더욱 빠르게 형성되고 더욱 강한 상태를 유지한다. 사람들은 서로를 더욱 깊이 신뢰하게 되고 협력이 더 쉬워진다. 결국, 그들은 빈번하게 똑같은 일을 하고 똑같은 문제들을 함께 해결한다. 사실, 몇몇 조직들은 강한 결속력을 유지하고 공유된 사고방식을 강화시키기 위해 정기 스탠딩 미팅을 이용한다. 한 식품 회사의 최고경영자는 그의 팀과 함께 매일 하는 간단한 회의에 대해 말한다. "빈번함이 만들어 내는 리듬은 관계를 약화시키고(→ 강화시키고), 개인의 습관이 이해되게 하고 스트레스 원인이 확인되게 한다. 이 모든 것은 팀의 구성원들이 자신의 역할뿐만 아니라 그들이 어떻게 서로가 서로에게서 최상의 것을 얻어 낼 수 있는지를 이해하도록 도와준다."라고 그는 설명한다.

구문풀이 | ・The rhythm [that frequency generates] allows [relationships to strengthen, personal habits to be understood, **and** stressors to be identified].
첫 번째 [ ]는 The rhythm을 수식하는 관계절이다. 두 번째 [ ]에는 allow에 이어지는 「목적어 + to부정사」 구문이 병렬구조를 이루며 and로 연결되어 있다.
・All of this **helps** the members of the team **understand** [**not only** their roles **but also** how they

---

can get the best out of one another].

「help+목적어+(to) 동사원형」의 구조로 쓰인 문장으로 [ ]는 'A뿐만 아니라 B도'라는 의미의 「not only A but also B」 구문이다.

PRACTICE

본문 136~139쪽

01 ③　　**02** ③　　**03** ④　　**04** ⑤

01

정답 ③

소재 | 팀 스포츠의 긴장감

직독직해

L3 Few people watch the same play or motion picture repeatedly /

똑같은 연극이나 영화를 반복적으로 보는 사람은 거의 없는데 /

because after they have seen it once / they know the ending.

그들이 한 번 그것을 본 후에는 / 결말을 알고 있기 때문이다

L10 Spectators follow the first / to find out /

관중은 첫 번째(개별 경기)를 지켜본다 / 알기 위해 /

which of the two contesting teams will win, /

경쟁을 벌이는 두 팀 중 어느 팀이 이길지를 /

and the second / to learn /

그리고 두 번째(시즌 전체)를 지켜본다 / 알기 위해 /

which one will emerge as the ultimate champion.

어느 팀이 최종 챔피언으로 등장할지를

L12 Suspense mounts / because, /

긴장감은 증가한다 / 때문에 /

as the end of the season approaches, /

시즌의 끝이 다가옴에 따라 /

games tend to become more important /

시합이 더 중요해지는 경향이 있다 /

to the determination of the champion.

챔피언의 결정에

해석 | 팀 스포츠는 특히 흥미진진한 형태의 드라마를 제공한다. 대본이 있는 드라마의 결과와 달리, 경기의 결과는 알려져 있지 않다. 똑같은 연극이나 영화를 반복적으로 보는 사람은 거의 없는데, 그것은 한 번 그것을 본 후에는 결말을 알고 있기 때문이다. 긴장감은 없어진다. 그러나 긴장감은 야구, 미식축구, 그리고 농구 경기를 하나도 빠짐없이 가득 채운다. 게다가, 조직적인 스포츠에서 긴장감은 각각의 개별 경기 너머까지 도달되어 시간이 지나면서 감소하는(→ 증가하는) 경향이 있다. 각각의 경기는 지정된 순서, 즉 한 시즌의 일부분인데, 그것의 목적은 챔피언을 탄생시키는 것이다. 개별 경기와 시즌 전체는 둘 다 흥미와 주의를 끈다. 관중은 경쟁을 벌이는 두 팀 중 어느 팀이 이길지를 알기 위해 첫 번째(개별 경기)를 지켜보고, 어느 팀이 최종 챔피언으로 등장할지를 알기 위해 두 번째(시즌 전체)를 지켜본다. 시즌의 끝이 다가옴에 따라 시합이 챔피언의 결정에 더 중요해지는 경향이 있기 때문에, 긴장감은 증가한다.

해설 | 팀 스포츠는 결말이 정해지지 않기 때문에 긴장감이 가득하고 흥미진진한 드라마를 제공한다는 것이 글의 주된 내용이므로 ③ decrease(감소하다)를 increase(증가하다)로 고쳐 써야 한다.

구문풀이 | • Each game is part of a designated sequence—a season—[the goal of which is to produce a champion].

[ ]는 관계절로 a designated sequence—a season—을 부연하여 설명한다.

• Spectators follow the first [to find out {which of the two contesting teams will win}], and the second [to learn {which **one** will emerge as the ultimate champion}].

두 개의 [ ]는 모두 to부정사구로 목적의 뜻을 가진다. 두 개의 { }는 모두 의문사절로 각각 find out과 learn의 목적어 역할을 한다. one은 부정대명사로 team을 대신한다.

02

정답 ③

소재 | 끊임없는 자기 성찰적 질문의 중요성

직독직해

L6 Of course, / getting into the habit of self-reflection / is easier said than done, /

물론 / 자기 성찰의 습관을 가지는 것은 / 행동하기보다 말하기가 더 쉽다 /

as we often prefer to avoid / asking ourselves the tough questions.

왜냐하면 우리는 자주 피하고 싶어 하기 때문이다 / 스스로에게 어려운 질문을 하는 것을

해석 | Benjamin Franklin은 한 가지 질문으로 하루하루를 시작하고 끝냈다. 아침에는 "오늘 무슨 좋은 일을 할 것인가?"였고, 저녁에는 "오늘 내가 무슨 좋은 일을 했는가?"였다. 사실상, 많은

위대한 사상가들은 무엇인가를 끊임없이 묻는다는 생각을 받아들였다. 전해지는 바에 의하면 Albert Einstein이 말했듯이, "어제로부터 배우고, 오늘을 위해 살고, 내일을 위해 희망을 품으라. 중요한 것은 질문하는 것을 멈추지 않는 것이다." 물론, 자기 성찰의 습관을 가지는 것은 행동하기보다 말하기가 더 쉬운데, 왜냐하면 우리는 자주 스스로에게 어려운 질문을 하는 것을 즐기고(→ 피하고) 싶어 하기 때문이다. 철학자이자 심리학자인 John Dewey가 1910년의 저서 'How We Think'에서 설명했듯이, 성찰적 사고는 상황을 액면대로 받아들이는 성향의 극복과 정신적 불안을 기꺼이 견디려는 의지를 포함한다. 이러한 불안을 견디는 것은 노력할 만한 가치가 충분한데, 왜냐하면 그것이 결과적으로 우리의 업무와 일상생활에서 더 잘 해내는 데 필요한 자신감의 상승을 가져다 줄 수 있기 때문이다.

해설 | 우리가 스스로에게 어려운 질문을 하는 것을 피하고 싶어 하기 때문에 자기 성찰이 어렵다고 하는 것이 문맥상 자연스러우므로 ③의 enjoy(즐기다)를 avoid(피하다)로 고쳐 써야 한다.

구문풀이 | · [Enduring this discomfort] **is well worth** the effort, **as it** can result in the confidence boost necessary [to perform better in our work and daily lives].

첫 번째 [ ]는 문장의 주어로 쓰인 동명사구이다. be well worth ~는 '~의 가치가 충분히 있다'라는 의미를 나타낸다. as는 이유를 나타내는 접속사이고, 뒤에 오는 it은 Enduring this discomfort를 가리킨다. 두 번째 [ ]는 necessary를 수식하는 to부정사구이다.

03

정답 ④

소재 | 자존감을 지나치게 강조하는 것의 위험성

직독직해

L1 Telling schoolchildren / that they are smart /
학교에 다니는 아이들에게 말하는 것은 / 그들이 똑똑하다고 /
impairs their future performance, /
그들의 미래의 성적을 손상시킨다 /
whereas telling them that they work hard /
반면에 그들에게 그들이 열심히 노력한다고 말하는 것 /
or not praising them at all /
또는 그들을 전혀 칭찬하지 않는 것은 /
leads them to work harder in the future.
그들이 장래에 공부를 더 열심히 하도록 이끈다

L3 Therefore, / attempting to convince people to be

impressed with themselves /
그러므로 / 사람들이 자신에게 감동하도록 설득하려고 시도하는 것은 /
can actually make people do worse, /
실제로는 사람들을 더 못하게 만들 수 있는데 /
which isn't all that surprising really.
그것은 정말로 그렇게 아주 놀라운 일이 아니다

L8 Worse still, / some probably hear the message /
훨씬 더 나쁜 것은 / 일부 사람들은 메시지를 들을지도 모른다는 것이다 /
that they should think and act like they are better and more important than other people, /
자신이 다른 사람들보다 더 나으며 더 중요하다고 생각하고 그렇게 행동해야 한다거나 /
or even that ordinary rules don't apply to them.
혹은 심지어는 평범한 규칙들은 자신에게 적용되지 않는다는

해석 | 학교에 다니는 아이들에게 똑똑하다고 말하는 것은 그들의 미래의 성적을 손상시키는데, 반면에 그들에게 그들이 열심히 노력한다고 말하거나 그들을 전혀 칭찬하지 않는 것은 그들이 장래에 공부를 더 열심히 하도록 이끈다. 그러므로 사람들이 자신에게 감동하도록 설득하려고 시도하는 것이 실제로는 사람들을 더 못하게 만들 수 있는데, 그것은 정말로 그렇게 아주 놀라운 일이 아니다. 사람들에게 주로 자존감에 의존하도록 설득하는 것이 실은 그들이 다른 사람들을 믿을 수 없다고 말하는 것이며, 그리고 그것은 정말로 대단히 불행한 생각이다. 훨씬 더 나쁜 것은, 일부 사람들은 자신이 다른 사람들보다 더 나으며 더 중요하다고 생각하고 그렇게 행동해야 한다거나, 심지어는 특수한(→ 평범한) 규칙들은 자신에게 적용되지 않는다는 메시지를 들을지도 모른다는 것이다. 진정한 '자존감'은 다른 사람들을 존중하는 데서 나온다. 아무도 여러분의 말을 듣지 않는데 왜 여러분이 승리했다고 외치는가?

해설 | 사람들에게 스스로가 훌륭하다고 생각하게 하는 것은 좋지 않은 결과를 가져올 수 있다는 내용의 글이다. ④ 'special'이 포함된 문장의 앞부분에서, 사람들이 스스로가 다른 사람들보다 더 중요하다고 생각하는 것은 훨씬 더 나쁘다고 했으므로, 자신이 중요한 사람이라고 생각하는 사람이라면 '평범한' 규칙은 자신에게 적용되지 않는다고 생각하는 것이 문맥에 맞는다는 것을 알 수 있다. 따라서 ④ special(특수한)을 ordinary(평범한)로 고쳐 써야 한다.

구문풀이 | · Telling schoolchildren that they are smart impairs their future performance, whereas [{telling them that they work hard} **or** {not praising them at all}] leads them to work harder in the future.

[ ]는 whereas가 이끄는 부사절의 주어이다. 두 개의 { }가 or로 연결되어 있다.

- Worse still, some probably hear **the message** [that they should think and act like they are better and more important than other people], **or** even [that ordinary rules don't apply to them].

  or에 의해 병렬되어 있는 두 개의 [ ]는 the message를 부연하여 설명하는 동격절이다.

04

정답 ⑤

소재 | 감정을 말로 나타내는 것이 가져오는 진정 효과

직독직해

L10 Activating the connections /

연결고리를 활성화하는 것은 /

between the logic areas and emotional processing areas of the brain /

뇌의 논리 영역과 감정 처리 영역 사이의 /

may help your teen think /

여러분의 십 대 자녀가 생각하는 데 도움이 될 수 있다 /

about his emotion / in a different way, /

자신의 감정에 대해 / 다른 방식으로 /

thus leading to a calming effect.

따라서 진정 효과로 이어질 수 있다

해석 | 여러분의 십 대 자녀가 말로 감정에 이름을 붙이도록 도우라. 이것은 들리는 것만큼 쉽지 않은데 감정이 상한 십 대는 흔히 동시에 여러 가지 감정을 느끼기 때문이다. 감정을 표현할 풍부하고 정확한 어휘를 생각해 내서 십 대 자녀가 자신이 느끼고 있는 것에 '이름을 붙이게' 하라. 여러 연구에서 감정에 말로 이름을 붙이는 것이 신경계에 진정 효과를 주고, 그것은 결과적으로 십 대들이 감정적 스트레스에서 더 빠르게 회복하는 데 도움이 될 수 있다는 것을 보여 주었다. 이것은 뇌의 구조와 감정이 처리되는 방식과 관련이 있다. 감정을 말로 나타냄으로써 좌뇌의 언어 영역이 관여되는데, 그것은 또한 논리와 더 수준 높은 다른 유형의 사고에 영향을 미친다. 뇌의 논리 영역과 감정 처리 영역 사이의 연결고리를 끊는 것(→ 활성화하는 것)은 여러분의 십 대 자녀가 자신의 감정에 대해 다른 방식으로 생각하는 데 도움이 될 수 있고, 따라서 진정 효과로 이어질 수 있다.

해설 | 감정을 말로 나타내면 감정을 처리하는 일에 뇌의 언어와 논리를 담당하는 영역이 관여되고, 이러한 연결 고리가 활성화되면 감정적으로 진정할 수 있게 된다는 흐름이 되어야 하므로

⑤ Breaking(끊는 것)을 Activating(활성화하는 것)으로 바꿔야 한다.

구문풀이 | · Various studies have shown [that {verbally naming an emotion has a quieting effect on the nervous system}, **which** can in turn **help teens recover** faster from emotional stress].

[ ]는 have shown의 목적어 역할을 하는 명사절이다. which는 { }를 부연 설명하는 계속적 용법의 관계절을 이끄는 관계대명사이다. help teens recover는 「help+목적어+동사원형」 구문으로 '목적어가 ~하는 것을 돕다'라는 의미를 나타낸다.

· This **has to do with** [the brain's structure] **and** [how emotions are processed].

has to do with는 '~와 관련이 있다'라는 의미를 나타내고 목적어 역할을 하는 두 개의 [ ]가 and로 이어져 병렬되고 있다.

UNIT 20 어휘 (2)

EXAMPLE

본문 140쪽

정답 ①

소재 | 상황의 지배를 받는 감정

직독직해

L8 Counselors often advise clients /

상담전문가는 (상담) 의뢰인에게 자주 충고한다 /

to get some emotional distance /

약간의 감정적 거리를 두라고 /

from whatever is bothering them.

그들을 괴롭히고 있는 그 어떤 것과도

해석 | 대부분의 사람에게 있어 감정은 상황적이다. 현 시점의 뭔가가 여러분을 화나게 한다. 그 감정 자체는 그것이 일어나는 상황과 연결되어 있다. 그 감정의 상황 속에 남아 있는 동안은 화가 난 상태에 머물기 쉽다. 그 상황을 '떠나면', 정반대가 사실이 된다. 그 상황에서 벗어나자마자 그 감정은 사라지기 시작한다. 그 상황에서 벗어나게 되면 그것(상황)은 여러분을 제어하지 못한다. 상담전문가는 (상담) 의뢰인에게 그들을 괴롭히고 있는 그 어떤 것과도 약간의 감정적 거리를 두라고 자주 충고한다. 그것을 하는 한 가지 쉬운 방법은 화의 근원으로부터 자신을 '지리적으로' 떼어 놓는 것이다.

구문풀이 | • [Moving away from the situation] **prevents it from taking** hold of you.

[ ]는 주어의 역할을 하는 동명사구이다. 「prevent ~ from -ing」는 '~가 …하는 것을 막다'라는 의미이다.

PRACTICE 본문 142~145쪽

01 ①   **02** ⑤   **03** ⑤   **04** ③

01

정답 ①

소재 | 아테네의 민주주의

직독직해

L1 Democracy in ancient Athens /
고대 아테네의 민주주의는 /
was more extensive than today's version /
오늘날의 민주주의보다 더 광범위했다 /
in that individual involvement occurred /
개인의 참여가 발생했다는 점에서 /
as citizens took turns holding various offices.
시민들이 번갈아 가며 다양한 관직을 맡으면서

L4 Instead, / governmental positions, /
대신 / 정부의 직위는 /
such as those of the councilors, /
의원직과 같은 /
were filled by random drawings /
무작위 추첨에 의해 채워졌다 /
in which names were picked from a box.
이름이 상자에서 뽑히는

L9 Many Athenians felt /
많은 아테네인들은 생각했다 /
that the benefits of more experienced politicians and officials /
경험이 더 많은 정치인과 관리들이 주는 이점이 /
would be spoiled by a growth in corruption.
부패의 증가에 의해 망쳐질 것이라고

해석 | 시민들이 번갈아 가며 다양한 관직을 맡으면서 개인의 참여가 발생했다는 점에서 고대 아테네의 민주주의는 오늘날의 민주주의보다 더 광범위했다. 고대 아테네에서는 선출된 관리가 없었다.

대신, 의원직과 같은 정부의 직위는 이름이 상자에서 뽑히는 무작위 추첨에 의해 채워졌다. 선택된 사람들은 약 1년 동안 근무했는데, 어떤 사람도 평생에 두 번 근무할 수는 없었다. 전문가들의 지식이 필요한 경우는 영구적인 자리가 있곤 했지만, 대부분의 정부의 직위는 일시적이었다. 많은 아테네인들은 경험이 더 많은 정치인과 관리들이 주는 이점이 부패의 증가에 의해 망쳐질 것이라고 생각했다. 오늘날 우리는 직업 정치인들의 장기간의 직위가 권력에 대한 열망과 이기적인 행동으로 이어지는 것을 가끔씩 발견한다.

해설 | (A) 고대 아테네에서는 시민들이 번갈아 가며 다양한 관직을 맡았다고 했으므로 오늘날의 민주주의보다 더 범위가 넓었다는 것을 알 수 있다. 따라서 extensive(광범위한)가 적절하다. (limited 제한된)

(B) 선택된 사람들이 1년씩 돌아가면서 일을 하는 고대 아테네에서 영구적인 자리가 있으려면 전문가적인 지식이 필요한 경우일 것이므로 needed(필요한)가 적절하다. (reject 거절[거부]하다)

(C) 고대 아테네에서 시민들이 무작위 추첨에 의해 1년 동안 정부에서 일을 한 것은 경험이 많은 정치인과 관리들이 주는 이점에도 불구하고 부패의 증가로 그런 이점들이 망가진다고 생각했기 때문이므로, 오늘날의 직업 정치인들이 권력을 열망하고 이기적인 행동을 하는 것은 장기적인 직위를 유지하고자 하기 때문임을 추론할 수 있다. 따라서 long-term(장기간의)이 적절하다. (short-term 단기간의)

구문풀이 | • Democracy in ancient Athens was more extensive than today's version [**in that** individual involvement occurred {**as** citizens took turns holding various offices}].

[ ]로 표시된 「in+that절」은 '~라는 점에서'라는 뜻이다. { }는 부사절로 접속사 as는 '~하면서'로 해석한다.

• Instead, governmental positions, such as **those** of the councilors, were filled by random drawings [in which names were picked from a box].

those는 지시대명사로 governmental positions를 대신한다. [ ]는 관계절로 random drawings를 수식한다.

02

정답 ⑤

소재 | '5초 법칙'의 오류

직독직해

L4 The study found / that bacteria from a surface can move to food very quickly, /

그 연구는 밝혀냈다 / 표면의 박테리아가 음식으로 아주 빠르게 옮겨갈 수 있다는 것을 /

in less than a second / in some cases.

1초 이내에 / 어떤 경우에는

L9 Results showed / that, in general, /

결과는 보여 주었다 / 일반적으로 /

the longer the food was allowed to sit on the surface, /

음식을 표면에 더 오래 둘수록 /

the more bacteria was transferred to the food.

더 많은 박테리아가 음식으로 옮겨간다는 것을

해석 | 만약 바닥에 떨어뜨린 음식이 먹고 싶어진다면, 다시 생각해야 할지도 모른다. 새로운 연구 결과는 '5초 법칙', 즉 아주 빨리 줍는다면 바닥에 떨어진 음식을 집어 먹는 것이 안전하다는 생각이 틀렸다는 것을 증명했다. 그 연구는 표면의 박테리아가 음식으로 빠르게, 어떤 경우에는 1초 이내에 옮겨갈 수 있다는 것을 밝혀냈다. 그 연구에서 연구원들은 네 가지 다른 표면, 스테인리스 강, 도기 타일, 나무, 그리고 카펫을 박테리아로 오염시켰다. 그 후에, 그들은 네 가지 종류의 음식, 수박, 빵, 버터 바른 빵, 그리고 쫀득쫀득한 사탕을 그 표면에 떨어뜨렸다. 결과는 일반적으로 음식을 표면에 더 오래 둘수록 그만큼 더 많은 박테리아가 음식으로 옮겨간다는 것을 보여 주었다. 그러나 일부 박테리아 오염은 1초 이내에 일어났다. 수박에 가장 많은 박테리아가 묻었고, 반면에 쫀득쫀득한 사탕에 가장 적게 묻었다.

해설 | (A) 연구에서 박테리아가 아주 빠르게 옮겨갈 수 있다는 것을 밝혀냈다고 했으므로 '5초 법칙'이 틀렸다는 것을 증명했다(disproved)는 것이 문맥상 자연스럽다. (prove 입증하다)
(B) 연구에서 표면을 박테리아로 오염시켰다(contaminated)는 것이 문맥상 자연스럽다. (dominate 지배하다)
(C) 음식을 표면에 오래 두면 둘수록 더 많은 박테리아가 음식으로 옮겨졌다(transferred)는 것이 문맥상 자연스럽다. (resistant 저항력이 있는)

구문풀이 | • A new study disproved the "5-second rule," or [**the idea** {that food is safe to eat off the floor if you pick it up fast enough}].
[ ]는 the "5-second rule"의 의미를 구체적으로 설명하는 구문이고, { }는 the idea와 동격을 이루는 절이다.
• Results showed [that, in general, **the longer** the food was allowed to sit on the surface, **the more** bacteria was transferred to the food].
[ ]는 showed의 목적어로 쓰인 명사절로, '~하면 할수록 더 …하다'는 의미를 나타내는 「the + 비교급 ~, the + 비교급 …」 구문이 쓰였다.

03

정답 ⑤

소재 | 소규모 사업체들의 사업 성공률

직독직해

L2 This 80 percent is a frightening prospect /

이 80%는 놀라운 예상이다 /

for anyone thinking / about starting a business.

생각하고 있는 어느 누구에게든지 / 사업을 시작하는 것에 대해

L3 But / a study by Bruce A. Kirchhoff /

그러나 / Bruce A. Kirchhoff가 한 연구는 /

of the New Jersey Institute of Technology /

New Jersey 기술 협회의 /

found / the failure rate for small businesses /

밝혀냈다 / 소규모 사업체의 실패율은 /

to be only 18 percent / during their first eight years.

겨우 18%라는 것을 / 처음 8년 동안에

L10 In fact, /

사실 /

only 18 percent of the 814,000 small businesses /

81만 4천 개의 소규모 사업체들 중 겨우 18%만이 /

tracked by Kirchhoff for eight years /

8년 동안 Kirchhoff가 추적한 /

went out of business with unpaid bills.

청구서를 지불하지 못한 채 부도가 났다

해석 | 자주 반복되는 통계치에 따르면, 다섯 개의 소규모 사업체 중 네 개가 5년 안에 실패할 것이라고 한다. 이 80%는 사업을 시작하는 것에 대해 생각하고 있는 어느 누구에게든지 놀라운 예상이다. 그러나 New Jersey 기술 협회의 Bruce A. Kirchhoff가 한 연구가 소규모 사업체의 실패율은 처음 8년 동안에 겨우 18%라는 것을 밝혀냈다. 그러한 막대한 차이는 왜 생긴 것일까? 미국 정부와 기타 기관들이 실시한 연구는 사업체의 실패를 너무 광범위하게 정의했다는 점이 밝혀져 있다. 비록 사업체의 어떤 폐업이든지 발생한 이유가 사람이 사망하거나 사업체를 팔거나 혹은 은퇴를 했기 때문일지라도, 사업 실패로 기록되었다. 사실 8년 동안 Kirchhoff가 추적한 81만 4천 개의 소규모 사업체들 중 겨우 18%만이 청구서를 지불하지 못한 채 부도가 났다. 이것은 아마 기업가 지망생들에게 위로가 될 것이다.

해설 | (A) 5개의 작은 사업체 중 4개가 5년 안에 문을 닫는다는 통계치는 사업을 시작하려는 사람들에게 놀라운 예상일 것이므로 starting(시작하는)이 적절하다. (ending 끝내는)
(B) 미국 정부와 다른 기관들이 사업체가 어떤 이유에서건 문

을 닫기만 하면 사업 실패로 기록한 것은 사업 실패를 너무 광범위하게 정의한 것이므로 broadly(광범위하게)가 적절하다. (narrowly 좁게)
(C) Kirchhoff가 추적한 결과에 따르면 소규모 사업체의 80%가 아니라 8년 안에 18%만이 문을 닫았다. 이것은 장차 기업가가 될 사람들에게는 위로가 되는 수치일 것이므로 comfort(위로, 위안)가 적절하다. (burden 부담, 짐)

구문풀이 | • This 80 percent is a frightening prospect for anyone [thinking about starting a business].
[ ]는 분사구로 anyone을 수식한다.
• Any closing of a business, [even if **it** occurred because someone died, sold the business, or retired], was recorded as a business failure.
[ ]는 부사절로 주어와 동사 사이에 삽입되었다. 부사절의 it은 closing of a business를 가리킨다.

04

정답 ③

소재 | 심상 떠올리기 활용

직독직해

L2 If your Impression Management Plan calls for you to smile /
여러분의 '인상 관리 계획'이 미소를 지을 것을 요구한다면 /
at a meeting that you dread, /
여러분이 두려워하는 회의에서 /
think in advance of several happy moments in your life /
삶의 행복했던 몇 번의 순간을 미리 생각해 두라 /
to replay mentally / during the meeting.
마음속으로 되새겨 볼 수 있는 / 그 회의를 하는 동안

L5 If the occasion calls for full attention, /
그 상황이 완전한 집중을 요구한다면 /
when you find yourself bored silly by someone's presentation, /
누군가의 발표로 아주 지루해지고 있을 때 /
create an interest in him /
그 사람에 대한 관심을 만들어 내라 /
by focusing on the subtle changes in the intonation of his voice / as he speaks, /
목소리 억양의 미묘한 변화에 초점을 둠으로써 / 그 사람이 말할 때 /
or think about the words / he chooses to express his ideas.

또는 단어들에 관해 생각하라 / 그 사람이 자기 생각을 표현하기 위해 선택하는

해석 | 심상을 떠올리는 기술은 일상적인 접촉에서 기쁨, 관심, 그리고 여타 감정들을 보여 주는 데 도움이 될 것이다. 여러분의 '인상 관리 계획'이 여러분이 두려워하는 회의에서 미소를 지을 것을 요구한다면, 그 회의를 하는 동안 마음속으로 되새겨 볼 수 있는 삶의 행복했던 몇 번의 순간을 미리 생각해 두라. 누군가의 발표로 아주 지루해지고 있을 때 그 상황이 완전한 집중을 요구한다면, 그 사람이 말할 때 목소리 억양의 미묘한 변화에 초점을 둠으로써 그 사람에 대한 관심을 만들어 내거나, 그 사람이 자기 생각을 표현하기 위해 선택하는 단어들에 관해 생각하라. 여러분이 보여 주고 싶은 감정과 일치하는 이미지를 주입함으로써, 이성적 두뇌가 감정적 두뇌를 이기게 하라. 감정적 두뇌는 실제적인 심상과 실제를 구별하지 않는다는 것을 기억하라!

해설 | (A) 두려워하는 회의 시간에 미소를 지어야 한다면 미리 행복했던 순간을 생각해 두라는 맥락이므로 happy(행복한)가 적절하다. (awkward 불편한)
(B) 다른 사람의 발표 중에 지루해진다면 발표자의 미묘한 억양 변화나 어휘 선택에 초점을 두고 발표자에 대한 관심을 만들어 내라는 맥락이므로 create(만들어 내다)가 적절하다. (hide 숨기다)
(C) 남들에게 보여 주고 싶은 감정과 일치하는 이미지를 머릿속에 주입하라는 맥락이므로 consistent(일치하는)가 적절하다. (inconsistent 일치하지 않는)

구문풀이 | • **Let** your rational brain **outwit** your emotional brain by injecting images [consistent with the emotions {you want to project}].
사역동사인 Let이 앞에 있으므로 목적보어로 동사원형인 outwit을 쓴다. [ ]는 앞에 있는 images를 수식한다. { }는 the emotions를 수식하는 관계절이다.

CHAPTER REVIEW			본문 146~147쪽
01 ①	**02** ②	**03** ④	**04** ②

01

정답 ①

소재 | 음식을 익혀 먹는 이유

직독직해

L1 Proponents of the newly popular raw food diets claim /
최근 인기를 끌고 있는 생식 식단의 지지자들은 주장한다 /

that cooking ruins vitamins and enzymes, /
익히는 것이 비타민과 효소를 파괴한다고 /

making food difficult to digest /
음식을 소화하기 어렵게 만들고 /

and therefore contributing to disease.
그 결과 질병을 유발하여

L7 Cooking helps neutralize /
익히는 것은 중화하는 데 도움이 된다 /

many naturally occurring anti-nutrients and irritants in food, /
음식 속에 있는 많은 자연 발생적인, 양분 흡수를 방해하는 물질과 자극물을 /

also breaking down indigestible fiber.
또한 소화가 안 되는 섬유질을 분해하는 데

해석 | 음식을 얼마만큼 익혀야 할까? 최근 인기를 끌고 있는 생식 식단의 지지자들은 익히는 것이 비타민과 효소를 파괴하여, 음식을 소화하기 어렵게 만들고 그 결과 질병을 유발한다고 주장한다. 그러나 모든 전통적인 민족들은 음식의 일부나 대부분을 익혔다. 심지어 따뜻함을 유지하기 위해 불을 지필 필요가 없는 열대 지역에서도, 음식을 익히기 위해 매일 불을 지폈다. 그들은 곡물을 익혔을 뿐만 아니라, 일부 사람들이 날로 먹도록 권하는 바로 그 음식인 채소도 보통 익혔다. 왜 익힐까? 익히는 것은 음식 속에 있는 많은 자연 발생적인, 양분 흡수를 방해하는 물질과 자극물을 중화하는 데 도움이 되고 또한 소화가 안 되는 섬유질을 분해한다. 콩과 감자와 같은 많은 음식은 익히고 나서야 소화될 수 있다. 익히는 것은, 특히 아주 높은 온도에서는, 일부 영양분을 실제로 파괴하지만, 미네랄을 더 잘 이용할 수 있게 한다.

해설 | ① make 앞에 접속사가 없으므로 make를 making으로 고쳐서 분사구문을 만드는 것이 올바른 표현이다.
② the tropics를 설명하는 관계절을 이끄는 관계부사이다.
③ 선행사인 the very foods의 상태를 설명하는 보어이다.
④ helps 다음에는 (to) neutralize로 쓸 수 있다.
⑤ destroys를 강조하는 표현으로 does destroy는 올바른 표현이다.

구문풀이 | · In addition to cooking grains, they usually cooked their **vegetables**, [the very foods {some recommend that people eat raw}].
[ ]는 vegetables와 동격 관계이다. { }는 the very foods를 수식하는 관계절이다.

Words & Phrases

cook (불에) 익히다   raw food diet 생식 식단
claim 주장하다   ruin 파괴하다

---

digest 소화하다   contribute to ~에 기여하다
the tropics 열대 지역(지방)   grain 곡물
recommend 권하다   neutralize 중화하다
anti-nutrient 양분 흡수를 방해하는 물질
irritant 자극물   break down ~을 분해하다
indigestible 소화가 안 되는   fiber 섬유질
temperature 온도   destroy 파괴하다
mineral 미네랄, 무기물

02

정답 ②

소재 | 이례적으로 따뜻했던 지난 만 년의 기간

직독직해

L5 An ice core / drilled at Lake Vostok in Antarctica /
얼음 조각은 / 남극 대륙의 Lake Vostok에서 시추된 /

reveals / that for most of the last 250,000 years, Earth has been considerably colder /
보여 준다 / 지난 25만 년 대부분의 기간에, 지구가 상당히 더 추웠다는 것을 /

than it is today.
오늘날보다

L6 In fact, / the relatively warm weather /
사실 / 상대적으로 따뜻한 날씨는 /

experienced on Earth / for the last 10,000 years /
지구상에서 경험된 / 지난 만 년 동안 /

looks like an unusual period /
이례적인 기간처럼 보인다 /

when compared with the previous 200,000 years.
이전 이십만 년과 비교해 볼 때

해석 | 지구상의 장기적인 기후 변화(빙하기는 하나의 사례에 불과한데)는 복사 에너지가 태양에서 나오는 주기뿐만 아니라, 지구 궤도의 작은 흔들림, 그리고 지구 자전축의 경사와 같은 요인에 의해 영향을 받는 것으로 생각된다. 이러한 변화는 만 년이나 심지어 수십만 년 주기로 일어난다. 남극 대륙의 Lake Vostok에서 시추된 얼음 조각은 지난 25만 년 대부분의 기간에 지구가 오늘날보다 상당히 더 추웠다는 것을 보여 준다. 사실, 지난 만 년 동안 지구상에서 경험된 상대적으로 따뜻한 날씨는 이전 이십만 년과 비교해 볼 때 이례적인 기간처럼 보인다. 지질학의 관점에서 볼 때 만 년은 짧은 기간이지만 현대 인간 문명의 거의 전 시간을 포괄한다.

해설 | (A) 주어가 Long-term climate variations로 복수명사이므로 be동사도 그에 맞는 are를 써야 한다.

(B) 뒤에 주어(Earth)와 주격보어(considerably colder)가 있는 완전한 절이 이어지고 있으므로 접속사 that을 써야 한다.

(C) when이 이끄는 부사절에서 생략된 내용상의 주어인 the relatively warm weather와 compare(비교하다) 사이에는 의미상 수동의 관계가 성립한다. 따라서 과거분사 compared를 써야 한다.

구문풀이 | · **Ten thousand years is** a short period in geologic terms, but it covers **just about** the entire span of modern human civilization.

Ten thousand years처럼 기간, 거리, 금액 등의 전체를 한 단위로 생각할 경우, 복수명사지만 단수로 취급하고, 술어동사도 단수형에 맞는 형태가 쓰인다. just about은 '거의'라는 뜻이다.

Words & Phrases

long-term 장기적인   variation 변화

orbit 궤도   inclination 경사

axis (회전체의) 축   cycle 주기

radiation 복사 에너지

ice core (빙하에 구멍을 뚫어 채취한) 얼음 조각

Antarctica 남극 대륙   reveal 보여 주다, 드러내다

considerably 상당히   relatively 상대적으로, 비교적

previous 이전의   geologic 지질학의

span 시간, 기간   civilization 문명

03

정답 ④

소재 | 말로 한 것과 말로 하지 않은 것이 드러내는 의미

직독직해

L2 We can, therefore, use words /
그러므로 우리는 말을 사용할 수 있다 /
in much the same way as / we use nonverbal messages, /
것과 똑같은 방식으로 / 우리가 비언어적인 메시지를 사용하는 /
such as voice tone, rate and volume of speech, facial expressions, and body positions or movements, /
목소리의 톤, 말의 속도와 음량, 얼굴 표정, 그리고 몸의 자세나 움직임과 같은 /
to help understand athletes.

운동선수들에 대한 이해를 돕기 위해서

L4 Words, however, not only express experience, /
그러나 말은 경험을 표현할 뿐만 아니라 /
but they also contribute to it, /
또한 경험에 기여하기도 한다 /
operating as a feedback loop.
피드백 회로로 작용하면서

L8 Words that are not spoken /
입 밖으로 나오지 않은 말은 /
can be as meaningful / as those that are.
의미가 있을 수 있다 / 입 밖으로 나온 말만큼

해석 | 말은 내적인 경험에 대한 단서가 되어 숨겨진 생각, 감정, 또는 욕망을 드러낼 수 있다. 그러므로 우리는 운동선수들에 대한 이해를 돕기 위해서, 목소리의 톤, 말의 속도와 음량, 얼굴 표정, 그리고 몸의 자세나 움직임과 같은 비언어적인 메시지를 사용하는 것과 똑같은 방식으로 말을 사용할 수 있다. 그러나 말은 경험을 표현할 뿐만 아니라, 또한 피드백 회로로 작용하면서 경험에 기여하기도 한다. 한 가지 예는 스스로를 '패배자'로 부르는 운동선수일 것이다. 그들은 자신들의 불만과 불행함을 드러낼 뿐만 아니라, 또한 무기력을 강화하고 자신감을 약화시키기도 한다. 입 밖으로 나오지 않은 말은 입 밖으로 나온 말만큼 의미가 없을(→ 의미가 있을) 수 있다. 회피되는 것에 대한 유용한 단서는 대답되지 않은 질문이다. 어떤 질문에 대해 답을 하지 않는 것은 잠재적인 두려움, 죄책감, 당혹감, 수치심, 또는 다른 유쾌하지 않은 감정이나 생각을 나타낼 수 있다.

해설 | 어떤 질문에 대답을 하지 않는 것은 어떤 것을 회피하고 있거나 여러 가지 잠재된 감정이나 생각을 나타내는 것이므로 그 자체로 어떤 의미를 가지고 있다는 것을 알 수 있다. 그러므로 ④ meaningless는 meaningful로 고쳐야 한다.

구문풀이 | · We can, therefore, use words **in much the same way as** we use nonverbal messages, [**such as** voice tone, rate and volume of speech, facial expressions, and body positions or movements], to help understand athletes.

in much the same way as는 '~와 똑같은 방식으로'라고 해석한다. such as는 '~와 같은'이라는 의미이며 [ ]는 nonverbal messages를 부가적으로 설명한다.

· Words [that are not spoken] can be as meaningful as **those** [that are].

첫 번째 [ ]는 관계절로 Words를 수식한다. 두 번째 [ ] 역시 관계절로 those를 수식하며 are 다음에 spoken이 생략되어 있다. those는 지시대명사로 words를 대신한다.

Words & Phrases

clue 단서	reveal 드러내다
want 욕망, 욕구	nonverbal 비언어적인
rate 속도	volume 음량, 양
position 자세, 위치	athlete 운동선수
contribute to ~에 기여하다	feedback loop 피드백 회로
dissatisfaction 불만	reinforce 강화하다
impotence 무기력, 무력	undermine 약화시키다, 훼손시키다
indicate 나타내다	underlying 잠재적인
guilt 죄책감	embarrassment 당혹감
shame 수치심	

04

정답 ②

소재 | 동물의 감정 소유

직독직해

L4 Experiments have shown /
실험이 보여 주었다 /

that rats become agitated / when seeing surgery
performed on other rats; /
쥐들이 동요한다는 것을 / 다른 쥐들에게 수술이 행해지는 것을 볼
때 /

when presented with a trapped lab-mate and a piece
of chocolate, /
덫에 걸린 실험실 친구(쥐)와 초콜릿 한 조각을 주면 /

they will free their caged brethren / before eating.
그들은 자신들의 갇힌 형제를 풀어주게 될 것이라는 것을 / 먹기 전에

L7 None of this will come as a surprise / to pet owners /
이 중 어떤 것도 놀라움으로 다가오지 않을 것이다 / 애완동물
주인에게 /

or anyone who has observed virtually any kind of
animal for any length of time.
또는 거의 어떤 종류의 동물이든지 오랫동안 관찰한 사람에게는

해석 | 오늘날 연구들은 인간이 아닌 많은 존재들이 느낀다는 것을
점점 더 많이 보여 준다. 코끼리는 슬픔을 느끼는 것처럼 보이는
반면에, 돌고래와 고래는 기쁨이나 그와 같은 것을 표현한다. 앵
무새는 기분이 나쁠 수 있고, 돼지와 소는 겁을 먹을 수 있고, 닭
은 슬퍼질 수 있고, 원숭이는 보기에 당황해할 수도 있다. 실험에
서 쥐들은 다른 쥐들에게 수술이 행해지는 것을 볼 때 동요하게 되
고, 덫에 걸린 실험실 친구(쥐)와 초콜릿 한 조각을 줄 때, 그들은
먹기 전에 자신들의 갇힌 형제들(다른 쥐들)을 풀어주게 될 것이

라는 것을 보여 주었다. 심지어 쥐가 간지러움을 태우면 즐거워한
다는 증거도 있다. 애완동물 주인이나 거의 어떤 종류의 동물이든
지 오랫동안 관찰한 사람에게는 이 중 어떤 것도 놀라움으로 다가
오지 않을 것이다. 과학은 Charles Darwin이 자신의 저서 'The
Expression of the Emotions in Man and Animals(인간과
동물의 감정의 표현)'에서 결론내린 것, 즉 감정을 느끼고 표현하
는 능력에 있어서 인간과 다른 동물의 차이는 종류라기보다는 정
도의 차이라는 것을 재발견하고 있다.

해설 | (A) 쥐가 감정이 있다는 연구 결과에 대한 내용이므로 초
콜릿을 먹기 전에 갇힌 다른 쥐들을 풀어준다는 것이 문맥상 자연
스럽다. 따라서 free(풀어주다)가 올바른 표현이다. (ignore 무시
하다)

(B) 앞에서 언급한 동물들의 행동들이 애완동물 주인이나 동물
들을 관찰한 사람들에게는 놀라운 일이 아니라는 것이 문맥상 자
연스러우므로 surprise(놀라운 일)가 올바른 표현이다. (reality
현실)

(C) 동물과 인간의 감정 표현에서의 차이는 종류가 아니라 정도
의 차이라는 것이 글의 흐름상 자연스러우므로 degree(정도)가
올바른 표현이다. (perception 지각, 인식)

구문풀이 | • [Parrots **can become** unhappy], [pigs and
cows terrified], [chickens saddened], [monkeys
seemingly embarrassed].
모든 [ ]는 동일한 구조로 두 번째 [ ]부터 반복을 피하기 위
해 can become이 생략되어 있다.

• Experiments have shown [that rats become agitated
{**when seeing** surgery performed on other rats};
{**when presented** with a trapped lab-mate and a piece
of chocolate}, they will free their caged brethren
before eating].
[ ]는 have shown의 목적어에 해당한다. 첫 번째와 두 번째
{ }는 「when+분사」로 이루어진 구문이다. 각각 when they
see, when they are presented의 절로 바꾸어 표현할 수 있
다.

• Science is rediscovering [what Charles Darwin, in
his book *The Expression of the Emotions in Man and
Animals*, concluded]: [that **the variations** between
humans and other species in their capacity to feel and
express emotion **are** differences in degree rather than
in kind].
첫 번째 [ ]는 is rediscovering의 목적어로 쓰인 what이 이
끄는 명사절이다. 두 번째 [ ]는 접속사 that이 이끄는 절로 첫
번째 [ ]와 동격을 이루고 있으며, 주어가 the variations이므
로 술어동사 are가 쓰였다.

Words & Phrases

grief 슬픔	terrified 겁을 먹은, 무서워하는
agitated 동요하는	surgery 수술
lab-mate 실험실 친구	caged 갇힌, 감금된
brethren 형제	tickle 간질이다
observe 관찰하다	virtually 거의, 사실상
variation 차이, 변화	capacity 능력

VOCA POWER 어원

어원 학습으로 뿌리부터 다져가는 어휘 실력
잊을만하면 반복 학습으로 하나도 놓치지 말자!

CHAPTER 06
통합적 이해

UNIT 21 장문 (1)

EXAMPLE
본문 150쪽

정답 **01** ① **02** ⑤

소재 | 음식으로 직장 분위기 좋게 만들기

직독직해

L4 Providing an occasional snack / or paying for a lunch now and then /
가끔씩 간식을 주거나 / 때때로 점심을 사는 것은 /
can help your employees feel appreciated /
직원들이 인정받고 있다고 느끼게 하는 데 도움을 줄 수 있다 /
and make the office feel more welcoming.
그리고 사무실이 더 따뜻한 느낌이 들게 할 수 있다

L13 It is also a good idea / to praise employees /
또한 좋은 생각이다 / 직원을 칭찬하는 것도
who bring food in / without being asked; /
음식을 가지고 오는 / 요청받지 않고 /
this creates an atmosphere of sharing.
이것이 나눔의 분위기를 만들기 때문이다

해석 | 음식은 경영자로서 여러분이 사용할 수 있는 가장 중요한 수단 중 하나이다. 배가 부르면 사람들은 만족스럽고 더 행복해진다. 함께 먹는 것은 직원들에게 서로 관계를 맺을 시간을 제공한다. 가끔씩 간식을 주거나 때때로 점심을 사는 것은 직원들이 인정받고 있다고 느끼게 하는 데 도움을 줄 수 있고 사무실이 더 따뜻한 느낌이 들게 할 수 있다. 이것들은 공들인 계획이 될 필요는 없다. 만약 예산이 적다면, 음식점에서 전 직원에게 점심을 사지 않아도 될 것이다. 이따금씩 약간의 쿠키를 가지고 오는 것으로 충분하다. 또한 직원들에게 그들 스스로 음식을 가지고 오도록 권유할 수도 있다.

음식을 효과적으로 사용하는 비결은 그것이 계획된 행사가 되게 하지 않는 것이다. 만약 모두가 여러분이 금요일 오전 회의에 도넛을 가지고 오는 것을 안다면, 그것은 예상한 일이 되고 뜻밖의 일이 되지 않는다. 호감을 불러일으키려면, 음식은 예상치 못한 것으로 보여야 한다. 요청받지 않고 음식을 가지고 오는 직원을 칭찬하는 것도 좋은 생각이다. 이것이 나눔의 분위기를 만들기 때문이다.

구문풀이 | • [Having a full stomach] **makes** people **feel** satisfied and happier.

[ ]가 주어이고 술어동사는 makes이다. 사역동사인 makes가 앞에 있어서 목적보어로 동사원형인 feel을 쓴다.

PRACTICE
본문 152~155쪽

01 ④　　**02** ③　　**03** ⑤　　**04** ①

[01~02]

정답 01 ④　**02** ③

소재 | 걷기와 창의성의 관련성

직독직해

L2 They then administered something /

그러고 나서 그들은 어떤 것을 실시했다 /

called Guilford's Alternative Uses Test, /

Guilford의 대체 사용 테스트라고 불리는 /

in which participants come up with alternative uses /

그 테스트에서 참가자들은 대체 사용을 생각해 낸다 /

for everyday objects.

일상에서 쓰는 물품의

L10 The results, / published in the *Journal of Experimental Psychology*, /

결과는 / 'Journal of Experimental Psychology'에 발표된 /

confirm / that the ancient Greeks were onto something.

확증한다 / 고대 그리스인들이 어떤 것을 알고 있었다는 것을

L12 Curiously, / it didn't matter /

신기하게도 / 중요하지 않았다 /

whether participants walked outdoors in the fresh air /

참가자가 야외에서 신선한 공기 속에서 걷는지 /

or indoors on a treadmill /

또는 실내에서 러닝머신 위에서 걷는지 /

staring at a blank wall.

빈 벽을 쳐다보면서

L13 They still produced /

그들은 여전히 만들어 냈다 /

twice as many creative responses /

두 배나 많은 창의적인 반응을 /

compared with the sedentary group.

주로 앉아서 지내는 집단과 비교해서

해석 | 최근의 어느 연구에서, Stanford 대학교의 심리학자인 Manly Oppezzo와 Daniel Schwartz는 참가자들을 두 집단, 즉 걷는 사람과 앉아 있는 사람으로 나누었다. 그러고 나서 그들은 Guilford의 대체 사용 테스트라고 불리는 것을 실시했는데, 그 테스트에서 참가자들은 일상에서 쓰는 물품의 대체 사용을 생각해 낸다. 그것은 창의성의 중요한 구성 요소인 '발산적 사고'를 측정하기 위해 기획된 것이다. 발산적 사고란 우리가 문제에 대해 뜻하지 않은 많은 해결책을 생각해 낼 때이다. 발산적 사고는 즉흥적이고 자유롭게 흐른다. 이와 대조적으로, 수렴적 사고는 더 직선적이며, 선택의 확장보다는 축소를 수반한다. 수렴적으로 사고하는 사람들은 어떤 질문에 대한 한 가지 정답을 찾으려고 노력한다. 발산적으로 사고하는 사람들은 질문을 재구성한다.

'Journal of Experimental Psychology'에 발표된 결과는 고대 그리스인들이 어떤 것을 알고 있었다는 것을 확증한다. 창의성의 수준은 앉아 있는 사람에 비해 걷는 사람에게 '일관성 있고 상당하게' 더 높았다. 신기하게도, 참가자가 야외에서 신선한 공기 속에서 걷는지, 실내에서 빈 벽을 쳐다보면서 러닝머신 위에서 걷는지는 중요하지 않았다. 그들은 여전히 주로 앉아서 지내는 집단과 비교해서 두 배나 많은 창의적인 반응을 만들어 냈다. 또한 창의성을 신장시키는 데는 많은 걷기가 필요하지도 않았다—대략 5분에서 16분 정도의 걷기면 충분했다.

해설 | 01 Stanford 대학교의 심리학자들이 수행한 연구에 따르면, 앉아 있는 사람보다 걷는 사람들이 두 배나 많은 창의적인 반응을 했으므로, 글의 주제로는 ④ '걷기와 창의성 사이의 관련성'이 가장 적절하다.

① 고대 그리스인들의 창의성

② 너무 많이 앉아 있는 것의 잠재적 위험성

③ 창의성 측정의 어려움

⑤ 적절한 걷기 속도의 중요성

02 발산적 사고가 즉흥적이고 자유로운 반면에 수렴적 사고는 더 직선적이며 선택의 축소를 수반한다고 했으므로, 빈칸에 들어갈 말로는 ③ '이와 대조적으로'가 가장 적절하다.

① 그렇지 않으면　　　　② 게다가

④ 예를 들어　　　　　　⑤ 결과적으로

구문풀이 | • They then administered something [called Guilford's Alternative Uses Test], [in which participants come up with alternative uses for everyday objects].

첫 번째 [ ]는 과거분사구로 something을 수식하고, 두 번째 [ ]는 관계절로 Guilford's Alternative Uses Test를 부가적으로 설명한다.

• The results, [published in the *Journal of Experimental Psychology*], confirm that the ancient Greeks were onto something.

[ ]는 being이 생략된 분사구문으로 The results를 부가적으로 설명한다.

· Curiously, **it** didn't matter [whether participants walked outdoors in the fresh air or indoors on a treadmill {staring at a blank wall}].

it은 형식상의 주어이고 [ ]가 내용상의 주어이다. { }는 동시동작을 나타내는 분사구문이다.

[03~04]

정답 **03** ⑤ **04** ①

소재 | 지탱을 통해 끌어낼 수 있는 잠재력

직독직해

L5 Knowing it is there /
그것이 그곳에 있다는 것을 아는 것은 /

gives the trapeze artist the confidence /
공중 곡예사에게 자신감을 준다 /

to try something he's never done before, /
그가 전에는 해 보지 않았던 어떤 것을 시도하거나 /

or to do it again and again.
혹은 그것을 반복하여 하기 위한

L8 The trust / the circus management gives him /
신뢰는 / 서커스 경영진이 그에게 주게 되는 /

by providing him a net /
그에게 그물을 제공함으로써 /

is probably afforded to other performers too.
아마도 다른 공연자들에게도 제공될 것이다

L14 With that feeling of support, / those in the organization /
그러한 지탱의 느낌이 있으면 / 그 조직의 사람들은 /

are more likely to put in extra effort /
추가적인 노력을 투입할 가능성이 더 높다 /

that ultimately benefits the group as a whole.
궁극적으로 집단 전체에 이득이 되는

해석 | 아무리 노련하고 아무리 능숙하다 하더라도, 공중 곡예사는 자신의 아래에 그물을 둔 채로 완전히 새로운 아슬아슬한 높이뛰기를 먼저 시험적으로 해 보지 않은 채 그것을 시도하지 않을 것이다. 그리고 그 기술이 얼마나 아슬아슬한지에 따라, 그는 항상 그 기술을 연기할 때 그물을 마련해 줄 것을 고집할지도 모른다. 떨어지는 경우 붙잡아준다는 분명한 이점 외에도, 그물은 또한 심리적인 이점을 제공한다. 그것이 그곳에 있다는 것을 아는 것은 공중 곡예사에게 그가 전에는 해 보지 않았던 어떤 것을 시도하거

나, 혹은 그것을 반복하여 하기 위한 자신감을 준다. 그물을 없애면 그는 안전한 기술들, 즉 안전하게 착지하여 끝낼 수 있다고 아는 기술들만을 연기할 것이다. 그물의 품질을 더 많이 신뢰할수록, 그는 자신의 연기를 더 좋게 만들기 위해 개인적인 위험을 그만큼 더 많이 무릅쓸 것이다. 서커스 경영진이 그에게 그물을 제공함으로써 주게 되는 신뢰는 아마도 다른 공연자들에게도 제공될 것이다. 곧 모든 공연자들은 새로운 것들을 시도하고 스스로를 채찍질하는 데 자신감을 느낄 것이다. 개인적인 자신감과 개인적인 위험이 그렇게 모이는 것은 결국 전체 서커스가 훨씬 더 나은 쇼를 공연하는 결과를 낳게 된다. 전체적으로 더 나은 쇼는 더 많은 고객을 의미한다. 그리고 그 시스템은 번성한다. 그러나 신뢰가 없으면 그렇지 않다. 하나의 공동체나 조직 내의 사람들의 경우, 그들은 자신의 지도자들이 실제적이든 감정적이든 그물을 제공한다고 믿어야 한다. 그러한 지탱의 느낌이 있으면, 그 조직의 사람들은 궁극적으로 집단 전체에 이득이 되는 추가적인 노력을 투입할 가능성이 더 높다.

해설 | **03** 글의 내용은 공중 곡예사의 예를 들면서, 공중 곡예사들이 밑에 그물이 마련되어 있을 경우 자신감을 얻게 되어 새로운 기술에 도전하게 되고 그것이 서커스에 손님이 더 오게 되는 결과를 낳는 것처럼 이러한 논리가 어떠한 공동체에게도 적용된다는 것이다. 따라서 글의 제목으로 가장 적절한 것은 ⑤ '무엇이 자신들의 공동체를 위해 사람들이 위험을 무릅쓰도록 고무하는가?'이다.

① 서커스 기술: 노력의 산물
② 우리는 서로 어떻게 상호작용하는가?
③ 성공: 우리가 도전을 넘어 얻을 수 있는 것
④ 우리는 인생에서 결국 무엇을 얻고자 하는가?

04 서커스의 경영진들이 공중 곡예사들의 밑에 그물을 마련해 주는 것은 조직의 지도자들이 구성원들을 지탱해 주는 것과 일맥상통하므로 빈칸에 들어갈 말로 가장 적절한 것은 ① '지탱'이다.
② 자유 ③ 흥분 ④ 인정 ⑤ 용인

구문풀이 | · [Knowing it is there] gives the trapeze artist the confidence [to try something he's never done before], **or** [to do it again and again].

첫 번째 [ ]는 문장의 주어이며, 두 번째와 세 번째 [ ]는 or로 병렬구조를 이루면서 the confidence를 수식한다.

· **The more** he trusts the quality of the net, **the more** he will take personal risks to make his act better.

「the+비교급 ~, the+비교급 ...」 구문으로 '~할수록 그만큼 더 …하는'이라는 뜻이다.

· The trust [the circus management gives him by providing him a net] is probably afforded to other performers too.

[ ]는 주어인 The trust를 수식하는 관계절이다.

UNIT 22 장문 (2)

EXAMPLE
본문 156~157쪽

정답 01 ③ 02 ② 03 ⑤

소재 | 프로 야구 선수인 Tim Burke의 가정을 위한 결정

직독직해

L2 In *New Man*, / Gary Oliver writes /
'New Man'에서 / Gary Oliver는 적고 있다 /
about a difficult decision /
어려운 결정에 대해 /
made by professional baseball player Tim Burke /
프로 야구 선수였던 Tim Burke가 내렸던 /
concerning his family.
자신의 가정에 관해

L10 But I'm the only father / my children have /
하지만 저는 유일한 아버지이자 / 우리 아이들의 /
and I'm the only husband / my wife has.
유일한 남편입니다 / 제 아내의

L12 While he was a successful pitcher /
그가 성공한 투수로 활동하는 동안 /
for the Montreal Expos, / he and his wife wanted to start a family /
Montreal Expos 팀에서 / 그와 그의 아내는 가정을 꾸리고 싶었다 /
but discovered / that they were unable to have children.
하지만 알게 되었다 / 아이를 가질 수 없다는 것을

해석 | (A) 부모가 소중한 시간을 가정을 위해 투자하지 않으면 가정은 강해지지 않는다. 'New Man'에서 Gary Oliver는 프로 야구 선수였던 Tim Burke가 자신의 가정에 관해 내렸던 어려운 결정에 대해 적고 있다. 맨 처음 Tim이 기억할 수 있는 그때부터 그의 목표는 프로 야구 선수가 되는 것이었다. 다년간의 노력 끝에 그는 그 목표를 이뤘다.
(C) 그가 Montreal Expos 팀에서 성공한 투수로 활동하는 동안 그와 그의 아내는 가정을 꾸리고 싶었지만, 그들이 아이를 가질 수 없다는 것을 알게 되었다. 심사숙고 끝에 그들은 특수 장애가 있는 네 명의 해외 아이를 입양하기로 했다. 이것으로 인해 Tim은 인생에서 가장 힘든 결정 중에 하나에 이르게 되었다.
(D) 그는 (장거리를) 이동하며 다니는 자신의 삶이 훌륭한 남편과 아버지가 되는 능력과 상충되다는 것을 발견했다. 시간이 흐르면서 그가 일과 가정에서 모두 잘할 수 없다는 것이 명확해졌다. 더

많이 생각한 후에 그는 많은 사람이 믿을 수 없다고 여기는 결정을 내렸다. 즉 그는 프로 야구를 포기하기로 결정했다.
(B) Tim이 마지막으로 경기장을 떠날 때 한 기자가 그를 멈춰 세웠다. 그러고 나서 그는 그가 왜 은퇴하려고 하는지 물었다. "야구는 제가 없어도 별 문제 없이 잘 돌아갈 겁니다. 그것은 잠시도 중단되지 않을 겁니다. 하지만 저는 우리 아이들의 유일한 아버지이자 제 아내의 유일한 남편입니다. 그리고 그들은 야구가 저를 필요로 하는 것보다 저를 훨씬 더 필요로 합니다."라고 그는 그 기자에게 말했다.

구문풀이 | • From the time [Tim can first remember], his dream was [to be a professional baseball player].
첫 번째 [ ]는 관계절로 the time을 수식하며, 두 번째 [ ]는 보어 역할을 하는 to부정사구이다.
• But I'm the only father [my children have] and I'm the only husband [my wife has].
첫 번째와 두 번째 [ ]는 관계절로 각각 the only father와 the only husband를 수식한다.
• And they need me a lot more than baseball **does**.
does는 대동사로 needs me를 대신하는 것으로 이해할 수 있다.
• While he was a successful pitcher for the Montreal Expos, he and his wife **wanted** to start a family **but discovered** that they were unable to have children.
술어동사 wanted와 discovered가 주어인 he and his wife를 공유하면서 but에 의해 병렬구조를 이루고 있다.

PRACTICE
본문 158~161쪽

01 ②	**02** ⑤	**03** ③	**04** ②
05 ②	**06** ③		

[01~03]

정답 01 ② 02 ⑤ 03 ③

소재 | 주차 공간을 놓고 일어난 일

직독직해

L1 Mark Robinson drove to a jewelry store /
Mark Robinson은 보석상으로 차를 몰고 갔다 /
with his wife /
자기 아내와 함께 /
to pick up her engagement ring, / which had been repaired.

그녀의 약혼반지를 찾으러 / 그것은 수리가 완료되었다

L12 After what seemed like an eternity, /
영원처럼 보이는 시간이 흐른 후 /

the parked car left, /
그 주차된 차가 떠났다 /

pulling around Mark / waiting to back in.
Mark를 돌아 / 후진하려고 기다리는

해석 | (A) Mark Robinson은 자기 아내의 약혼반지를 찾으러 그녀와 함께 보석상으로 차를 몰고 갔는데, 그것은 수리가 완료되었다. 그 가게는 Los Angeles의 꽤 험한 지역에 있었다. 그 가게에 비교적 가까운 주차 공간을 찾기가 어려웠다. Mark는 어떤 사람이 주차된 차를 향해 걸어가는 것을 봤다. 그래서 Mark는 그 차의 앞으로 가서 그 주차된 차가 떠나기를 끈기 있게 기다렸다.
(C) 영원처럼 보이는 시간이 흐른 후, 그 주차된 차가 후진하려고 기다리는 Mark를 돌아 떠났다. 그가 후진을 시작했을 때 다른 차가 뒤에서 나타나서 그 공간으로 들어갔다. 차 안에는 거칠어 보이는 두 남자가 있었다. Mark는 그 상황을 타개하기로 결심했다. 그의 아내는 겁에 질렸다. "제 아내는 제가 그 문제를 내버려두기를 원했어요."라고 Mark는 말했다. "반면에 저는 상대 운전자에게 초점을 두었어요. 어쩌면 그가 저를 못 봤을 수도 있었어요. 어쩌면 이 문제는 협상할 만했어요."
(B) 차분하게 Mark는 차에서 내려서 그 두 거친 남자들에게 걸어갔다. 그는 운전자 측 차창으로 가서 미소를 지으면서 손을 흔들었다. "안녕하세요!"라고 그는 말했다. 몇 초 후에 그 운전자는 차창을 내렸다. "예?"라고 그는 말했다. Mark는 그에게 아는 사이인 것처럼 말했다. Mark는 "아마 제가 이 자리를 끈기 있게 기다리고 있는 것을 못 보신 것 같군요. 그렇지만 저는 오랫동안 여기 있었습니다. 제가 그 자리를 차지하게 해 주시겠어요?" 그는 자기 아내에게 손짓했다. "저는 제 아내 앞에서 안 좋게 보이지 않기를 바라고 있었습니다." 하고 그는 말했다. "그것은 당신에게 달렸습니다. 하지만 저는 당신이 할 어떤 일이든지 고맙게 받아들이겠습니다."
(D) 그 두 남자는 서로를 바라보고는 이 남자를 봤다. 분명 그는 위협이 되지 않았다. 그는 어떤 것에 대해서도 그들을 비난하지 않았다. 게다가 그는 그들에게 너그러워 보일 기회를 주었다. "알았어요, 친구. 우리는 그런 일에 산뜻하지요."라고 한 남자가 말했다. Mark는 그 운전자의 손을 잡고 악수했다. 그런 다음 그 운전자는 자기 차의 시동을 걸고 차를 뺐다. 놀랐는가? 음, Mark는 그들에게 큰 정서적 보답을 했던 것이다. 그 남자들이 자기 친구들에게, 자신들이 어떻게 어떤 남자가 아내 앞에서 안 좋게 보이지 않도록 하는 데 도움을 주었는지 이야기할 거리를 준 것이었다.

해설 | 01 Mark가 주차 공간이 생기기를 기다리고 있는 (A) 다음에, 오래 기다린 끝에 생긴 공간에 주차하려던 순간 다른 차가 그 자리를 차지해 버린 (C)가 이어지고, Mark가 그 차에 가서 차분하게 그 차의 운전자에게 자리를 양보해 달라고 말하는 내용인 (B)가 그 다음에 이어지며, 마지막으로 상대편 운전자가 자리를 양보해 주는 (D)가 오는 것이 자연스럽다. 따라서 적절한 글의 순서는 (C)-(B)-(D)이다.
02 (e)는 상대편 운전자를 가리키고 나머지는 Mark를 가리킨다.
03 두 남자가 타고 있는 상대편 차에 가서 차분하게 미소를 지으며 상황을 설명했다고 했으므로 ③은 Mark에 관한 내용으로 적절하지 않다.

구문풀이 | · It was hard [to find a parking space {relatively close to the store}].
It은 형식상의 주어이고 [ ]가 내용상의 주어이다. { }는 a parking space를 수식한다.

[04~06]

정답 **04** ② **05** ② **06** ③

소재 | Madame Malibran의 일화

직독직해

L17 He explained the circumstances /
그는 상황을 설명했다 /

of her appearance at his theater /
자신의 극장에 그녀가 출연하게 된 /

and added that, / in view of her service, /
그리고 덧붙였다 / 그녀의 도움을 고려하여 /

he should name his theater /
자신의 극장의 이름을 지어야겠다고 /

after the generous prima donna.
그 관대한 주역 여가수의 이름을 따서

해석 | (A) 지금까지 Madame Malibran보다 더 뛰어나거나 아량 있게 오페라 무대를 빛냈던 여성은 없었다. 삶이 깨끗했고 인격이 훌륭했으며 마음이 관대했던 그녀는 그녀를 아는 모든 사람과 친구가 되었다. 자신의 유럽 대륙 순회공연 중 하나로 Venice에 도착했을 때 Malibran은 막 지어진 한 극장의 경영주가 파산 직전에 있다는 것을 알게 되었다. 건물을 완성하는 데 든 엄청난 비용이 그를 이 지경이 되게 했던 것이었다.
(C) Malibran이 온 것을 듣고, 그 경영주는 그녀를 찾아와 개관 첫날 밤에 노래를 불러서 자신을 파산에서 구해 달라고 간청했다. 그녀는 동의했다. 하지만 그의 재정적 어려움 때문에 그녀는 그가 그녀의 도움에 대해서 제안했던 금액을 거절했다. 그 경

영주는 Madame Malibran의 흡인력에 있어 틀리지 않았다. Malibran이 개관 첫날 밤 오페라에서 노래를 부른다는 것이 알려졌을 때, 모든 좌석이 다 찼다.

(B) 오페라 도중, Malibran은 그녀에게 던져진 꽃다발에서 나온 잎에 미끄러졌다. 공교롭게도 그녀의 슬리퍼 한 짝이 벗겨져서 무대로부터 떨어졌다. 무대 바로 앞좌석에 앉아 있던 사람들은 즉시 이 소중한 기념품을 갖기 위한 다툼을 시작했다. Malibran은 그들의 노력에 퍽 재미있어 했고, 나머지 슬리퍼를 벗어 극장의 뒤쪽에 있던 사람들에게 던졌다. 슬리퍼 두 짝 모두 갈기갈기 찢어졌고 열광적인 이탈리아인들이 그 조각들을 그 유쾌한 소동의 기념물로 가져갔다.

(D) 이 작은 사건이 끝나자, Malibran은 그 만족스러운 경영주에 의해 무대 앞으로 안내되었다. 그는 자신의 극장에 그녀가 출연하게 된 상황을 설명했고 그녀의 도움을 고려하여 자신의 극장을 그 관대한 주역 여가수의 이름을 따서 지어야겠다고 덧붙였다. 그래서 현재 'Teatro Malibran'은 그녀의 상냥한 마음에 대한 기념물로 서 있다.

해설 | 04 주어진 글에 언급된 파산 직전의 극장 경영주가 Malibran을 찾아가 무대에 서 줄 것을 부탁하는 (C)가 제일 앞에 와야 한다. (C)에서 약속한 공연에 Malibran이 출연한 모습이 그려지는 (B)가 그다음에 이어져야 하며 (B)에서 일어난 소동이 마무리되고, 그녀의 도움에 대한 고마움의 표시로 극장주가 극장의 이름을 Malibran의 이름을 따서 지었다는 내용인 (D)가 마지막에 와야 한다. 따라서 적절한 글의 순서는 (C)-(B)-(D)이다.

05 (B)는 객석에 떨어진 슬리퍼 한 짝을 가지기 위해 사람들이 다툼을 시작했고, 이를 재미있게 여긴 Malibran이 나머지 슬리퍼도 던졌으며 결국에는 신발이 모두 찢어지고 사람들이 그 조각들을 기념물로 가져갔던 유쾌한 소동을 그리고 있다. 따라서 (B)에 나타난 분위기로 가장 적절한 것은 ② '소란스럽고 재미있는'이다.

① 지루하고 단조로운　　　③ 우울하고 절망적인
④ 신비롭고 흥미진진한　　⑤ 절망적이고 긴박한

06 Both slippers were torn in pieces and the fragments carried away by the enthusiastic Italians as tokens of the pleasant disturbance.에서 슬리퍼 두 짝이 모두 찢겨지고 그 조각들을 관객들이 나눠 가졌음을 알 수 있다. 따라서 글의 내용과 일치하지 않는 것은 ③이다.

구문풀이 | ·When she arrived in Venice on one of her continental tours, Malibran **found the manager of a theater** [which had just been built], **to be on the verge of** bankruptcy.
「find+목적어+to부정사」 구문이 쓰여 '목적어가 ~하다는 것을 알게 되다'라는 의미를 나타내고 있다. [ ]는 a theater를

수식하는 관계절이며 be on the verge of는 '~ 직전에 있다'라는 뜻이다.

·Both slippers **were torn in pieces** and **the fragments carried** away by the enthusiastic Italians **as** tokens of the pleasant disturbance.
be torn in pieces는 '갈기갈기 찢어지다'의 의미이며, the fragments와 carried 사이에는 반복되는 동사 were가 생략되어 있다. as는 전치사로 '~로(서)'의 의미를 나타낸다.

CHAPTER REVIEW　　　　　본문 162~165쪽

01 ③	02 ①	03 ④	04 ④
05 ⑤			

[01~02]

정답 01 ③ 02 ①

소재 | 인종 화합을 이끈 벽화 프로그램

직독직해

L1 Since 1984 /
1984년 이래로 /
the city of Philadelphia has sponsored the Mural Arts Program, /
Philadelphia 시는 벽화 프로그램을 후원해 왔는데 /
which has brought neighborhood residents together /
그것은 지역 주민들을 협력하게 하여 /
to plan and paint more than 2,800 architectural-scale murals /
2,800개가 넘는 건축물 규모의 벽화를 계획하고 그리게 했다 /
on the sides of buildings.
건물의 측면에

L6 To illustrate how the Mural Arts Program works, /
벽화 프로그램이 어떻게 효과를 내는지 실증하기 위해서는 /
we can look at the Grays Ferry neighborhood, /
Grays Ferry 지역을 보면 되는데 /
which in the 1990s was the scene of a racial protest march /
그곳은 1990년대에 인종 항의 행진의 현장이었다 /
caused by the beating of a black family /
한 흑인 가족이 구타당하는 사건으로 생긴 /
by a group of whites.
어떤 백인 집단에 의해

해석 | 1984년 이래로 Philadelphia 시는 벽화 프로그램을 후원해 왔는데, 그것은 지역 주민들을 협력하게 하여 건물의 측면에 2,800개가 넘는 건축물 규모의 벽화를 계획하고 그리게 했다. 그러나 이 벽화들은 그림 이상이었다. 그것은 이웃의 정체성, 시민으로서의 자부심, 그리고 공동체에 대한 참여를 나타낸다. 그리고 그것은 인종, 민족, 그리고 계급 상의 분파들을 연결하는 데 도움이 된다.

벽화 프로그램이 어떻게 효과를 내는지 실증하기 위해서는 Grays Ferry 지역을 보면 되는데, 그곳은 1990년대에 어떤 백인 집단에 의해 한 흑인 가족이 구타당하는 사건으로 인해 생긴 인종 항의 행진의 현장이었다. 인종 갈등의 긴장이 고조되는 가운데, 벽화 프로그램의 감독이 그 지역 공동체가 인종 간 화해를 주제로 하는 벽화를 만들 것을 제안했다. 흑인과 백인을 막론하고 많은 사람들이 처음에는 회의적이었지만 여러 번의 지역 계획 회의 후에 의심과 의혹은 그 프로젝트에 대해 협력하려는 마음으로 바뀌었다. '평화의 벽'이라는 그 벽화는 하늘색 배경 위에 다양한 피부 색깔의 겹친 손들을 묘사했다. 그 벽화의 계획과 실행은 서로 다른 배경을 가진 사람들이 서로를 더 잘 알게 되고 공동체 의식을 형성하는 기회를 주었다. '평화의 벽'이 완성되자 주민들은 쓰레기 수거와 거리 보수와 같은 다른 공동체 프로젝트도 맡았다. 그래서, Philadelphia 벽화 프로그램에서 실증되듯이, 협동을 필요로 하는 대규모 미술 프로젝트는 사람들을 단합된 공동체라는 천 속에 짜 넣을 수 있다.

해설 | 01 벽화 프로그램을 통해 인종 간의 화합을 이끌어 낸 사례를 보여 주는 내용이므로 글의 제목으로는 ③ '사회 통합의 매개체로서의 미술'이 가장 적절하다.
① 미술에서의 정치성을 반대하며
② 공공 미술: 뜨거운 감자(난감한 문제)
④ 미술: 사회적 지위의 표지
⑤ 미술에 투자하는 것은 끔찍한 생각이다
02 인종 간 화해를 주제로 하는 벽화가 제안되고 회의를 통해 처음에 가졌던 의심이 협력으로 바뀌고 함께 실행하면서 공동체 의식이 생겼다는 과정을 빈칸 앞에서 보여 주고 빈칸 다음에 결론에 해당하는 말을 하고 있으므로 빈칸에 들어갈 말로는 ① '그래서'가 가장 적절하다.
② 그렇지 않다면　　　　③ 반대로
④ 추가적으로　　　　⑤ 그럼에도 불구하고

구문풀이 | · With racial tensions running high, the director of the Mural Arts Program **suggested** that the community **create** a mural with the theme of racial harmony.
suggested가 '~할 것을 제안했다'라는 의미여서 이어지는 that절에 (should) create를 썼다.

Words & Phrases

sponsor 후원하다	resident 주민
architectural-scale 건축물 규모의	
represent 나타내다	identity 정체성
civic pride 시민으로서의 자부심	involvement 참여
bridge 연결하다	racial 인종의
ethnic 민족의	class 계급
division 분파	illustrate 실증(예증)하다
protest march 항의 행진	beating 구타
tension 긴장	director 감독
skeptical 회의적인	session 회의
suspicion 의심	depict 묘사하다
overlap 겹치다	execution 실행
sense of community 공동체 의식	
take on ~을 맡다	trash collection 쓰레기 수거
knit (천을) 짜다	fabric 천, 직물
unified 단합된	

[03~05]

정답 03 ④ 04 ④ 05 ⑤

소재 | 딸이 장애가 있는 친구를 배려하도록 가르치는 엄마

직독직해

L1 Sara called and wanted to know /
Sara가 전화해서 알고 싶어 했단다 /
if you would come over and play later.
네가 이따가 자기 집에 와서 놀 건지

L3 I told Margie / I'd ask /
전 Margie에게 말했어요 / 물어보겠다고 /
if I could have her come over to play.
우리 집에 놀러 오라고 해도 되는지

해석 | (A) Olivia는 학교에서 집으로 돌아오자 "안녕, 엄마!" 하고 외쳤다. "안녕, 얘야," 하고 엄마가 대답했다. "Sara가 전화해서 네가 이따가 자기 집에 와서 놀 건지 알고 싶어 했단다." "오늘은 Sara와 놀 시간이 없어요." 하고 Olivia가 말했다. "전 Margie에게 우리 집에 놀러 오라고 해도 되는지 물어보겠다고 말했어요. 그래도 돼요?"
(D) 엄마는 Olivia의 질문을 무시했다. "너는 Sara와는 더 이상 놀 시간이 없는 것 같구나." 하고 그녀가 말했다. "그 애는 정말로 너와 놀았던 것을 그리워한단다. Sara는 친구가 많지 않아." "그게 어떤지 아시잖아요, 엄마." 하고 Olivia가 간청했다. "Sara는 아기들이나 하는 게임을 하는 것 외에 어떤 것도 정말로 할 수 없단 말이에요. 저는 그런 것이나 하기에는 나이가 너무 많아요." 엄

마는 얼굴을 찡그렸다. "너는 전에 Sara와 노는 것을 결코 싫어 하지 않았어. 사실 너희들은 항상 함께 재미있는 시간을 보냈지." "알고 있어요." 하고 Olivia는 인정했다.

(B) 그녀는 머뭇거리다가 덧붙였다. "하지만 그 애는 장애인이에 요. 학교에 있는 내 친구들은 제가 그 애와 놀았다는 것을 알면 이 해하려 하지 않을 거예요." 그녀는 사과를 하나 집어 들었다. "제 인형 Anabella가 어디 있는지 아세요?" Olivia는 화제를 바꾸 고 싶어했다. "Margie와 저는 오늘 우리 인형을 가지고 놀고 싶 어요. Margie가 놀러 와도 되죠, 그렇죠?" "왜 그 인형을 가지고 놀고 싶어 하지?" 하고 엄마가 물었다. "그 인형은 부서졌잖니. 네 가 부서진 인형을 가지고 노는 것을 Margie가 본다면 뭐라고 말 할까?" "그 애가 뭐라고 말하는지 신경 쓰지 않아요. Anabella는 제가 제일 좋아하는 인형이에요." 하고 Olivia는 단호하게 말했 다. "게다가 그 인형은 가지고 놀 수 없을 정도로 그리 심하게 부 서지지는 않았어요."

(C) "알겠다." 하고 엄마가 말했다. "어떤 것이 부서졌더라도 그 것을 사용하는 것은 옳은 일이란다. 하지만 사람이 '부서졌다면' 그녀를 그냥 버려야 할까?" Olivia는 얼굴이 붉어졌다. "저… 저 는 그 점에 대해 전에 그렇게 생각해 본 적이 없어요." 하고 그녀 는 천천히 말했다. 잠시 후 그녀는 덧붙였다. "전 Sara를 정말 좋 아하고 Margie도 또한 그럴 거라고 확신해요. 제가 Margie와 Sara 둘 다 집으로 오라고 해도 괜찮겠지요?" 엄마는 미소를 지었 다. "그것이 좋은 생각인 것 같구나."

해설 | 03 주어진 글 (A)는 엄마가 Olivia에게 Sara가 그녀 와 놀고 싶어 한다고 묻자 Olivia는 놀 시간이 없다고 말하면서 Margie를 데려와 놀아도 괜찮은지 묻는 내용이다. 그다음에는 Olivia의 질문을 엄마가 무시하면서 왜 Sara와 놀려고 하지 않는 지 묻자, Olivia는 Sara가 노는 방식이 유치하다고 대답하는 (D) 가 온다. 이어서 Olivia가 Sara가 장애인임을 덧붙여 말한 다음, 자신은 자신의 부서진 인형을 가지고 놀고 싶고, 그것에 대해 남 들이 뭐라 해도 신경쓰지 않는다고 말하는 내용의 (B)가 오며, 마 지막으로 인형의 사례를 통해 엄마가 Olivia가 Sara와 놀도록 유 도하는 내용의 (C)가 오는 것이 흐름상 가장 적절하다. 따라서 적 절한 글의 순서는 (D)-(B)-(C)이다.

04 (d)는 Sara를 가리키지만 나머지는 Olivia를 가리킨다.

05 Sara can't really do anything but play baby games. I'm too old for that kind of stuff.를 통해 Olivia는 Sara 가 노는 방식이 자신과 맞지 않는다고 생각했음을 알 수 있으므로 ⑤는 Olivia에 대한 내용으로 적절하지 않다.

구문풀이 | • I **do** like Sara, and I bet Margie would too. do는 '강조'를 표현하는 조동사이다. 수의 일치와 시제에 따라 do, does, did가 사용되며 그 뒤에는 동사의 원형이 쓰인다.

• **Would** it be all right if I **asked** both Margie and Sara to come over?

정중한 부탁을 하기 위하여 조건절과 주절에 가정법 과거형이 사용된 예이다. 조건절에는 ask의 가정법 과거형인 asked, 주 절에는 will의 가정법 과거형인 would가 사용되었다.

• Sara can't really do anything **but** play baby games. 여기서 but은 전치사로서, except(제외하고)의 뜻을 가지고 있다.

• You never **minded playing** with Sara before. 동사 mind는 동명사를 목적어로 취하는 동사이므로 목적어 로 playing이 사용되었다. 이러한 동사에는 enjoy, finish, deny, postpone, give up 등이 있다.

Words & Phrases

come over (누구의 집에) 들르다	hesitate 머뭇거리다
add 덧붙이다	disabled 장애를 가진
subject 화제	declare 단호하게 말하다
besides 게다가	blush 얼굴이 빨개지다
bet 틀림없다, 분명하다	ignore 무시하다
miss 그리워하다	plead 간청하다
frown 찡그리다	mind 싫어하다, 꺼리다
admit 인정하다	

신간

모의고사 연습을 반복하고 싶다면
Listening POWER

고교 영어듣기 30회 기본편·25회 실력편

READING POWER

READING
POWER

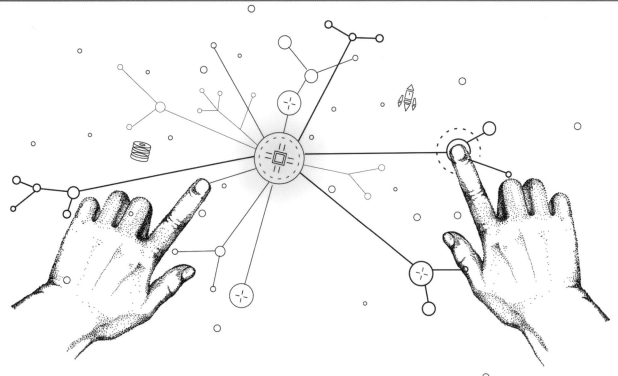

한국사, 사회, 과학의 최강자가 탄생했다!
「개념완성, 개념완성 문항편」

완벽한 이해를 위한 **꼼꼼하고 체계적인** 내용 정리

내신 대비 최적화된 교과서 **핵심 분석**

내신/수능 적중률을 높이기 위한 **최신 시험 경향 분석**

념완성

·사영역
한국사 / 자료와 연표로 흐름을 읽는 한국사

탐구영역
사회 / 생활과 윤리 / 윤리와 사상 /
지리 / 세계지리 / 사회·문화 /
와 법 / 동아시아사

탐구영역
과학 / 물리학 I / 화학 I /
과학 I / 지구과학 I / 물리학 II /
II / 생명과학 II / 지구과학 II

개념완성 문항편

사회탐구영역
통합사회

과학탐구영역
통합과학 / 물리학 I / 화학 I /
생명과학 I / 지구과학 I

Reading
Power 유형
정답과 해설

고1~2 내신 중점 로드맵

과목	고교 입문	기초	기본	특화	+	단기
국어	고등 예비 과정	내 등급은?	윤혜정의 개념의 나비효과 입문편/워크북 어휘가 독해다! 정승익의 수능 개념 잡는 대박구문 주혜연의 해석공식 논리 구조편	**기본서** 올림포스	**국어 특화** 국어 국어 독해의 원리 문법의 원리		단기 특강
영어				올림포스 전국연합 학력평가 기출문제집	**영어 특화** Grammar Reading POWER POWER Listening Voca POWER POWER		
수학			**기초** 50일 수학	**유형서** 올림포스 유형편	**고급** 올림포스 고난도		
			매쓰 디렉터의 고1 수학 개념 끝장내기		**수학 특화** 수학의 왕도		
한국사 사회		**인공지능** 수학과 함께하는 고교 AI 입문 수학과 함께하는 AI 기초		**기본서** 개념완성 개념완성 문항편	고등학생을 위한 多담은 한국사 연표		
과학							

과목	시리즈명	특징	수준	권장 학년
전과목	고등예비과정	예비 고등학생을 위한 과목별 단기 완성	●	예비 고1
	내 등급은?	고1 첫 학력평가+반 배치고사 대비 모의고사	●	예비 고1
국/수/영	올림포스	내신과 수능 대비 EBS 대표 국어·수학·영어 기본서	●	고1~2
	올림포스 전국연합학력평가 기출문제집	전국연합학력평가 문제 + 개념 기본서	●	고1~2
	단기 특강	단기간에 끝내는 유형별 문항 연습	●	고1~2
한/사/과	개념완성 & 개념완성 문항편	개념 한 권+문항 한 권으로 끝내는 한국사·탐구 기본서	●	고1~2
국어	윤혜정의 개념의 나비효과 입문편/워크북	윤혜정 선생님과 함께 시작하는 국어 공부의 첫걸음	●	예비 고1~고2
	어휘가 독해다!	학평·모평·수능 출제 필수 어휘 학습	●	예비 고1~고2
	국어 독해의 원리	내신과 수능 대비 문학·독서(비문학) 특화서	●	고1~2
	국어 문법의 원리	필수 개념과 필수 문항의 언어(문법) 특화서	●	고1~2
영어	정승익의 수능 개념 잡는 대박구문	정승익 선생님과 CODE로 이해하는 영어 구문	●	예비 고1~고2
	주혜연의 해석공식 논리 구조편	주혜연 선생님과 함께하는 유형별 지문 독해	●	예비 고1~고2
	Grammar POWER	구문 분석 트리로 이해하는 영어 문법 특화서	●	고1~2
	Reading POWER	수준과 학습 목적에 따라 선택하는 영어 독해 특화서	●	고1~2
	Listening POWER	수준별 수능형 영어듣기 모의고사	●	고1~2
	Voca POWER	영어 교육과정 필수 어휘와 어원별 어휘 학습	●	고1~2
수학	50일 수학	50일 만에 완성하는 중학~고교 수학의 맥	●	예비 고1~고2
	매쓰 디렉터의 고1 수학 개념 끝장내기	스타강사 강의, 손글씨 풀이와 함께 고1 수학 개념 정복	●	예비 고1~고1
	올림포스 유형편	유형별 반복 학습을 통해 실력 잡는 수학 유형서	●	고1~2
	올림포스 고난도	1등급을 위한 고난도 유형 집중 연습	●	고1~2
	수학의 왕도	직관적 개념 설명과 세분화된 문항 수록 수학 특화서	●	고1~2
한국사	고등학생을 위한 多담은 한국사 연표	연표로 흐름을 잡는 한국사 학습	●	예비 고1~고2
기타	수학과 함께하는 고교 AI 입문/AI 기초	파이선 프로그래밍, AI 알고리즘에 필요한 수학 개념 학습	●	예비 고1~고2